엄마는 너의 마음이 궁금해

기획 EBS육아학교

엄마는 너의 마음이 궁금해

하나부터 열까지
궁금한 것 투성이인
우리 아이의 행동

김지은
김혜진
이영애
이지선
지음

 북폴리오

문제 해결의 열쇠는
아이에게 있다

> "아이가 이렇게 행동할 때는 어떻게 해야 하나요? 저는 아이에게 가장 좋은
> 방법을 말해주는데, 아이는 오히려 화를 내네요."

> "아이와 잘 놀 수 있는 방법을 알고 싶어요. 잘 놀아주고 싶은데 어떻게 놀아
> 야 할지 방법을 모르겠어요."

> "내 자식이지만 아이 마음을 정말 모르겠어요. 알아야 뭐라도 해줄 텐데……
> 아이 키우기가 제일 어려운 것 같아요."

상담을 하다보면 엄마들께서 "이럴 때는 어떻게 해야 하나요?"라는 질문을
정말 많이 하십니다. 우리에게 예지력이 있어서 그 자리에서 척하니 기가 막
힌 묘수를 전해드리면 좋겠지만, 인간의 마음을 그렇게 이해하고 문제를 해
결할 수는 없습니다. 설령 우리에게 그런 능력이 있더라도 상담에 예지능력
을 발휘하면 장기적으로는 엄마들에게 도움이 되지 않습니다. 그렇게 되면,

그 엄마는 평생 우리 상담자들을 찾아오셔야 합니다. 왜냐하면 스스로 문제를 해결할 힘을 키우지 않고 묘수만 찾아, 다른 사람에게 의지하기 때문입니다. 가장 중요한 것은 '나는 아이의 엄마이고, 내 아이에 관해서 전문가'라는 사실입니다. 그렇다면 누가 문제를 해결해야겠습니까? 당연히 엄마입니다.

그러나 철저히 엄마 중심으로만 문제를 해결하려 하면 아이는 점점 이해받지 못한다는 마음과 '다 엄마 마음대로야'라는 섭섭한 마음을 가지게 됩니다. 그런 해결책은 전혀 효과가 없습니다. 가장 바람직한 문제 해결 방법은 바로 '아이 입장에서 생각해보기'입니다. 아이가 어떤 행동을 하는 데는 다 이유가 있기 때문입니다. 이유가 없는 행동은 없습니다. 심지어 갑자기 아이가 엄마를 때릴 때도 이유가 있습니다. 단지 엄마가 그 이유를 빨리 찾아내지 못할 뿐입니다.

그러므로 아이에게 어떻게 해주어야 할지 모르겠다면, 5분만 아이를 살펴보세요. 아이가 어리면 어릴수록 행동의 이유가 금방 선명하게 떠오릅니다. 그러나 아이의 연령이 높아질수록, 특히 사춘기에 들어서면 한참 고민해야 그 이유를 알 수 있게 되지요. 그렇지만 어릴 때부터 아이의 행동을 잘 이해한 엄마라면 아이의 마음을 읽고 다루는 달인이 되어 폭풍처럼 휘몰아치는 사춘기도 조금 수월하게 넘어갈 수 있게 됩니다.

아이와 어떻게 놀아줘야 할지 모르겠다고요? 그럼 아이 옆에 앉아서 아이가 어떻게 놀고, 무엇을 하며 놀 때 즐거워하는지 지켜보세요. 그런 다음 아이가 좋아하는 방법으로 그저 함께 놀아주면 됩니다. 아이의 갑작스러운 돌발 행동에 당황스러워서 어떻게 대응해야 할지 모르겠다고요? 그 답은 철저히 아이가 가지고 있습니다. 전후 상황을 5분만 살펴보세요. 그러면 아이가 화나서인지, 심심해서인지, 좋다는 표현인지 쉽게 알 수 있습니다. 그때 아이의 마음을 잘 이해했다는 것을 적극적으로 표현하세요. 이것이 그 많은 전문가가 말하는 마음 읽기입니다. 그다음에는 잘 가르치고, 아이에게 해줄 수 있는 좋은 해결책을 제시해주면 됩니다.

때로는 엄마 혼자 머릿속으로 깊이 생각해서 '내 아이에게 이것이 가장 좋을 것 같다'고 결정해야 할 때도 있지만, 그때조차 가장 좋은 문제 해결의 열쇠는 바로 아이가 가지고 있습니다. 아이의 마음에 집중하기, 이것이 좋은 관계를 맺는 지름길입니다.

이 책은 EBS육아학교에서 실시간으로 엄마들과 나눈 '즉문즉답'을 묶어서 만들었습니다. 엄마들의 육아에 도움이 되길 바랍니다.

EBS육아학교 육아 멘토
김지은, 김혜진, 이영애, 이지선

3장 아이의 행동에 관한 즉문즉답

4장 아이의 정서에 관한 즉문즉답

5장 아이의 사회성에 관한 즉문즉답

6장　형제에 관한 즉문즉답

7장 엄마의 훈육에 관한 즉문즉답

1장

엄마에게 건네는 따뜻한 말 한마디

'엄마'라는 말의 의미는 그 어떤 것과도 비교할 수 없습니다. 따뜻하기도 하고, 가슴 한편에 뭔가 찌르르한 울림이 있기도 하고, 아련하기도 하고……. 사람들마다 각기 다른 다양한 감정이 느껴질 것입니다. 이런 감정들을 하나로 모아보면 바로 '사랑'일 것입니다. 아이들은 엄마, 아빠뿐 아니라 모든 사람에게 사랑받기를 원합니다. 그런데 그 사랑은 건강한 사랑이어야 합니다. 사랑이라는 이름으로 잘못된 사랑을 주면 주는 사람도, 받는 사람도 모두 상처를 받게 됩니다. 특히 아이들은 부모에게 받는 사랑이 첫사랑이기 때문에, 그 사랑을 바탕색으로 그 위에 다양한 색깔의 사랑을 덧씌우게 됩니다. 그러니 부모의 사랑이 기본색이 되는 것이지요.

그럼 이제 엄마가 아이에게 건강한 사랑을 주기 위한 마음의 준비운동을 시작해보겠습니다. 건강한 사람만이 건강한 사랑을 줄 수 있으니까요. 부디 이 내용이 엄마들에게 부담이 아닌, 따뜻한 위로가 되었으면 합니다.

왜 양육이 내 마음대로 되지 않을까요?

"선생님은 맨날 똑같은 이야기만 하시는 것 같아요. 그런데 그건 현실성이 없어요. 제가 해봤는데, 우리 아이에게는 잘 맞지 않던데요. 선생님이 한번 해보세요. 말처럼 되면 뭐가 힘들겠어요?"

"여기 이 글을 쓰신 전문가는 아이를 키운 지 한참 되신 분 같아요. 이렇게 아이랑 놀아주는 게 현실에서는 불가능합니다."

"남편과 대화~ 좋지요. 그런데 얼굴을 볼 수 있어야 말이지요."

육아 정보의 홍수 시대라고 할 만큼 수많은 육아 정보가 쏟아지고 있습니다. TV에서는 아동 육아 및 상담 전문가들이 나와 아이를 어떻게 대해야 하는지에 대해 이야기하고, 수없이 많은 육아서가 하루가 멀다 하고 발간되다 보니 누구나 아이를 큰 어려움 없이 키울 수 있는 시대가 온 듯합니다. 더군다나 인터넷에서는 검색어 하나만 입력하면 너무나 쉽게 관련 정보를 제공해주니, 이보다 더 좋을 수는 없을 듯합니다.

그런데 이렇게 정보가 넘쳐날수록 부모들의 좌절감은 더 깊어만 가니, 도대체 무슨 일일까요? 저를 찾아오신 부모들은 처음엔 "도대체 어떻게 해야 할지 잘 모르겠어요"라고 호소하다, 시간이 조금 지나면 "이제 조금 알기는 하겠는데…… 그게 마음처럼 잘 안 되네요"라고 바뀌기 시작합니다. 심지어 "선생님이 한번 키워보세요, 그게 정말 마음처럼 되나"라며 원망 아닌 원망을 하는 분들도 계십니다. 상담 중에 "글쎄요…… 잘 안 되고 하루하루가 힘들기만 해요"라며 서늘한 눈빛으로 저를 보시는 분도 있고요. 사실 그분의 속마음은 '선생님, 정말 전문가 맞아요? 왜 제대로 알려주지 않는 거예요?'일 것입니다. 정말 대략 난감한 상황입니다. 그렇다고 저를 비롯한 그 많은 전문가가 거짓말을 하지는 않을 것이고, 수없이 많은 전문서가 거짓을 기록해놓지는 않았을 텐데 말이지요.

여기에는 여러 가지 원인이 있습니다. 엄마 자신이 안고 있는 문제도 있고, 아이가 가지고 있는 문제도 있고, 기타 여러 가지 환경상의 문제가 있을 수도 있지요. 엄마에게서 문제의 원인을 찾아보면, 건강이 나쁘거나 과거 부모와의 관계에서 경험이 부족하거나, 현재 생활에서 스트레스가 많거나, 우울이나 불안을 많이 느끼는 등 성격적인 문제가 있을 수 있습니다. 그래서 아이를 대할 때 전문가들의 말대로 하는데도 마음에서 우러나오지 않다보니 생각만큼 잘 되지 않게 됩니다.

아이 쪽으로 한번 생각해볼까요? 기질이 까다롭고 예민한 아이는 엄마가 아무리 잘 키우려고 해도 잘 받아들이지 않습니다. 오죽하면 마더 킬러라고 하겠습니까? 주의가 산만하거나 충동적인 것도 문제가 될 수 있습니다. 인지 능력에서 차이가 많이 나는 아이도 능력을 발휘하기가 어렵고, 또한 엄마가 감당하기 어려울 때가 많습니다.

그 외 잦은 부부싸움, 유난히 까다로운 담임 선생님 등 환경적인 문제도 엄마의 노력을 빛바래게 합니다.

그렇다면 생각을 이렇게 한번 바꿔봅시다. '원래 아이 키우는 일은 좀처럼 내 마음대로 되지 않는다. 하지만 나는 보다 좋은 양육을 하기 위해 오늘 하루 최선을 다할 것이다.' 그리고 전문가들이 하는 보편적인 이야기 중에서 내 아이에게 맞는 것은 무엇인지 잘 선별해 적용해보기 바랍니다. 단, 한두 번 해보고 효과 없다며 그만두지 말고, 이런 태도가 아이의 몸과 마음에 푹 각인

될 때까지 꾸준히 반복하고 또 반복해야 합니다.

엄마의 역할은 마음먹은 대로 되지 않는 매 순간 순간을, 어떻게 될지 모르는 모호한 상황을, 언제 끝날지 모르는 답답한 상황을 포기하지 않고 묵묵히 견뎌내는 것이라고 할 수 있습니다. 지금 잘 안 되더라도 포기하지 마세요. 왜냐고요? 내일은 또 내일의 태양이 떠오르기 때문입니다.

부모 역할은 아이의 성장과 함께 변화해야 한다

"아침에 아이를 조금이라도 더 자게 하려고 조금 늦게 깨워요. 그러면 아침 시간이 너무 급해 한술이라도 더 먹이려고 밥을 떠먹여주게 됩니다. 그것 외에도 웬만한 건 다 해주게 돼요. 그래서 그럴까요? 뭐든지 스스로 하지 않으려 하고 계속 엄마만 찾네요. 유치원 다닐 때는 어려서 그러려니 했는데, 초등학교에 가서도 계속 이러니……."

"어릴 때부터 자율성이 중요하다고 해서 거의 도와주지 않고 스스로 다 하게 했어요. 그런데 언젠가부터 절대 하지 않으려 하고, 혼자 하라고 하면 막 화를 내고 울어버리네요. 왜 그런 걸까요?"

엄마는 아이를 낳고 품에 처음 안았을 때의 감격을 잊을 수 없지요. 울기만 했던 아이가 '맘맘마마' 하다가 어느 날 '엄마'라고 처음 말한 순간, 걷기 시작한 날, 처음 유치원에 간다고 가방 메고 나간 날, 품에 안겨 "이 세상에서 엄마가 제일 예쁘다"고 말하는 아이의 모습은 마음속에 중요한 기억으로 남아 있습니다. 그래서 육아로 힘든 날 마음속에서 살짝 꺼내 보면서 나도 모르게 웃음 짓고, 위로를 받게 됩니다. 그래서 요즘 TV 육아 예능에 나오는 아이들의 모습을 보면 아이들이 자라는 모습이 기특하기도 하지만, 한편으로는 그 예쁜 모습이 그대로 머물러 있기를 바라는 마음이 생기기도 하지요.

하지만 아이는 그 상태 그대로 머물러 있지 않고 계속 성장하고 발달해갑니다. 남에게 뭐든 잘 주던 아이가 소유 개념이 생기면서 자기 것이라고 울면서 주지 않으려 하고, 마치 "싫어", "안 해"라는 말을 하기 위해 태어난 것처럼 죽어라 말을 듣지 않기도 하고, 엄마 말에 또박또박 말대꾸해서 엄마 속을 뒤집어놓기도 합니다. 그러다 어느 순간에는 엄마 말보다 친구 말을 더 절대적으로 따르기도 하지요. 그러나 이런 행동들은 우연히 나타나는 것이 아닙니다. 아이의 나이에 따른 발달 시기마다 성취해야 할 자신의 심리적 발달 과제 때문에 나타나는 행동들입니다.

이렇게 아이들은 하루가 다르게 달라지는데, 엄마는 여전히 아이가 한 살 때 엄마에게 절대적으로 의존했던 기억에서 벗어나지 못하면 부모-자녀 관계에 심각한 불협화음이 생기게 됩니다. 그러므로 다음을 잘 주목해주세요.

아이의 행동이 잘 이해되지 않을 때는 연령을 먼저 생각해보세요.

아이의 행동이 잘 이해되지 않을 때는 '지금 내 아이가 몇 살이더라'를 먼저 생각해보세요. '아, 지금 만 3세지'라고 아이의 연령을 떠올린 다음엔 그 시기에 맞는 행동을 생각해야 합니다. 만 3세는 신체, 언어, 인지가 많이 발달하면서 엄마, 아빠의 도움 없이 스스로 해보려는 자율성과 주도성이 발달하는 시기입니다. 이때 말을 듣지 않고, "안 해", "싫어"라고 말하는 것은 '나 이제 조금씩 독립적이 되어가고 있어요. 나 좀 봐주세요'라는 마음의 외침입니다. 그러므로 이것을 잘 알고 있는 엄마라면 "너 왜 이렇게 말을 안 듣고 난리야"라고 혼내기 전에, "너 마음껏 해보고 싶은 거지"라고 아이의 마음을 읽어주면서 아이와의 팽팽한 긴장감을 늦추고 한 박자 쉬어갈 수 있게 됩니다. 그러면 엄마와 아이 모두 흥분을 가라앉힐 수 있습니다. 그런 다음엔 "그런데~"라고 아이가 제대로 들을 수 있게 훈육하는 것이 가능해집니다. 엇박자에서 벗어나게 되는 것이지요.

0~1세는 아이의 생물학적 요구에 민감하게 반응해야 합니다.

자, 이제 좀 더 구체적으로 아이의 연령에 따른 부모의 적절한 태도를 알아보겠습니다. 대략 출생 후 1세까지는 주 양육자에게 절대적으로 의존할 수밖에 없는 시기입니다. 특히 이 시기는 이성적인 판단보다는 감각으로 세상을 판단하고 이해하다보니 예민한 아이의 경우엔 작은 소리에도 깜짝 놀라고, 쉽게 불안감을 느낍니다. 그러므로 이 시기에는 아이의 불편감이나 생물학적 요구(먹고, 자고, 변을 보는 등)에 민감하게 반응해서 맞춰줘야 합니다.

까다로운 기질의 아이가 보이는 행동을 문제 행동이라고 걱정하기보다는 기질을 이해하고 맞추고 조절해주세요.

대부분 만 3세까지, 조금 더 나아가 대략 만 5세까지 엄마들이 가장 힘들어하는 것이 바로 아이의 까다로운 기질입니다. 아이가 낯선 사람만 보면 울고, 새로운 곳에는 잘 가지 않으려 하고, 남자 목소리만 들어도 울며 무서워하고, 누가 만지기만 해도 때렸다고 화내고, 밤에 잠도 잘 못 자고, 옷 입는 것도 까다로워 새로운 것은 잘 안 입으려 하는 등의 행동을 할 때, 부모는 이를 도저히 이해할 수 없을 때가 많습니다. 부모가 아이의 이런 행동에 계속 대처하지 못하다보면 '내가 엄마 자격이 없나', '내가 아이를 잘 못 키우나'라는 생각이

들어 자신감도 저하되고, 심지어 무력감까지 느끼게 됩니다.

그러나 유아기에 나타나는 이런 행동들은 아이가 이상해서도 아니고, 엄마의 양육 태도 때문도 아닙니다. 대부분은 까다롭고 예민한 기질 때문인 경우가 많습니다. 이런 까다로운 기질을 가진 아이들은 외부에서 들어오는 자극을 적절히 무시하지 못하고 다 받아들이다보니 불안하고 불편해서 견딜 수 없는 것입니다. 그러므로 이때 엄하게 혼내거나, 뭐가 무섭냐고 채근하면 아이의 불안에 기름을 붓는 격이 되어 아이가 더욱 불편감을 느끼게 됩니다. 이때는 먼저 불안에 휩싸여 있는 아이의 정서를 다뤄주고(예를 들면, "갑자기 소리가 나서 놀랐지"), 너무 크게 받아들여 오해한 자극에 대해 잘 설명해주며(예를 들면, "이건 밖에서 강아지가 멍멍 짖는 소리야. 한번 밖을 볼까?"), 다음을 잘 예상해서 스스로 마음을 잘 다스릴 수 있도록 도와주세요(예를 들면, "다음에도 갑자기 이런 소리가 들릴 거야. 그때는 '강아지구나'라고 생각해야 해"). 그 외에 바깥놀이 등과 같이 몸을 움직이는 놀이도 큰 도움이 됩니다.

일반적으로 기질 때문에 발생하는 행동은 아이가 성장하면서 점점 줄어들게 됩니다. 하지만 아이에 대한 이해와 양육 방법에서 길을 잃고 그대로 방치하면 엄마와 아이 모두 힘든 시간을 겪게 됩니다. 이런 경우엔 망설이지 말고 가까운 상담 센터를 방문해 보다 전문적인 도움을 받기 바랍니다.

대략 만 2세까지는 애착에, 만 5세까지는 자율성과 주도성 발달에 주목하세요.

사실 애착, 자율성, 주도성은 인간의 발달에서 가장 핵심이 되는 심리 발달 과제입니다. 애착을 통해 아이들은 관계에서의 안정감을 온몸으로 체득해 정서적으로 안정감 있게 성장합니다. 이를 기반으로 '스스로 경험해보고, 목표를 세워 이루어내는' 자율성과 주도성을 연마하면서 '사람답게 조절하고 행동하는 법'을 배워갑니다. 그러다보니 이 시기 아이의 행동은 정말 고집스럽고, 말 안 듣는 것으로 보이기도 합니다. 이때는 '정말 징그럽게 말을 안 듣네'가 아니라, '에고, 조절을 연습하려고 몸부림치고 있네'라고 생각해야 합니다. 그러므로 만 2세까지는 아이를 몸으로 안아주지만, 그 이후부터는 마음으로 안아야 합니다. 점점 '엄마가 해줄게. 엄마만 믿어'라는 자세에서 벗어나 "네가 해냈구나. 이건 네 생각이란 말이지", "이걸 혼자 하려고 생각하네" 등과 같이 점점 아이 스스로 해내는 것을 기뻐하고 격려해야 합니다.

이렇게 이야기하면, "그럼 아이가 원하는 것은 다 들어줘야 하나요?", "아이가 하고 싶은 걸 다 하도록 내버려둬야 하나요?"라고 질문하는 엄마들이 계십니다. 물론 당연히 '아닙니다'. 이때 중요한 것은 "그런데 여기까지만 해야 해"라고 정확한 한계점을 알려주는 것입니다. 이것이 바로 훈육입니다.

초등학생이 되면 근면성과 성실함을 연습시켜야 합니다.
초등학생이 되면, 사실 엄마가 열심히 공부하라고 강조하지 않아도, '공부 안 하면 너 나중에 굶어 죽게 된다'는 식으로 심하게 겁주지 않아도, 아이들은 열심히 공부해서 훌륭한 사람이 되고 싶어 합니다. 상담 현장에서 많은 아이들을 만나왔지만, "난 공부 못하고 싶어요"라고 말하는 아이를 단 한 명도 보지 못했습니다. 그러나 그전의 발달에서 애착, 자율성과 주도성의 주춧돌이 너무 약한 경우, 아이들은 근면함과 성실함을 가지고 자신의 일에 집중하기 어려워질 수도 있습니다. 만약 그렇다 하더라도 늦지 않았습니다. 지금이라도 스스로 결정하고 판단하고 경험할 수 있는 일들을 많이 제공해주고, 해내는 결과보다는 과정에 집중해주면 아이들은 자기가 가지고 있는 선한 동기인 성실함과 근면함을 잘 연습해나갈 수 있습니다.

그냥 저절로 좋은 부모가 되는 일은 없습니다. 부모가 되었다고 갑자기 아이에 대한 모든 지식이 저절로 생기는 것은 아닙니다. 그러므로 부모의 역할을 제대로 하기 위해서는 무엇보다 아이의 연령에 따른 발달 과제를 잘 이해하려는 노력이 필요합니다. 이런 글을 읽는다고 하루아침에 아이에 대한 이해가 생기고, 양육 행동이 달라지지는 않을 것입니다. 그래도 조금씩 알아가고, 이 중 하나라도 적용해보면 어느 날 문득 많이 성장해 있는 부모 자신의 모습을 발견하게 될 것입니다. 천 리 길도 한 걸음부터입니다. 오늘 하루 이 중에서 할 수 있는 것 한 가지만 정해 적용해보기 바랍니다.

모든 것이 애착의 문제일까요?

"아이가 계속 손톱을 물어뜯는데⋯⋯ 혹시 엄마와 아이 간에 애착이 잘 맺어지지 않아서, 정이 그리워서 그러는 걸까요?"

"둘째가 태어나서 산후조리 때문에 큰아이와 떨어져 있습니다. 전화를 해도 잘 받지 않고 영상 통화를 해도 크게 반가워하지 않습니다. 혹시 애착에 문제가 생긴 걸까요?"

"아이가 친구들과 잘 못 어울려요. 저도 사람들과 만나는 것을 별로 즐기지 않아 아이가 어릴 때부터 그냥 집에만 있었거든요. 저 때문일까요?"

상담 센터에 오는 엄마들 중에, 상담자가 아이를 한 번만 보면 무엇이 문제인지 척하니 알아낼 것이라고 기대하는 분이 있습니다. 이때 엄마들이 가장 많이 묻는 말이 "선생님, 아이가 저와 애착이 잘 맺어져 있나요?"입니다. 그래서 애착이 걱정되는 이유를 물으면 항상 "사실은……"이라고 이야기를 시작합니다. 그런데 막상 들어보면, '아이가 자꾸 손가락을 빠는데……', '언어 발달이 느린데……', '친구와 잘 못 사귀는데……' 등과 같은 문제 행동을 이야기하면서, "아무리 노력해도 고쳐지지 않는데, 이런 행동들은 대부분 애착 문제가 있을 때 생긴다고 해서요"라고 불안한 모습을 보입니다.

상담 현장에 있으면서 한동안 엄마들이 0~3세 신화에 사로잡혀 있다는 느낌을 받은 적이 있습니다. 이는 TV나 육아서의 영향인데, 간략히 말하면 '0~3세 때 아이와 안정된 애착을 형성해놓지 않으면 이후 아이의 발달에 문제가 생긴다'는 것입니다. 반대로 이 시기에 아이와 안정된 애착을 형성해 아이의 정서가 안정되면 이후 여러 발달이 순조롭게 이루어질 수 있다는 것이지요. 그러다보니 언제부터인지 '애착'이라는 단어가 엄마의 뇌리에서 떠나지 않게 되었습니다.

물론 천 번 만 번 맞는 말입니다. 아이의 인생에서 애착이란 주춧돌 역할을 합니다. 그러나 이 모든 것이 만 3세 때로 끝나버린다면, 또 엄마가 조금 못해주었다고 애착이 잘못 형성되어 모든 문제 행동이 발생하고 아이의 일생을 망쳐버린다면 얼마나 부담스러운 일일까요? 손가락만 빨아도 '애착 문제', 손톱을 물어뜯어도 '애착 문제'로 몰고 가면 힘들어서 아이를 키울 수 있겠습니까?

혹시 이런 마음 때문에 불안감을 느끼는 엄마가 있다면, 이제부터 마음을 잘 지켜나가야 합니다. 제대로 알고 대처하면 이런 불안을 잘 조절할 수 있습니다.

우선 아이들의 행동은 한 가지 이유만으로 단정 지어서 설명할 수 없습니다. 예를 들어, 많은 엄마가 한결같이 애착 문제일 것이라고 의심하는 '손가락 빨기'를 한번 생각해 볼까요. 아직 말로 자신의 감정과 마음을 표현하기 어려운 아이들은 손가락을 빨면서 외부 자극에서 받은 긴장을 이완시키고 스트레스를 풀기도 합니다.

그렇다면 아이들이 긴장이나 스트레스를 많이 받을 경우 이런 행동이 더 많이 나타날 가능성이 있겠지요? 이때 가장 먼저 생각할 수 있는 아이의 스트레스 유발 원인은 기질입니다. 예민하고 까다로운 아이들은 같은 자극에도 더 큰 스트레스를 받기 때문에 이를 손가락을 빨거나 손톱을 물어뜯는 행동을 통해 해결하려고 합니다. 두 번째로 애착문제를 생각해볼 수 있습니다. 애착문제가 있을 때 아이는 극심한 스트레스를 받지만 이를 해결할 방법이 없어 손가락을 빨거나 짜증을 부리는 등의 행동으로 마음의 아픔을 표현할 수 있습니다. 그 외에도 생각으로는 금방 될 것 같은데 막상 해보면 안되는 일이 너무 많아서 좌절감을 느낄 때, 자꾸 엄마에게 혼이 나서 속상할 때, 어린이집이나 유치원에서 적응이 쉽지 않을 때 등과 같은 다양한 스트레스가 손가락 빨기의 원인이 될 수 있답니다.

손가락을 빠는 행동에는 이렇게 많은 원인이 얼기설기 얽혀 있으니 '애착 때문에' '내가 ~해서 아이가 ~했다'는 식의 단편적인 시각은 버리시기 바랍니다. 그러므로 아이들에게 이해할 수 없는 행동이 반복될 때, 모든 것을 엄마 탓, 애착문제로 여기지 마시고 이것저것 다각적인 원인을 찾아보시기 바랍니다. 그래야 아이를 잘 도울 여러 가지 방법을 생각해 낼 수 있습니다.

엄마가 빨간 신호등을 켜고 있으면
아이는 길을 건널 수 없다

"아이가 계속 제 눈치를 살펴요. 평소에 제가 화도 잘 내고, 아이를 많이 혼냈는데, 그래서 그런가요? 집에서뿐 아니라 밖에 나가서도 항상 자신 없어 하고 선생님이나 친구들 눈치를 계속 살피네요. 저 때문인 것 같아 속상합니다."

"아이는 제 표정이 조금만 달라져도 금방 얼어버려요. 제 행동에 민감하게 반응하니 어떻게 해야 할지 모르겠어요."

"아이가 세 살 때까지 산후우울증 때문에 먹이고 입히는 것 외에는 잘 못해줬어요. 아이도 순해서 그냥 혼자 잘 놀더라고요. 그런데 정신을 차리고 보니 아이가 너무 혼자만 놀고 친구와는 놀지도 않아요. 말도 느린 것 같고요. 제가 어릴 때 너무 방치해서 그런 걸까요?"

상담을 시작하기 전, 아이들의 마음을 살펴보기 위해 심리 평가를 할 때가 있습니다. 여기에는 간단히 그림으로 아이의 마음을 살펴보는 검사도 포함되어 있습니다. 이런 그림 검사 중 가족들이 함께 무엇을 하고 있는 그림을 그려보라는 동적 가족화 검사가 있습니다. 이때 아이들이 그린 그림을 살펴보면, 아이가 가족에 대해 어떻게 느끼는지, 집 안에서 자신의 위치가 어떻다고 느끼는지 대략적인 정보를 얻을 수 있습니다.

상담 현장에서 아이들의 그림을 살펴보면, 가족 관계에서 어려움을 겪는 아이들의 그림에는 따뜻한 가족 관계가 보이지 않는 경우가 많았습니다. 어떤 아이는 엄마를 침대에 누워 있는 모습으로 그리면서 "엄마는 항상 침대에 누워 있어요"라고 말하기도 했습니다. 어떤 아이는 엄마 혼자 등 돌리고 설거지하는 모습을 그리거나, 심지어 "엄마는 밖에 나가 있다", "방 안에서 잠을 잔다"고 말하면서 엄마를 가족 그림에서 빼놓는 경우도 있었습니다. 물론 이렇게 그림을 그린다고 해서 반드시 문제가 있다고 할 수는 없지만, 뭔가 상호작용이 부족해 보이는 것은 사실이지요.

그 후 아이와 엄마를 상담해보면 "제가 너무 우울해서 집에 있으면 거의 누워 있어요"라고 이야기하거나, "집에서 아이와 뭔가 함께할 시간이 없어요", "아이가 제 마음대로 되지 않아 너무 화나서 자꾸 신경질을 내게 돼요" 등과 같은 이야기를 하곤 합니다. 아이들은 엄마가 우울하다는 것까지는 표현하지 못하지만, "엄마가 집에서 나랑 안 놀아줘요", "집에서 맨날 잠만 자요" 등과 같이 엄마가 자신에게서 심리적으로 멀리 있다고 표현합니다. 이런 경우, 아이들은 심리적으로 안정되지 못하고, 마음속에 섭섭함이 생기며, 다른 사람과의 관계도 안정적으로 맺기 어려워질 때가 많습니다.

이처럼 엄마라는 신호등에 빨간불이 들어오면 일단 아이들은 앞으로 나가기 어렵고, 엄마라는 신호등에 초록불이 들어올 때까지 그 언저리에서 오도 가도 못하는 신세가 되곤 합니다.

그렇다면 아빠에게 빨간 신호등이 들어왔을 때는 어떻게 될까요? 사실 아빠는 엄마와 양상이 조금 다릅니다. 아빠의 빨간 신호등은 우선 엄마에게 직격탄을 날리게 되고, 엄마가 휘청하다보니 아이에게 영향을 미치는 경우가 많습니다. 이래저래 엄마는 아이에게 1차 통로이자 방어막이 되는 것이지요.

이런, 제가 따뜻한 위로를 건네야 하는데 오히려 부담 주는 상황이 되었네요. 하지만 이런 빨간 신호등은 또한 위험을 예방해주고, 초록불로 바뀌었을 때 힘차게 걸을 수 있도록 쉼을 주는 사인이 되기도 합니다. 이때 부모는

'아 ! 나에게 지금 빨간 불이 들어왔구나'라고 알아차리시고, 그 다음 스스로를 되돌아보고 무엇을 고치면 될지 생각해 보시기 바랍니다. 이렇게 자신의 마음을 들여다보면 문제를 해결할 수 있는 묘수가 떠오르게 될 것입니다. 그때 빨간 신호등은 초록 신호등으로 바뀔 수 있습니다. 위기는 기회의 또 다른 이름이니까요.

아이를 키우는 일에도 효능감이 필요하다

"저는 그동안 살면서 그렇게 큰 어려움이 없었어요. 그럭저럭 모나지 않게 살아왔는데…… 아이는 제 인생의 가장 큰 좌절이고 어려움이에요. 도대체 어떻게 해야 할지 계속 고민을 주네요."

"아이가 전생에 나하고 무슨 악연이 있어서…… 아이 때문에 너무 힘들고 어려워요. 어떤 방법을 써도 통하지 않아요."

아이들을 데리고 상담 센터를 찾아오는 엄마들 중에 잔뜩 지친 얼굴에 '나는 너무 우울해요'라는 분위기를 온몸으로 내뿜는 경우가 있습니다. 이런 엄마들은 대부분 "정말 너무 힘들어요. 내가 어떻게 해도 아이에게는 소용없어요", "아이 때문에 육아서도 많이 보고 TV에서 전문가들이 권하는 방법도 다 써봤지만…… 아이가 조금도 달라지지 않아요", "정말 제 인생에서 가장 큰 좌절이에요"라는 이야기를 거침없이 합니다. 그만큼 양육에 지쳤다는 표현일 것입니다.

왜 이런 일들이 생길까요? 사실 우리는 뭔가를 할 때, 계속 실패만 하고 언제까지 해야 결론이 날지 모르는 일에 직면할 경우, 그냥 안 하고 싶은 마음이 듭니다. 사실 그만둬도 괜찮은 일이 많지만, 엄마 역할은 다릅니다. 아무리 힘들어도 그 일을 그만둘 수는 없지 않습니까? 잘하지 못하는데 언제 해결될지도 모르는 막막함을 계속 견디다보니 결국 무력감에 빠지고, 더 나아가 우울해지기까지 합니다. 또 이런 어려움을 지속적으로 주는 아이가 미워지기도 합니다.

엄마 역할도 신바람나야 더 힘 있게 할 수 있습니다. 이때 '나는 엄마로서 능력이 있고, 아이에게 문제가 생길 때 이것을 잘 다룰 수 있고, 양육을 익숙하게 잘할 수 있다'는 자신에 대한 믿음이 든든한 지지대 역할을 하게 됩니다. 이런 믿음이 있는 엄마들은 좌절해도 견딜 수 있는 내적인 뱃심이 있습니다. 이처럼 엄마가 자신의 역할을 효율적으로 해낼 것이라고 믿는 '믿음'이 바로 '효능감'입니다.

엄마의 양육 효능감이 높으면 아이를 따뜻하게 양육할 수 있고, 아이를 능력 있고 좋은 점이 많은 존재로 받아들일 수 있으며, 문제가 생겨도 적절히 해결해나갈 수 있답니다. 그러다보니 아이 역시 이런 믿음을 기반으로 좀 더 건강하게 성장하게 됩니다. 반면에 엄마의 양육 효능감이 낮으면, 엄마의 스트레스가 높아지고, 아이 역시 믿지 못하기 때문에 좀 더 강압적이고 통제적으로 양육하며 체벌을 많이 할 가능성이 높아지겠지요?

그렇다면 어떻게 해야 엄마의 양육 효능감이 높아질까요? 여러 연구를 살펴보면, 엄마의 삶에 대한 의미가 명확할수록, 아이에 대한 지식이 많을수록 양육 효능감은 증가합니다. 또 아빠의 양육 참여나 주변 사람들의 도움 역시 엄마의 양육 효능감을 높이는 데 중요한 역할을 합니다.

아이는 왜 낳고 키웁니까? 왜 이렇게 아이와 씨름하면서 뭔가를 가르치려고 애씁니까? 그냥 아이가 생겨서 낳았고, 그러다보니 어쩔 수 없이 키우고 계십니까? 그것도 아니면, 아이를 이 나라의 큰 일꾼으로 만드는 사명을 가지고 있다는 식의 너무나 추상적이고 거창한 목표를 가지고 아이를 키우고 계십니까? 아니면 내가 못 이룬 명문대의 꿈을 이루고, 사회에서 내로라하는 자리에 앉게 하려는 지극히 현세적인 목표에 전심전력하고 계십니까? 아이를 키우는 목적이 무엇인가요? 너무 무기력해서 삶의 목표와 아이를 향한 양육의 목적이 없어도 문제고, 너무 거창하고 비현실적이어서 지금 내가 가지고 있는 자원으로 해낼 수 없을 때도 엄마의 양육 효능감이 저하됩니다.

반면에 아이를 위해 지금 내가 할 수 있는 일에 최선을 다하고 목표를 좀 더 세분화하고, 이것을 이뤄가는 경험을 많이 하면, 엄마의 양육 효능감은 무럭무럭 자라게 됩니다.

미국의 심리학자 윌리엄 제임스는 자존감에 대한 간단한 공식을 제안했는데, 바로 $\frac{성공}{욕심}$입니다. 이를 양육에 적용해보면 어떨까요? '앞으로 아이를 하버드대에 보낼 것이다'라는 욕심을 확 줄여 '오늘 하루 아이의 장점을 한 개 찾아서 격려해준다'를 목표로 삼는다면, 이것 정도는 가뿐히 성공할 수 있지 않을까요? 그렇다면 날마다 성공하는 경험이 쌓이면서 이를 통해 내가 엄마 역할을 잘한다는 효능감을 느낄 것입니다. 이런 엄마의 편안하고 당당한 태도는 아이에게 그대로 전달되기 때문에, 아이 역시 좀 더 안정적으로 성장할 수 있습니다. 잊지 마세요. 오늘 하루 꼭 해야 할 일을 구체적으로, 그러나 너무 과도하지 않게 정하고 이것을 이루는 것에 목표를 두세요.

나의 블랙홀을 찾아라

"저는 정말 아이를 위해 최선을 다했어요. 아이를 잘 키우고 싶어서 회사도 그만두고 올인했는데…… 아이가 이렇게 말을 안 듣고, 학교에서는 계속 산만하다고 지적받고…… 아이에게 너무 화나고…… 섭섭해요."

"저는 어릴 때 공부를 잘 못해서 열등감이 많았어요. 그런데 아이가 '엄마는 그것도 몰라'라고 할 때면 마음속에서 훅 하고 올라오면서 너무 화나요. 아이까지 나를 무시하나 하는 생각에 화를 많이 내게 되네요."

"제가 어릴 때 부모님이 너무 심하게 싸움을 해서 정말 괴로웠어요. 그래서 난 결혼하면 절대 부부싸움을 하지 않으리라 결심했는데…… 남편과 자꾸 싸우게 되네요. 심지어 아이 앞에서 싸우고 나면 너무 자책감이 들어요."

유독 어떤 상황만 되면 내 감정을 조절하지 못하고 심하게 화를 내거나 긴장되거나 이성이 제대로 작동하지 않아 부적절한 행동을 하는 경우가 있습니다. 대부분 이런 것은 과거의 경험에서 비롯되는 경우가 많지요. 어릴 때, 부모에게 비난을 많이 받고 자란 사람은 누가 비난하면 확 얼어버리거나 분노가 치밀기도 합니다.

어릴 때, 친정엄마에게 따뜻한 대우를 받지 못하고 자란 엄마는 자신의 아이를 어떻게 대해야 할지 몰라 매우 고민하게 됩니다. 이런 일이 반복되면, 다시는 그런 상황에서 그렇게 부적절하게 반응하지 말아야지 결심하지만 그것이 마음처럼 잘 안 되고, 실수를 반복하게 됩니다. 마치 한 번 빠지면 헤어나올 수 없는 블랙홀처럼 말입니다.

그래서 때로는 '그때 엄마가 나를 좀 더 따뜻하게 대해주었으면 내가 따뜻한 엄마가 될 수 있었을 텐데…… 내가 보고 배운 게 있어야 아이를 제대로 대해주지', '부부싸움하는 모습만 보았으니 내가 남편하고 잘 지낼 수가 있나' 등과 같은 원망의 마음이 들기도 합니다. 사실 우리의 현재는 과거와 깊이 연결되어 있어 과거의 경험에서 자유로울 수 있는 사람은 아무도 없습니다. 그러나 과거 경험을 잘 소화시켜 보다 나은 현재를 살 수 있게 하는 참고 자료로 활용할 수는 있습니다. 보고 배운 게 없어서 좋은 엄마 역할을 못한다고 좌절하면, 과거에 발목이 매인 현실을 살아가게 됩니다. 그 순간에 나는 현재가 아닌 그저 과거를 반복하고 있을 뿐인 것이지요.

그럼 어떻게 하면 좋을까요? 언제까지 과거의 인생을 반복할 수는 없지 않겠습니까? 이를 해결할 수 있는 방법이 있습니다. 우선 내 블랙홀이 무엇인지 잘 알아야 합니다. 언제, 어떻게, 왜 이런 감정이 드는지? 어떤 상황에서 이성이 마비되어 말도 안 되는 행동을 하는지? 이런 블랙홀을 제대로 알면 알수록 나를 잘 조절할 수 있습니다. 갑자기 아이에게 화를 내거나 소리를 지르는 일이 줄어들 수 있지요.

그런 다음엔 보다 좋은 행동을 할 수 있도록 노력해야 합니다. 예를 들면, '5분 동안 심호흡해서 이성이 돌아올 때까지 기다린다', '아이는 나보다 약하니까 내가 아이 마음을 먼저 이해해 말로 표현해준다' 등과 같이 엄마의 예전 행동을 바꿀 수 있는 보다 좋은 행동을 연습해야 합니다. 이것은 절대 쉽지 않습니다. 혼자 하기 어려울 때는 주변의 도움을 받기 바랍니다. 주변에서 적극적으로 지지해주고 도움을 주면 엄마 역할에 대한 자신감이 무럭무럭 자란답니다. 좋은 멘토나 상담자를 만나 상담을 해보는 것도 좋은 방법입니다.

우주의 블랙홀은 빠지면 헤어나올 수 없지만, 우리의 해결되지 않은 과거라는 블랙홀은 적극적인 노력을 기울이면 오히려 성장의 기회가 될 수도 있습니다. 너무나 괴롭고 충격적인 경험을 트라우마라고 합니다. 예전에는 이런 트라우마에 대한 연구를 할 때 이것이 사람에게 얼마나 부정적인 영향을 미치느냐에 초점을 두었지만, 최근에는 '외상 후 성장'이라는 개념으로 이런 충격적인 외상을 극복하고, 더 나아가 오히려 성장하는 사람들의 내적인 힘에 대해 많은 연구가 진행되고 있습니다.

우리는 극심한 고통을 통해서도 성장이라는 꽃을 피울 수 있습니다. 그러므로 이미 지나가버린 과거 탓만 하면서 시간을 보내기보다는 이를 통해 성장하는 쪽으로 선택하는 것이 더 바람직하지 않겠습니까? 이를 위해서는 아는 것이 힘이 됩니다. '알고 이를 해결하기 위해 노력하기! 혼자서 안 되면 주변 사람이나 전문가에게 도움 받기!' 이것을 잘 기억하고 실천한다면 아이를 키울 때 나도 모르는 함정에 빠져 허우적거리는 일이 훨씬 줄어들 것입니다.

작은 노력으로 큰 효과 거두기

"어머~ 선생님~ 무슨 마법 같아요. 아이의 마음을 이해하고 말로 표현해줬더니 아이가 제 말을 금방 듣는 거 있죠. 제가 화낼 일이 줄어들었어요."

"아이가 계속 삐쳐서 말을 하지 않아요. 너무 답답한데…… 나중에 들어보면 정말 별일 아닌데 진을 빼요. 대부분은 '엄마가 아까 ~라고 말했잖아'라는 식이에요. 뭔가 혼내거나 기분 나쁘게 말하면 이렇게 계속 삐치고 화를 내니 정말 아이와 말하는 게 너무 어려워요."

'말 한마디로 천 냥 빚을 갚는다'는 속담처럼 인간관계에서 대화가 차지하는 비중은 매우 높습니다. 특히 좋은 부모자녀 관계를 보장하는 대화는 자녀의 안정된 정서 발달과 행복감을 키우는 데 중요한 역할을 합니다. 그렇다면 어떻게 해야 자녀와 좋은 대화를 할 수 있을지 차근차근 말씀드릴게요.

가장 중요한 것은 태도입니다.

아이와 대화할 때 전문가들이 이야기하는 기법만 흉내 내려 하지 말고 진짜 마음을 나누어야 합니다. "네가 ~했구나"라고 말하며 이해하는 척하고 속으로는 화나 있는 태도를 보이면, 이런 태도는 말보다 더 빨리 전달되어 아이가 '엄마의 말은 믿을 수 없다'는 마음을 가지게 만듭니다.

잘 이해되지 않으면 아이를 5분만 지켜보세요.

부모의 마음이 분주하거나, 아이의 행동을 빨리 고쳐야 한다는 사명감에 불타오르면 공감이 저 멀리 날아가버립니다. 아이의 마음을 이해하려면 항상 아이보다 한 발짝 뒤에서 움직여야 합니다. 비법이 있습니다. 5분만 지켜보세요. 특히 엄마는 자신의 아이에 대해서는 이 세상 누구보다 뛰어난 전문가이기 때문에 욕심과 사명감을 조금 내려놓고 5분만 아이를 지켜보면 대부분 아이의 마음이 느껴질 것입니다.

경청하세요.

5분 지켜보는 것이 바로 아이에게 경청하고 있는 것입니다. 이런 경청은 대화의 기본 중 기본입니다. 그런데 '듣다'는 뜻을 가진 청(聽)은 눈(目)＋귀(耳)＋마음(心)이 합해서 이루어진 한자입니다. 즉, '듣는다'는 것은 눈과 귀와 마음을 모두 사용해야 가능합니다.

'마음 읽기'를 적극적으로 활용하세요.

이렇게 경청하고 나면 아이의 마음이 잘 이해될 것입니다. 이때 아이의 행동과 감정, 생각과 감정을 잘 연결해 아이에게 전달해주세요. 이것이 '마음 읽기'를 할 수 있는 비법입니다. "얼굴을 찡그리는 걸 보니 맛이 없구나" 등과 같은 '연결 대화'를 잘 활용해보기 바랍니다. 이를 통해 아이들은 1) 미처 몰랐던 자기 감정을 알 수 있고, 2) 마음을 말로 표현하는 법을 알게 되며, 3) 다른 사람의 감정도 표현해줄 수 있게 됩니다. 부모가 이런 태도를 가지면 아이의 감정이 가라앉아 이성적인 판단을 할 수 있게 됩니다.

'내 마음 전하기'를 활용하세요.

부모가 화났을 때는 아이의 마음이 읽어지지도 않을뿐더러 마음을 이해했다고 해도 좋은 소리로 공감하기 어렵습니다. 이때는 관계를 해치지 않는 범위에서 아이에게 부모의 마음을 잘 전달해야 합니다. 방법은 간단합니다.

　상황을 있는 그대로 사진 찍듯이 서술한 다음, 주어를 '너'가 아닌 '나'로 바꾸어 마음을 그대로 전하는 것입니다. 예를 들어볼까요. 1) 상황을 있는 그대로 묘사하세요. "장난감을 가지고 놀고 나서 그대로 놔둔 것을 보니," 2) 주어를 '나'로 해서 표현하세요. "엄마는 화가 나." 3) 이유가 있겠지요? 간단히 표현하세요. "네가 안 하면 엄마가 해야 하잖아. 엄마는 지금 밥해야 하는데." 4) 자! 마지막으로 해결책을 제시해보는 것도 좋습니다. "자~ 이제 치워라", 아니면 "엄마랑 함께 빨리 치우자"와 같이요. 어휴~~ 생각보다 쉽지 않나요? 물론 그냥 화를 내면서 "빨리 치워~ 엄마가 몇 번 말해야 알아듣겠어"라고 말하는 것보다는 많은 에너지가 들겠지요. 그래도 이런 방법을 통해 아이는 자신이 존중받고 있다는 것을 느끼고, 자신의 행동이 다른 사람에게 어떤 영향을 미치는지 알게 되어 스스로 행동을 조절하게 됩니다. 그런데 이때 정말 조심해야 할 사항이 몇 가지 있습니다. 이 점을 꼭 숙지해야 합니다.

(1) 거짓 예언을 하지 마세요.

인생에서 첫 번째 거짓 예언은 부모로부터 시작됩니다. '항상', '이런 식' 등의 단정적인 표현은 아이를 화나게 만들거나 좌절하게 합니다. 지금 행동은 그저 일부분일 뿐입니다. 그것을 아이의 인격이나 전체의 모습으로 확대해서 표현하는 것은 대화를 막는 지름길입니다.

(2) 대화의 걸림돌 사용을 피하세요.

누구도 싸우려고 대화를 하지는 않습니다. 그런데 부모가 대화의 걸림돌을 많이 사용할 경우, 아이들은 귀와 입을 닫고, 좀 더 성장하면 부모와 말싸움을 하게 됩니다. 이것은 누구도 원하는 대화의 결말이 아닐 것입니다. 일반적으로 아이의 말을 듣고 섣부르게 위로를 건네거나, 길게 훈계하거나, 비난하거나, 해결책을 곧바로 제시하거나, 논리적으로 설득하거나, 과도하게 칭찬하는 대화가 대표적인 걸림돌에 해당합니다.

(3) 훈육은 간결하게 하세요.

안 되는 이유를 설명하거나 엄마의 마음을 전할 때 너무 길게 설명하고 설득하면 아이는 더 이상 부모의 말을 듣지 않습니다. 오히려 부모가 대화를 시작하려고 하면 '으악~ 또 시작이다'라는 마음이 들어 오히려 대화를 피하려

하겠지요. 간결하게 훈육하는 것을 꼭 연습하기 바랍니다.

(4) 무조건 안 된다고 하지 말고 대안을 제시하세요.

아이들은 안 된다는 것을 알면서도 못하게 하면 더 하고 싶어 합니다. 이 때 대안을 제시해주면 심리적인 저항이 좀 더 긍정적인 방향으로 바뀌게 됩니다. "동생을 때리는 건 안 되지만 이 쿠션은 마음껏 쳐도 된다" 등과 같이 아이의 욕구가 건강하게 해결될 수 있는 대안을 제시해주면 조절 능력과 문제 해결 능력이 성장하게 됩니다. 부모와 좋은 관계를 맺는 것은 당연하고요.

'왜'보다는 '어떻게'로 질문의 내용을 바꿔보세요.

아이와 이야기하다보면 아이의 이야기를 좀 더 구체적으로 듣고 싶을 때가 생기지요? 이때 "왜?"라는 말을 너무 많이 사용하면 아이는 취조당하는 듯한 느낌을 받게 됩니다. 특히 남자아이들은 이렇게 접근하면 대부분 "몰라"로 대화를 끝내버립니다. 아이가 자신의 생각과 느낌을 좀 더 길게 표현할 수 있도록 하려면 '왜' 대신 '어떻게'로 바꿔보세요. "이건 왜 그래?"가 아니라 "이건 어떻게 된 거니?"라고 이야기를 건네면 대화를 더욱 촉진할 수 있습니다.

아이와의 놀이 시간이 중요합니다.

아이와 놀이를 할 때 이 모든 대화 방법을 자연스럽게 활용해보세요. 함께 놀이하는 시간이 많을수록, 아이들이 정서적으로 더 편안해질 것입니다.

이런 대화 방법은 단지 기법을 익히는 것만으로는 좋은 결과를 얻기 어렵습니다. 부모가 한 발 떨어져 아이의 마음을 이해하고 진심을 다해 접근하는 대화 태도를 보이면 아이는 건강하게 성장할 것입니다.

한 번 말해서 듣는다면
로봇을 키우는 것이다

"왜 제 아이는 한번 말하면 잘 안 듣지요? 열 번을 말해도 소용없어요."

"여러 가지 양육 방법을 써봐도 우리 아이에게는 잘 안 통해요. 우리 아이가 유별난 걸까요? 제가 잘 못하는 걸까요?"

"문제 행동을 가진 아이를 다루는 TV 프로그램을 보면 아이가 금방 달라지던 데…… 왜 우리 아이는 그렇게 되지 않을까요?"

아이들의 문제 행동을 다루는 프로그램들을 보면, 아이들의 변화가 금방 눈에 띕니다. 그러다보니 이런 방송을 보는 엄마들은 '아, 말을 저렇게 하면 아이가 금방 이렇게 바뀌는구나'라는 기대를 갖게 됩니다. 그러나 막상 그 방송에서처럼 "~했구나"라고 친절하게 말해도 아이의 행동은 곧바로 바뀌지 않습니다. 이런 일들이 반복되면, 엄마들은 자신의 양육 방법에 대한 자신감이 저하되고, 쉽게 따라오지 않는 아이에게 화나게 됩니다.

TV에서는 되는데 왜 내 아이에게는 잘 적용되지 않을까요? 오랜 시간동안 다양한 TV 프로그램에서도 아이들을 만나고 그 부모들에게 필요한 도움을 드렸지만, 이때 꼭 당부하는 이야기가 있습니다. "절대 한 번에 되지 않습니다"라는 말입니다. 생각해보세요. 아이들이 '엄마'라는 말을 배우기 위해 얼마나 많은 연습과 시간이 필요한지. 또 걷기 위해서는 얼마나 긴 시간이 필요합니까. 동물은 태어나자마자 바로 걸을 수 있지만 사람은 1년 정도 걸려야 합니다. 그렇다면 새로운 행동을 습득하고 이것을 자신의 것으로 소화하려면 또 얼마나 많은 연습이 필요하겠습니까?

엄마들은 뭔가 배우면 금방 적용해서 자신의 행동을 바꿀 수 있나요? 쉽지 않지요? 아이들도 마찬가지입니다. 아이가 새로운 행동을 잘 습득할 때까지 엄마는 계속 친절하게 인내하면서 기다려줘야 합니다. 만일 엄마가 몇 번 이야기해서 아이가 곧장 알아듣는다면, 인간이 아닌 로봇을 키우는 것이겠지요.

그러나 유독 엄마 말을 잘 듣지 않고 새로운 행동을 습득하지 못하는 아이들이 있기는 합니다. 이런 경우엔 우선 기질을 점검해봐야 합니다. 까다롭고 예민한 아이는, 새로운 행동을 습득하는 데 다른 아이들보다 훨씬 많은 시간이 필요합니다. 예민한 아이들은 다른 아이들보다 자극에 더 많은 영향을 받다 보니 새로운 것을 받아들이는 것을 부담스러워합니다. 그래서 항상 자신이 했던 방식을 고수하려고 하는 것입니다. 그러나 이런 아이들의 특징은 일단 습득하면 그때부터 아주 잘한다는 것입니다. 그러므로 '시간이 지나 익숙해지면 잘할 테니 그때까지 기다려야겠다'고 생각해야 합니다. 대신 그냥 기다리지 말고 아이의 마음을 잘 읽어주세요. "생각하지 못한 일이라서 바꾸기 힘들지"라는 등의 말을 해주면 도움이 될 수 있습니다.

그다음에 생각해봐야 하는 것은 바로 엄마의 양육 태도입니다. 엄마가 너무 과잉보호하거나, 과잉통제해서 이거 해라 저거 해라 지시하고 명령하면, 아이는 점점 더 엄마 말을 듣지 않게 됩니다.

똘망똘망한 첫째 아이일 경우, 엄마는 아이가 빨리 변하지 않는다고 오해하기 쉽습니다. 첫째 아이를 키울 때는 엄마도 아이를 처음 키우는 것이므로 좌충우돌하게 됩니다. 그런데 아이가 똘망똘망하기까지 하면 엄마는 아이가 다 알아듣고 충분히 할 수 있는데도 하지 않는다고 오해하게 됩니다. 이런 일은 생각보다 흔하게 일어납니다. 이런 실수를 하지 않으려면 항상 내 아이가 몇 살인지 되새겨보기 바랍니다. '맞아, 내 아이는 세상의 빛을 본 지 4년밖에 되지 않았지'라는 식으로 생각을 정리하면 아이에게 턱없이 기대하고 재촉하는 일이 많이 줄어들 것입니다.

내 아이는 로봇이 아니라 계속 변화하고 발달하는 과정에 있는 어린아이라는 사실을 꼭 기억하세요.

2장

아이의
발달에 관한
즉문즉답

집에서 짜증이
폭발해요

유치원에서는 모범생인데 집에서는 짜증쟁이예요.

Q 우리 아이는 유치원에서 너무나 모범생이에요. 항상 자세도 바르고 선생님이 시키는 것을 모두 잘해서 선생님들은 우리 아이 같은 딸이 있으면 좋겠다, 어머니는 너무 좋겠다고 말씀하세요. 그런데 유치원 차에서 내리는 순간부터 저한테 얼마나 짜증을 내는지 몰라요. 도대체 왜 그럴까요? 이중인격자도 아니고. _이나은, 7세

유치원에서 잘하려고 너무 애쓰기 때문에 집에서 짜증을 내는 거예요.
완벽주의의 함정에 갇혀 있어 힘들어하고 있는 거예요.

A 상담실에도 이런 아이들이 꽤 많이 옵니다. 학교에서는 모범생인데 집에만 오면 화를 심하게 내는 상당히 상반된 모습을 보이는 아이들은 대부분 유치원이나 학교에서 잘하려고 지나치게 애쓰고 노력하느라 에너지를 많이 씁니다. 적당히 즐겁게 활동하는 것이 안 되는 것이지요. 실수하면 안 되고 잘

해야 하니까, 유치원에 있는 동안에는 내내 긴장하고 애쓰다가 엄마를 보거나 집에 돌아오는 순간 긴장이 풀리고 안심하면서 낮 시간 내내 눌러왔던 불편한 감정들이 폭발해 별것 아닌 것으로 엄마나 동생한테 꼬투리를 잡고 시비를 걸면서 짜증 내고 화내는 것이지요.

이런 상반된 태도를 보이는 아이들을 살펴보면 대체로 언어 능력은 우수한데 비해 동작 능력이 못 미치는 경우가 많습니다. 말하자면 머릿속으로는 이것도 완벽하게 될 것 같고, 저것도 잘할 수 있을 것 같은데, 실제 수행은 자신의 기대만큼 되지 않으니 더 많이 노력하고 애쓰느라 지치고 짜증 나고 힘들어지는 것입니다. 어릴 때부터 말을 잘해 똑똑하다고 칭찬을 많이 들었던 아이들 중에 간혹 손이 둔하고 운동 능력이 떨어지는 아이들이 있습니다. 이런 특성을 가진 아이가 기대 수준은 높은데 수행이 기대에 못 미쳐 짜증을 내고 화를 폭발적으로 내는 경우가 많습니다.

특히 유치원, 초등학교 저학년 시기에는 글씨쓰기, 만들기, 그리기, 가위질하기, 운동하기 등 손과 몸으로 해내야 하는 활동이 많아 이런 특성을 가진 아동들은 부모의 생각보다 훨씬 더 어렵고 힘들 수 있다는 것이지요. 이 아이들은 수행을 꽤 잘해 부모들이 능력의 불균형을 잘 알아차리지 못하는 경우도 있는데, 알고 보면 잘하려고 최선을 다해 노력하기 때문인데 그냥 다 잘한다고 오해할 수도 있답니다. 그러니 아이는 얼마나 힘들겠어요.

엄마가 모든 분야에서 잘해야 한다고 강요하지도 않았고, 모범생이 되어야 한다고 윽박지르지도 않았는데 이 아이들은 도대체 왜 스스로를 힘들게 하는 것일까요?

많은 아이가 완벽주의의 함정에 빠져 있을 가능성이 있습니다. 이 아이들은 외부의 시선을 굉장히 의식하고 많이 신경 씁니다. 그래서 엄마한테 유치원에서 배운 춤 좀 보여달라고 하면 혼자 방에 들어가서 거울 보며 연습하고 완벽하게 할 수 있을 때에야 비로소 보여주는 것은 이 아이들의 특성을 보여주는 대표적인 예라 할 수 있습니다.

완벽주의 성향을 가진 사람들은 자신의 실패를 용납할 수 없다는 생각을 가집니다. 그래서 다른 사람이 자신의 잘못을 알아차릴까봐, 자신의 실수가 드러날까봐 전전긍긍하고 쉽게 불안에 휩싸입니다. 불안을 누르기 위해, 과업을 잘해내기 위해 에너지를 많이 써야 하니, 자신의 감정을 다스리고 스트레스를 완화시키는 데 에너지를 쓰기가 어려워 작은 일에도 예민하고 신경질적일 수밖에 없습니다.

완벽주의 성향을 가진 아이들 중에 첫째 아이인 경우가 많습니다. 첫째 아이들은 부모가 과하게 칭찬을 하는 경향이 있습니다. 작은 일에도 '너무 잘했다'고 과장해서 칭찬해주니까 거기에 부응하고 싶은 욕심에 아이들이 걸려들게 됩니다. 그래서 잘하는 모습만 보여주고 싶어 하는 거지요. 칭찬을 잘해주는 것이 무엇보다 중요합니다.

 육아 멘토의 한마디

칭찬을 하지 않으면 아이들이 완벽주의 성향을 갖지 않게 될까요? 그건 아닙니다. 칭찬을 하지 않는 것이 아니라 잘하는 것이 중요합니다. 이럴 때 부모는 '결과 칭찬'이 아닌 '과정 칭찬'을 해줘야 합니다. 완성된 것만 보고 "와 잘했다"라고 하는 결과 칭찬을 많이 듣고 자란 아이들은 칭찬받을 결과를 만들기 위해 매번 완벽주의를 추구할 수밖에 없습니다. 그리고 실패하지 않기 위해서 자신이 잘하는 것이나 쉬운 것만 하게 됩니다. 실패하면 아이들은 좌절, 무기력 등의 부정적 감정에 휩싸이게 되는데, 이때 부모가 함께 그 과정을 지켜보고 부정적 감정을 함께 경험해주면 아이들은 두려워하지 않고 실패를 좋은 경험으로 만들 수 있답니다.

예를 들어 아이가 블록을 가지고 놀며 다 완성하지 못해 짜증을 낼 경우, "원하는 대로 잘 안 되어 속상하지. 그런데 엄마가 보니까 지난번보다 블록을 꽉 잘 끼워 더 튼튼하고 쓰러지지 않게 만들어 멋진데"라고 말해주는 것이 '과정 칭찬'입니다. 이런 칭찬을 받으면 아이는 실패했다고 좌절한 상황에 머물기보다 그 상황에서 자신의 발전된 모습을 발견하고 불편한 감정을 극복해 나가게 됩니다. 물론 과정 칭찬이 쉬운 일은 아닙니다. 왜냐하면 아이의 활동 과정을 부모가 열심히 지켜봐줘야 하거든요. 하지만 부모가 쏟는 에너지에 비해 결과물이 너무 훌륭하기에 효율성이 아주 좋은 노력이라고 볼 수 있습니다. 그러니 칭찬을 해줄 때는 이왕이면 효과 만점인 '과정 칭찬'을 추천합니다.

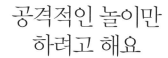

공격적인 놀이만
하려고 해요

공격적인 놀이만 하는 우리 아이, 폭력적인 성격으로 자랄까봐 걱정이에요.

Q 아들은 어린이집에만 갔다 오면 놀아달라고 하는데, 공룡 놀이나 변신 로봇 놀이들만 하려고 해요. 이런 놀이들만 하다가 유치원에서 혹시 다른 아이들을 때리지 않을까 걱정됩니다. 또한 엄마한테 행동과 대사까지 정해주며 그대로 하라고 시킵니다. 아무리 다른 놀이를 권해도 싫다고 하고, 놀이가 원하는 대로 안 되면 짜증을 내기 때문에 아들이 놀아달라고 하면 이제 겁부터 납니다. _박준영, 6세

공격적인 놀이를 하면서 아이들은 조절 능력을 기르게 됩니다.
엄마와의 특별 놀이 시간을 통해 아이의 주도성과 조절 능력을 길러주세요.

A "어떻게 하면 아이의 정서가 안정되고 엄마와의 관계도 회복될까요?"라고 묻는 엄마들에게는 아이와 함께하는 즐거운 놀이 시간을 권해드립니다. 그런데 아들을 둔 대부분의 엄마들은 아이랑 하는 놀이가 힘들다고 하소연합

니다. 이유를 물어보면 아들은 주로 공룡 놀이, 로봇 놀이, 총싸움, 칼싸움 등을 하자고 하는데, 여성인 엄마는 이런 놀이를 해본 경험도 없고 놀이를 하면서 재미를 느끼지 못하는 경우가 많기 때문입니다.

그런데 한창 남자로서의 정체성이 형성되는 유아기에는 다른 시기보다 남성성을 표현하는 활동들이 많고, 놀이에서는 그것이 더욱 많이 드러나게 됩니다. 그러다보니 흔히 남자 놀이라고 규정하는 놀이들을 즐겨 하고, 태도 또한 다소 과격하고 공격적이고 거칠어서 엄마들이 함께 할 때 '우리 아이가 너무 공격적인 것은 아닌가?' '이런 놀이만 하다가 유치원이나 학교에서 애들을 때리면 어쩌지?' 하는 걱정을 하게 되지요.

그런데 재미있는 것은, 아이들은 오히려 이런 놀이들을 하면서 타고난 인간의 본성인 공격성을 적절히 표출해 실제 생활에서는 공격적인 태도가 줄어들고, 놀이를 하면서 강약을 조절하는 법을 배우게 됩니다. 오히려 놀이로 공격성을 적당히 표현하는 방법을 배우는 것이지요. '공격성'은 인간의 본성이기에 누구나 가지고 있고, 특히 남자아이들은 본능적으로 여자아이들보다 이런 부분들을 조금 더 직접적으로 표현하게 됩니다.

그렇지만 이런 강약 조절은 저절로 알게 되는 것이 아니라 부모의 적극적인 반응을 통해 알아차리게 된답니다. 칼싸움하다가 아이가 실수로 세게 치면 "앗, 엄마 아프다. 이렇게 세게 치면 엄마는 너랑 재미있게 놀 수가 없어" 등과 같이 부모의 현재 상태나 마음을 표현하면, '아 이렇게까지 세게 하면 엄마가 아파하는구나. 그러면 재미있게 놀 수 없겠다'고 생각해 점점 강도를 조절하면서 놀이하는 방법을 배우게 됩니다.

아이와 함께 계속 놀이를 하는 것은 힘든 일입니다. 체력적으로도 힘들고 질문하신 엄마처럼 아이와 하는 놀이가 재미없고, 아이가 짜증 낼까봐 겁나는 지경이라면 아이와 노는 시간을 정확히 정하고 놀이를 해보면 어떨까요? 아이에겐 엄마와의 '특별 놀이 시간'이라 말하고, 엄마가 재미있게 놀아줄 수 있는 정도의 시간을 정확히 정해 그 시간 동안 아이가 선택하는 놀이, 아이가 하자는 대로 해주는 것이지요. 시간이 정해져 있으니 엄마도 조금 더 안심하고 집중해서 아이와 함께 놀이를 할 수 있습니다.

유아기 아이들에게 '주도성'은 무척 중요한 발달 과업입니다. 그러다 보니 스스로 선택한 활동을 스스로 정해진 방식대로 하는 것을 통해 주도성을 발휘하려 합니다. 일상생활에서는 사실 주도성을 발휘할 만한 일이 그다지 많지 않지요. 유치원이나 가정에서는 대체로 어른들이 지시하는 일을 따를 수밖에 없으니까요. 그래서 놀이를 통해서나마 주도성을 발휘하고자 하는 것이니, 20~30분가량 시간을 정해 그 시간만큼은 아이가 원하는 대로 해주면 아이에겐 행동 조절을 배우는 소중한 시간이 될 수 있답니다.

그런데 어떤 아이들은 에너지가 넘쳐 엄마가 감당할 수 없는 경우도 있습니다. 이처럼 활동량이 많은 아이들은 기질적인 성향이므로 가만히 있으라고 해도 안 되는 경우가 많습니다. 이럴 때는 밖으로 나가 힘 뺄 기회를 충분히 주는 것이 좋습니다. 놀이터나 운동장 등에서 뛰어놀게 하면 적극적으로 놀이 상대가 되지 않아도 아이가 놀고 싶은 욕구를 충족시킬 수 있겠지요.

그 다음에 생각해 볼 방법은 '아빠 카드' 활용하기입니다. 아빠랑 남성적 놀이를 하면 코드도 잘 맞고 신체적으로도 아동의 욕구를 잘 수용할 수 있어 더할 나위 없이 좋습니다.

우리 아이는 같은 것을 오랫동안 반복해서 고집하는 경향이 다소 있습니다. 기질적으로 전환이 어려운 경우 한 가지 활동만 반복해서 하려고 할 수도 있습니다. 어쩌면 유치원에서 친구들에게도 자신이 좋아하는 놀이를 좋아하는 방식으로 하자고 고집을 부리거나 강요하지만 아이들이 잘 들어주지 않아 욕구 충족이 안 되어 집에서 엄마에게 해달라고 요구하는 것일 수도 있습니다. 이럴 경우에는 앞서 말씀드린 것처럼 시간을 정해 아이가 원하는 놀이를 해주고, 아이가 좋아하는 놀이 중에서 엄마도 즐길 만한 것이나 엄마가 재미있게 할 만한 놀이를 찾아서 권유하는 것도 좋은 방법입니다. 또 아이가 좋아하는 놀이 두 번, 엄마가 권유하는 놀이 한 번 정도로 순서를 정하면 조금 다른 것도 받아들이는 유연성을 기르는 연습이 될 수 있을 것입니다.

과격한 행동으로
친구를
다치게 해요

과격하게 노는 아이, 야단쳐도 소용없어요.

Q   하루도 빠짐없이 놀이터에서 놀지만 늘 위험하고 과도하게 놀려고 하는 아들 때문에 걱정입니다. 그네를 아주 세게 타고 끊임없이 높은 곳에 올라가서 뛰어내려 다칠까봐 걱정되기도 하지만, 우리 아이 때문에 다른 아이가 다칠까봐 더 걱정됩니다. 유치원에서도 위험하게 노는 탓에 선생님에게 지적받기도 하고 넘어지고 친구들과 부딪쳐 문제가 자주 발생합니다. 제가 지적하고 야단을 쳐도 고쳐지지 않습니다. _최진우, 7세

전정 감각과 고유수용성 감각의 발달이 잘 이루어지지 않을 때 자극을 추구합니다. 바깥 활동과 집에서의 활동을 꾸준히 해주면 도움이 됩니다.

A   아이들은 본능적으로 몸을 움직이는 것을 즐깁니다. 그래서 아이들이 활동적으로 움직이는 것을 비정상이라고 할 수는 없습니다. 그런데 아이에 따라 1이라는 자극이 들어왔을 때 그것을 10으로 받아들인다거나 10이라는 자

극이 들어와도 그것을 1로 받아들일 수 있습니다. 말하자면, 어떤 사람은 반 공기만 먹어도 배가 부르고 어떤 사람은 두 공기를 먹어야 배가 부른 것처럼, 아이들의 뇌도 자극을 받아들이는 정도가 다릅니다. 그래서 자극에 대한 역치가 낮은 아이들은 보통 수준의 빈도와 강도로 활동하면 별로 느껴지지 않아 끊임없이 높은 곳에 올라가고 더 세게 떨어지려는 것입니다.

또 이런 특성을 가진 아이들은 신체 발달과 관련해 전정 감각과 고유수용성 감각에 어려움이 있는 경우를 생각해볼 수 있습니다. 전정 감각은 균형 감각이라고 생각하면 이해하기 쉬운데, 몸이 기울어질 때 머리를 바로 세우거나 넘어질 때 팔을 뻗어 몸을 보호하는 등 적절한 자세 반응을 일으키는 중요한 감각을 말합니다.

고유수용성 감각은 움직임 감각이라고 생각하면 이해하기 쉬운데, 예를 들어 일일이 확인하고 보고 있지 않아도 내가 팔을 굽혔는지, 오른손 중지와 검지를 펴서 V를 했는지 알 수 있는 감각을 말합니다.

전정 감각과 고유수용성 감각의 발달이 잘 이루어지지 않으면 신체 활동과 관련해 정교함이 떨어지고 자극만 추구하기 때문에 움직임을 느끼기 위해 더 거칠고 과격한 행동을 자꾸 하게 됩니다.

일단 움직임이 많고 자극을 끊임없이 추구하는 아이들은 바깥놀이 활동이나 힘을 많이 쓰는 활동 기회를 자주 제공해주는 것이 필요합니다. 그래서 일주일에 한두 번씩 아빠와 등산하기, 수영하기, 실내 암벽타기 등 근육을 많이 써서 보통 아이들은 조금 힘들다고 느낄 수 있는 활동을 정기적으로 해주는 것이 좋습니다. 힘든 활동을 통해 자극 추구에 대한 욕구가 충족되면 과한 행동들이 줄어들게 됩니다.

집에서의 활동을 통해서도 도움을 줄 수 있습니다. 아이를 이불 위에 올려 놓고 엄마, 아빠가 끌어주는 이불 썰매 놀이나 이불로 아이를 둘둘 마는 김밥 말이 놀이도 좋습니다. 또 이불 위에 아이를 올리고 그 위에 쿠션을 놓은 다음 엄마나 아빠가 살짝 지그시 눌러주는 이불 샌드위치 놀이도 이런 아동들 에게는 도움이 될 수 있습니다.

집에서 활용할 수 있는 끈이나 수건 같은 것을 서로 잡아당기면서 줄다리 기를 해볼 수도 있습니다. 엄마나 아빠와 손바닥을 마주 대고 서로 밀기, 어깨로 부딪치면서 오래 버티기, 등이나 발 마주하고 버티기 등 집에서 별 도구 없이 할 수 있는 활동들을 통해서도 전정 감각과 고유수용성 감각을 키울 수 있습니다.

이런 간단한 활동들을 집에서 꾸준히 하면 아이가 균형 잡힌 발달을 하게 되고 힘 조절하는 방법들을 찾게 되어, 과격하거나 위험한 행동이 많이 줄어 들 것입니다. 한두 번 해서 되는 것이 아닙니다. 이런 감각 발달은 다소 기 질적이고 본능적인 것이기 때문에 단기간에 좋아지거나 달라지기 어려 우니까요.

또 이 아이들은 그동안 많이 혼나고 지적받아 부모와의 관계에서도 어려 움이 생길 수 있는데, 집에서 이런 즐거운 놀이 활동을 하면 아이와의 관계가 좀 더 긍정적인 방향으로 변해 1석 2조, 아니 1석 3조의 효과를 볼 수 있으니 꼭 시도해보기 바랍니다.

지나치게
예민한
성격이에요

예민한 우리 아이, 친구들이 다가오면 밀치거나 때리려고 해요.

Q   우리 딸은 어려서부터 너무 예민해 다루기가 힘들었어요. 안을 때도 폭
안기지 않고 뻣뻣했습니다. 목욕을 하고 옷을 갈아입힐 때마다 한바탕 전쟁
을 치르죠. 무엇 하나 쉽게 넘어가지 않고, 로션 바르거나 털이 있는 옷을 싫
어하고, 신발은 자신이 익숙한 한 가지 종류만 신고, 양말도 안쪽의 솔기를
정리해줘야 신어요. 모자나 목도리는 아예 엄두도 못 내고 머리 자르는 것도
쉽지 않아요. 요즘엔 어린이집에서 친구들이 가까이 다가오면 밀치거나 때리
려고 해서 걱정이에요. _박하나, 4세

까다로운 기질의 아이는 일상생활이 힘듭니다.
자기 방어를 위해 까다롭게 구는 것이지 일부러 그러는 것은 아닙니다.

A   아이가 까다로운 기질을 가졌다고 보면 될 것 같습니다. 기질은 생물학
적 반응성이라고 생각하면 되는데, 아이가 타고난 외부 환경에 반응하는 생

물학적 특성을 말합니다. 외부에서 자극이 들어올 때 이것을 어떻게 이해하고 소화해서 실행으로 옮기느냐가 바로 생물학적 반응성이라고 할 수 있는데, 까다로운 기질의 아이들은 자극이 1 들어오면 대부분 10으로 해석하고 반응하게 됩니다. 아이의 과도한 반응 때문에 엄마나 아이 모두 일상생활이 힘들어지는 것이지요. 예를 들어 보통 크기의 드라이기 소리도 까다로운 기질의 아이들에게는 탱크 소리처럼 들리기 때문에 깜짝 놀라고 시끄러워서 자지러지게 우는 반응을 보입니다.

이 아이는 특히 촉각이 많이 예민한 것 같습니다. 까다롭고 예민한 기질의 아이는 감각적으로 몸이 예민해서 성격이 조금 까탈스럽거나 고집을 부리는 사람으로 자랄 가능성이 있습니다. 아이가 예민한 것은 자기 몸을 보호하기 위한 본능적인 반응입니다. 그래서 아이가 예민한 반응을 보일 때는 혼내거나 윽박지르지 말고 "너 많이 힘들구나" 하고 반응해주면서 조금 기다려줘야 합니다. 아이의 이런 예민한 반응은 엄마를 괴롭히기 위한 것이 아니라 살아남기 위한 행동이라고 이해하면 도움이 될 것입니다.

촉각 발달과 관련해 구별계와 보호계가 있는데, 아이 때는 자기 몸을 보호하기 위해 보호계가 많이 작동합니다. 뭔지 모르기 때문에 함부로 만지지 않고 한참 보다가 만지는 것이지요. 그러다 나한테 해롭지 않다고 구별계가 작동하면서 안심하게 되는 것입니다. 이 두 가지가 균형을 이루면서 발달해야 촉각의 발달이 잘 이루어지는데, 예민한 아이의 경우에는 구별계보다 보호계가 항상 먼저 작동합니다. 보호계만 먼저 작동하면 몸에 닿는 모든 접촉이 불쾌하고 불편한 정서적 반응을 일으킵니다. 이렇게 기분이 안 좋으면 2차적으로 다가오는 것들을 회피하거나 공격하는 식으로 반응하게 됩니다. 그래서 자기에게 편하지 않은 촉각들을 모두 하지 않으려

하고, 친구들이 다가오면 공격하는 방식을 취하는 것입니다.

　예민하고 까다로운 아이들은 일부러 엄마를 괴롭히는 것이 아니라 스스로를 보호하고 살기 위해서 이런 반응들을 보인다는 것, 이렇게 반응할 수밖에 없는 아이 자신이 가장 힘들다는 것을 잊지 말고 아이를 잘 이해해주세요.

육아 멘토의 한마디

　촉각이 예민한 아이들을 대할 때는 불필요한 접촉을 삼가고 예측할 수 있도록 해주는 것이 좋습니다. 아이의 얼굴에 밥풀이 묻었을 때도 그냥 바로 떼어주기보다 "얼굴에 밥풀이 묻었네, 떼어줄까?"라는 식으로 먼저 문제 상황을 스스로 해결할 수 있게끔 한 번 짚어주고, 아이가 혼자 하기 힘들어하면 그때 도와주는 식으로 접근하는 것이 좋습니다.

　아이들의 머리나 어깨, 배, 얼굴 쪽에는 신경세포가 많이 분포되어 있기 때문에, 다른 신체 부위보다 훨씬 더 예민하게 반응합니다. 따라서 뒤에서 갑자기 툭툭 친다거나 바로 건드리기보다는 먼저 아이를 부른 다음, 손바닥 전체를 이용해 지그시 누르는 것이 좋습니다. 아이와 스킨십을 할 때도 손바닥 전체로 지그시 누르면 아이가 훨씬 더 편안하게 느낍니다.

　아이는 가슴을 꾹 누르는 느낌이 들면 진정 효과가 있습니다. 그래서 이동하기 전, 아침에 깰 때 또는 저녁에 잠들기 전과 같이 아이가 조금 더 예민해지는 상황에서는 온몸으로 껴안는다든가, 이불 안에 아이를 넣고 살짝 눌러주거나 큰 쿠션 등으로 지그시 눌러주는 활동을 하면 도움이 될 수 있으니 자주 해보기 바랍니다.

운동신경이
부족해서
걱정이에요

운동신경이 너무 없는 아들을 어떻게 도와주면 좋을까요?

Q   운동신경이 너무 없는 아들 때문에 고민입니다. 학교 발표회에서 율동을 따라 하거나 친구들과 공놀이를 하면 우스꽝스러운 장면이 자주 연출됩니다. 같은 반 친구들이랑 축구교실에 등록했는데, 굴러가는 공을 차려다 타이밍이 안 맞아 헛발질하기 일쑤고, 공을 앞으로 던졌는데 뒤로 날아가기도 합니다. 율동을 할 때도 리듬감이 전혀 없어 박자가 맞지 않거나 움직임을 따라 하기 어려워합니다. 팔, 다리 양쪽을 동시에 교대로 움직이는 줄넘기나 수영은 아이에게 너무 어려운 과제로 느껴지나봐요. 그뿐만 아니라 글씨 쓰는 것도 힘을 너무 많이 주어 못 쓰고, 젓가락질도 배우기가 어려웠습니다. _박지훈, 9세

실행 능력에 어려움이 있으면 몸 움직임이 자연스럽지 않습니다.
성공 경험을 할 수 있도록 단계적으로 하는 방법을 알려주세요.

A   이 아이는 '실행 능력'에서 어려움이 있는 것 같습니다. 감각통합 발달

에서 중요한 촉각, 전정 감각, 고유수용성 감각에 어려움이 있을 때, 실행하는 데 어려움을 보일 수 있습니다. 촉각이나 고유수용성 감각이 잘 발달되면 아이들은 신체에 대한 지도가 뇌에 형성됩니다. 그래서 어깨 밑에 팔이 달렸고, 팔 밑에 손가락이 달렸다는 식으로 잘 형성되어 있어 자기 몸을 효율적으로 쓰는 방법을 자연스럽게 알게 됩니다. 좁은 곳을 지나갈 때도 무조건 지나가는 게 아니라 옆으로 조금씩 몸을 돌려서 공간에 맞게 조절하는 것이 실행 능력입니다. 그런데 이런 능력이 어려우면 아무 데나 부딪히고 턱에 걸려 잘 넘어지곤 합니다.

감각통합 발달이 어려우면 반복되는 실패로 인해 좌절감을 겪는 일이 많아집니다. 학년이 올라갈수록 집단 활동을 하는 경우가 많은데, 이런 아이들은 신체활동을 회피하고, 해보지도 않고 시시하다고 표현하거나, 못한다면서 아예 시도조차 하지 않는 경우가 많습니다. 그렇게 되면 친구들과 어울릴 기회나 시간을 많이 갖지 못해 사회성에도 어려움을 겪을 수 있습니다.

이런 운동활동뿐만 아니라 그림을 그리거나 만들기를 할 때도 다른 아이들과 비교해 자기는 잘 못하는 것 같아 위축되고, 자꾸 좌절감을 겪다보면 자아존중감도 낮아지고 소극적으로 임하기 쉽습니다.

그런데 이런 감각통합 발달이나 실행 능력과 같은 발달은 유전적 소인, 기질, 환경적 요인에 복합적으로 영향을 받는 것으로 단순한 습관처럼 야단치거나 지적한다고 해서 쉽게 고쳐지는 것이 아닙니다. 그래서 부모들이 말로 가르쳐줘도 잘 바뀌지 않습니다. 부모가 말로만 이렇게 해봐, 저렇게 해봐 하며 알려주고는 못한다며 야단치면 아이들은 매우 억울해하고 당황해하고 속상해합니다. 말로만 하기보다는 단계적으로 아이가 할 수 있는 방식으로 경험하게 해서 성공 경험을 많이 할 수 있도록 접근해야 합니다.

예를 들어 아이들이 바로 젓가락질을 잘할 수는 없으니, 처음에는 포크를 쓰다가 중간에 보조 젓가락이나 겉면에 실리콘 처리가 되어 있는 고무 젓가락 같은 것을 쓰는 식으로, 쉬운 단계에서 어려운 단계로 점진적으로 성공할 수 있도록 접근해야 합니다.

만약 아이가 공 주고받기를 힘들어한다면, 우선 공을 굴리면서 왔다 갔다 하고, 공보다 더 잡기 쉬운 풍선으로 주고받기 연습을 해 성공 경험을 하게 한 뒤 자신감이 생기면 목표했던 공 주고받기를 연습하게 합니다.

실행 능력이 어려운 아이들의 경우, 서투르다며 부모가 너무 많이 도와주고 아이도 잘 못한다고 생각해 자주 회피하다보면 능력이 발달하기 어렵습니다. 따라서 어떤 일을 하려고 할 때는 아이가 계획하고, 그 계획에 따라 단계적으로 환경을 조성할 수 있게 기회를 많이 주는 것이 필요하겠습니다. 예를 들어 "그림 그릴래요"라고 했을 때, 엄마가 책상에 종이와 연필을 가져다주기보다 "그림 그리기 위해서는 무엇이 필요하지? 그건 어디에 있지? 어디서 그리면 더 잘 그려질까?" 등으로 아이가 차분하게 계획적으로 스스로 여러 실행 능력을 발휘할 수 있도록 기회를 주면 많은 도움이 됩니다. 부모가 조금 인내심을 가지고 아이가 스스로 해볼 수 있도록 도와주세요.

육아 멘토의 한마디

실행 능력이 어려운 아동들을 위해 감각통합 치료실에서도 많이 활용하고, 집에서도 활용 가능한 활동을 소개해드리겠습니다. 바로 짐볼 활동입니다. 짐볼에 앉아서 좌우로, 위아래로 왔다 갔다 하는 활동을 하면 전정 감각이나 고유수용성 감각에 도움이 됩니다. 또 아이를 공에 엎드리게 한 뒤 아빠나 엄마가 위아래로 왔다 갔다 하게 하는 것도 도움이 됩니다. 엎드려서 해도 좋고 누워서 해도 좋습니다. 너무 무서워하면 어른이 먼저 아이를 안고 무릎에 앉힌 상태에서 천천히 움직여보는 것도 좋습니다.

또 아빠, 엄마가 공을 잡고 아이가 공을 쳐서 뺏는다든가, 반대로 아이가 공을 안 뺏기려고 애쓰는 활동, 공을 무릎이나 겨드랑이에 끼고 상대방에게 뺏기지 않게 버티기 등도 도움이 됩니다. 곰처럼 바닥에 엎드려서 기어가는 것도 좋고 악어처럼 포복 자세로 쫓아가는 것도 집에서 해볼 수 있는 좋은 활동입니다.

손가락을 빨고
손톱을
깨물어요

집에서만 손가락을 많이 빠는 아이, 어떻게 도와주면 좋을까요?

Q 우리 딸은 손가락을 많이 빨아요. 어린이집에서는 손가락을 빨지 않는데, 어린이집을 나서자마자 손가락이 입으로 들어가요. 손가락 빠는 것과 관련된 동화책을 많이 읽어줘도 소용없어요. _김민지, 6세

손가락 빨기, 손톱 깨물기 등은 아이들이 긴장을 해소하는 방법입니다.
자기감정을 언어로 표현할 수 있도록 연습시켜주세요.

A 손가락 빨기, 손톱 깨물기에 대한 문의가 상담소에 많이 들어옵니다. 보통 불안 수준이 높고 긴장을 많이 하는 아이들이 긴장을 푸는 방법으로 손가락 빨기나 손톱 깨물기를 하는 경우가 많습니다. 아마도 어린이집에서는 이런 행동을 하면 선생님한테 사랑받지 못하고 혼난다는 것을 알기 때문에 참았다가 어린이집을 나오면 안심하면서 마음껏 하는 것 같습니다.

말하자면 감각추구형 아이일 수 있는데, 이런 유형의 아이들 중 긴장을 구

강으로 풀어 손가락 빨기, 손톱 깨물기 등의 행동을 하는 경우가 많습니다. 단순히 정서적이거나 환경적인 문제라기보다는 '기질'적인 어려움일 수 있어 단번에 고치기는 쉽지 않습니다. 엄마가 어떻게 한다고 해서 쉽게 변하는 것이 아니므로 기다려줄 필요가 있습니다.

그렇지만 위생상, 건강상의 문제 등을 생각해볼 때 별로 좋은 방법은 아니므로 다른 방법으로 대체해주는 것이 좋습니다. 그래서 이런 아이들에게는 껌을 씹게 하거나 견과류와 같은 딱딱한 음식을 먹게 하는 등 구강을 통해 긴장감을 풀 수 있는 안전한 방법을 자꾸 시도하고 알려주는 것이 좋습니다. 또 풍선껌 불기, 풍선 불기도 좋은 방법이 될 수 있습니다. 여자아이들의 경우엔 손톱을 기르면 예쁜 매니큐어나 스티커를 붙여주는 것도 한 가지 방법이니 활용해보면 좋습니다.

또 손이 입으로 갈 때마다 혼내기보다는 엄마 손을 잡고 즐거운 놀이로 전환해보세요. 전통놀이인 세세세 같은 것도 좋고, 가위바위보나 묵찌빠같이 손을 활용한 놀이를 하면 도움이 될 수 있습니다.

아이에 따라 긴장을 푸는 방법은 다양합니다. 우리 아이처럼 손가락을 빨거나 손톱을 깨물기도 하고, 말을 많이 하기도 하고, 머리카락을 잡아당기거나 뽑고, 자위행위 등을 통해 긴장을 이완시키기도 합니다.

간혹 아이가 어릴 때 손가락을 빨다 없어졌는데 유치원에 들어가면서 다시 손톱 깨무는 행동이 나타나서 걱정하는 경우가 있습니다. 아이들의 이런 행동은 스트레스를 많이 받는다는 증거입니다. 기질적인 영향이 크긴 하지만 어렵거나 불편할 때 이런 행동들이 더 많이 나타나기 때문에 아이의 현재 상태나 상황에 대해 살펴볼 필요가 있습니다.

부모가 도와줄 수 있는 상황이라면 도움을 주고, 아이의 마음 읽기를 통해 자주 아이의 마음을 이해해주고 수용해주는 노력이 필요합니다. 특히 예민하고 불안 수준이 높은 아이가 새로운 환경에 접하면 긴장과 스트레스를 많이 받습니다. 새로운 교육기관, 학년 변화, 이사, 동생의 출생 등 모든 것이 아이들에게는 어려운 환경이 될 수 있으니 잘 살펴보고 아이가 힘들어하지 않는지 헤아려주세요.

그리고 앞에서 말한 것처럼, 긴장 이완을 위해 보이는 행동이 습관처럼 남아 쉽게 고쳐지지 않는다는 점을 기억하고 혼내거나 잔소리하기보다는 아이가 힘들어하는 점을 말로 표현하거나 다른 행동으로 대체할 수 있도록 자꾸 방법을 알려주는 것도 좋은 방법입니다.

 육아 멘토의 한마디

긴장을 방출할 수 있는 가장 좋은 방법은 감정에 대한 것을 자꾸 언어화시키는 것입니다. 그래서 자기가 하고 싶은 것, 자신이 느끼는 감정 등을 언어로 표현하기 어려운 유아기에는 몸으로 긴장을 푸는 행동이나 습관들이 생기는 것입니다. "새로운 곳에 가려니 낯설고 떨리지", "유치원에서 잘하려고 애쓰다 엄마를 보니까 안심되는구나", "이게 잘 안 될까봐 걱정이 많나보네" 등, 엄마가 아이의 감정을 읽어주고 말로 많이 표현해주세요. 그러면 아이도 몸으로 긴장을 풀기보다는 말로 긴장을 푸는 방법을 알게 되어 엄마가 걱정하는 습관들이 많이 없어질 것입니다.

새로운 것을
거부해요

어려서부터 너무 예민하고, 새로운 것은 무조건 거부해요.

Q   아이가 어려서부터 매우 예민한 편이었어요. 신생아 때는 낮잠을 자다 핸드폰 진동 소리에도 깨곤 했죠. 지금도 밖에서 조금만 소리가 들려도 깜짝 놀라고 무서워해요. 안 먹어본 음식은 아무리 달래도 시도조차 하지 않고, 놀이기구도 일단 거부부터 해요. 학교에 들어가서도 위축되어 아이가 적응하지 못할까 봐 걱정이에요. _박현서, 7세

예민한 기질의 아이들은 주변 자극을 받아들여 조절하는 걸 어려워해요.
억지로 시키지 말고, 아이가 받아들일 수 있는 정도부터 시작해주세요.

A   아이가 태어나 성장하면서 가장 먼저 주변을 받아들이는 통로는 감각입니다. 특히 만 2세 미만의 아이들은 보고, 듣고, 만지고, 먹는 등의 감각활동을 통해 세상을 탐색해갑니다. 이러한 과정을 '감각통합'이라는 용어로 설명할 수 있는데, 발달 과정상 뇌 속에서 일어나는 신경학적인 처리 과정을 의미

합니다. 뇌 속에서 일어나는 많은 활동 과정은 아이들의 행동 발달에도 굉장한 영향을 미칩니다. 감각통합 영역을 '조절'과 '실행'으로 나눌 수 있는데, 예민한 아이를 이해하기 위해 조절에 초점을 두어 설명하겠습니다.

조절은 아이에게 감각이 입력되면 이것을 적절한 양과 빈도로 처리하는 것입니다. 만약 조절에 어려움이 있으면, 실제 주어진 자극보다 더 예민하게 받아들이거나 둔감하게 받아들여 반응합니다. 예를 들어 현서처럼 청각이 예민한 아이에게는 강도 3 정도의 외부 소리도 마치 7이나 8처럼 크게 받아들여져 순간적으로 압도되는 것입니다. 어린아이들은 주변의 사물을 열심히 탐색하고 받아들여야 하는데, 외부 감각이 너무 크고 압도적이면 자꾸 움츠러들고 회피해 자극을 차단하려는 모습을 보일 것입니다. 청각뿐 아니라 촉각이나 미각 등이 지나치게 예민한 아이도 새롭거나 낯선 것을 두려워하고 불편함을 훨씬 크게 지각해 결과적으로 발달의 불균형을 가져올 수 있겠지요. 반면에, 너무 둔감한 아이들은 적절하게 주어지는 자극이 뇌에 잘 전달되지 않기 때문에 끊임없이 자극을 찾게 되어 산만하고 가만히 있지 못하는 것입니다.

예민한 아이들의 경우엔 어떻게 도와줘야 할까요? 상담소에 오는 부모 중에는 억지로라도 낯선 경험을 시켜 익숙해지도록 해야 하지 않느냐고 물어보는 분이 간혹 있습니다. 중요한 것은 아이가 자극을 경험할 때 느끼는 마음입니다. 내가 감당할 수 있는 수준에서 서서히 시작해야 불편감이나 불안감이 적고, 탐색 범위를 편안하게 넓혀갈 수 있습니다. 억지로 시키는 것은 결코 도움이 되지 않습니다. 아이가 충분히 불편함을 예측해보고, 스스로 시도할 때까지 기다려주는 여유가 필요합니다. 예를 들어 그네 타기를 무서워하는 아이에게는 높이를 조절해주거나 살살 밀어주는 등 환경을 아이에게 맞추어 조금씩 경험을 넓혀가도록 하는 것이지요. 자기 스스로 조절해 실행하는 경험을 통해 자신감을 찾아가는 과정이 중요합니다.

새로운 음식이나 옷을 거부하는 것 역시 촉각적인 예민함과 관련 있습니다. 낯설고 불편하다고 느껴지는 자극이 과도하게 전달되는데, 그 이유를 모르면, 아이들은 이것을 불안함으로 받아들이기도 합니다. 부드러운 천이나 마사지 등을 통해 온몸을 이완시켜주면 촉각적인 예민함을 줄이는 데 도움이 될 수 있습니다.

 육아 멘토의 한마디

옷이 조금만 젖어도 바로 갈아입으려 하고, 찰흙이나 모래 등을 만지는 걸 극도로 꺼리는 아이들이 있습니다. 이런 모습을 '촉각방어'라고 합니다. 익숙하지 않은 촉각 자극을 '기분 나쁜' 자극으로 받아들여 회피하려는 정서 반응인데, 때로는 친구의 사소한 접촉이나 장난을 크게 받아들여 화를 내거나 놀라는 경우도 있습니다.

아이가 과하게 반응하거나 짜증스러워하는데, 아이 역시 정확한 원인을 모른다는 것입니다. 심할 경우에는 유치원 생활이나 사회성에도 영향을 줄 수 있겠지요. 따라서 평소 예민함이 심한 아이라면, 유치원 선생님이나 친구들에게 이런 면을 이야기해주어 이해할 수 있도록 해주고, 아이에게도 미리 예측 가능한 설명을 해주어 마음의 준비를 하고 스스로 대처할 수 있도록 하는 것이 좋습니다. 그러나 실제 적응과 생활에서 지나치게 불편해한다면 전문가의 현실적인 도움을 받는 것이 좋습니다.

흥분해서
잠을 자지 않으려
해요

쉽게 흥분하고, 밤에 잠을 자지 않으려고 해요.

Q 아이가 어려서부터 잠을 잘 자지 않고, 쉽게 잠들지 못해요. 계속 놀고 싶어 하고, 너무 늦어서 재우려고 뉘면 흥분해서 잠을 안 자요. 평소에도 기분이 들떠 있는 것 같다는 말을 많이 듣고, 활동적인 편이에요. _조현아, 4세

예민한 아이들은 각성이 흥분되어 쉽게 잠들지 못해요.

규칙적인 수면 환경과 각성을 낮추는 마사지를 해주면 도움이 돼요.

A 보통 수면에 어려움이 있는 경우, 크게 두 가지로 나누어 살펴봐야 합니다. 먼저 습관이 안 되어 있어서 잠들지 못하는 경우가 있고, 감각적으로 예민해서 각성이 높아 잠들기 어려운 경우가 있습니다. 만약 습관이 잘 안 되어 있다면, 이를 바로잡기 위해 규칙적인 생활을 하는 것이 가장 중요합니다. 늦게 잠들면 아침에 일어나기 어렵고, 수면이 부족하면 유치원이나 학교에서도 머리가 멍하고 피곤해서 활기차게 생활하기 힘듭니다.

현아의 경우, 평소에도 기분이 들떠 있다는 말을 많이 듣고 활동적이며 자려고 누워도 흥분이 가라앉지 않는다는 것으로 보아, 감각적으로 예민한 아이 같습니다. 다시 말해 각성 조절에 어려움이 있는 것 같습니다. 이처럼 너무 과하게 각성되는 기질이라면 쉽게 잠들기 어렵습니다. 예를 들어 롤러코스터를 타고 난 다음에 곧바로 잠들 수 있을까요? 아마도 흥분되고 각성이 올라가서 잠들기 어려울 것입니다. 각성이 높고 예민해 수면에 어려움을 보이는 아이들이 이와 비슷한 상태라고 이해하면 됩니다.

먼저 수면에 도움이 되는 기본적인 환경을 만들어주세요. 일정한 시간에 잠들고 일정한 시간에 깨는 등의 규칙을 지키는 것이 중요합니다. 그리고 잠자리에 들기 전에 실내를 어둡게 하는 등 각성을 가라앉힐 수 있도록 분위기를 만들어주세요.

또한 잠자기 전에 따뜻한 물로 샤워를 하고 따뜻한 우유를 마시는 것도 도움이 되며, 각성을 낮춰주는 활동을 해주는 것도 필요합니다. 또한 부드럽게 마사지를 해주는 것도 좋습니다. 마사지를 할 때는 부드러운 로션을 이용해 털이 난 방향으로 쓸어주면 더 좋습니다. 로션이 차갑지 않도록 먼저 엄마 손에서 체온과 비슷하게 만든 다음, 천천히 위에서 아래로 쓸어주면 됩니다. 손과 발부터 시작해 팔과 등의 순서로 쓸어주는데, 예민한 얼굴이나 어깨, 배 등은 피하고 덜 예민한 부분부터 해주면 좋습니다. 그리고 아이에게 무거운 이불을 덮어주거나 몸을 천천히 눌러주는 것도 각성 조절에 도움이 됩니다.

수면뿐 아니라, 평소에 각성이 높아 너무 산만하고 집중하지 못하는 아이들에게는 촉각 공을 손에 쥐는 활동을 하면 도움이 됩니다. 몸을 한시도 가만히 두지 못하는 아이들에게 공을 손에 쥐고 세게 누르도록 하면 자기조절에 도움이 됩니다. 학교에서 쉬는 시간이나 집에서 학습할 때 활용해도 좋습니다. 사실 아이들은 감각을 찾기 위해 끊임없이 움직이는 것입니다. 하지만 몸을 움직인다고 해서 무조건 조절이 완화되는 것은 아닙니다. 각성을 낮춰주는 활동을 해야 보다 근본적인 도움이 됩니다.

또한 순간적으로 과하게 흥분해 조절이 안 되거나 때로 폭력적인 문제 행동을 보이는 아이들에게는 몸을 진정시켜주는 활동이 필요합니다. 예를 들어 빨대로 조절하면서 물을 마시는 것도 좋고, 껌이나 젤리 같은 꼭꼭 씹을 수 있는 간식을 제공해주는 것도 좋습니다. 풍선이나 촛불을 부는 활동도 도움이 되며, 이불로 돌돌 마는 김밥놀이처럼 아이에게 적당히 압박을 주는 활동도 각성을 조절하는 데 도움이 됩니다.

매사에
느리고 의욕이
없어요

예민하고 매사에 의욕이 없고 좋아하는 게 없어요.

Q 아이가 매사에 느리고 의욕이 없어요. 어릴 때부터 겁도 많고 늘 예민하고 까칠해서 새로운 것을 받아들이는 데 힘들어했어요. 어려서 그러려니 했는데 아직까지 달라지지 않고 있어요. 밥 먹는 것도 싫고, 친구들과 노는 것도 재미없다며 아침마다 유치원 가는 것을 힘들어해요. 내년에 학교에 입학하는데, 계속 이럴까봐 너무 걱정돼요. _구지희, 7세

예민하고 까다로운 아이들은 적응에 더 많은 에너지와 감정을 소모해요.
심리적 리허설을 통해 쉬운 적응과 성공 기회를 많이 만들어주세요.

A 새로운 환경을 두려워하고 낯선 것을 받아들이기 힘들어하는 아이들은 매우 예민하고 까다로운 기질인 경우가 많습니다. 이런 아이들은 작은 소리나 움직임에도 크게 놀라고 사소한 변화를 실제보다 더 두려운 것으로 느끼기 때문에, 주어진 환경에 적응하는 데 또래보다 훨씬 많은 에너지와 감정을

소진하게 됩니다. 발달 과정에서 부딪히는 외부 세계는 늘 새로우며 <u>스스로</u> 대처해야 하는 일들도 증가해 지희와 같이 예민한 아이들은 하루하루가 버겁고 힘들게 느껴집니다.

부모는 이렇게 까다롭고 예민한 아이를 돌보기 위해 오랫동안 더 많은 노력과 관심을 주었을 것입니다. 그럼에도 불구하고 아이가 별로 달라지지 않으면 부모는 속상한 마음에 때로는 아이를 다그치거나 재촉하기도 하고, 때로는 안쓰러운 마음에 아이의 의존을 받아주기도 하는 등 다소 일관성 없는 태도를 보여주기 쉽습니다. 예민한 기질의 아이들은 태생적 원인인 경우가 많기 때문에, 일부러 그러는 것이 아니라는 이해를 바탕으로 기다려주는 여유가 필요합니다.

지희의 경우, 예민하고 까다로운 기질 때문에 아주 어려서부터 누적되어 온 불안, 무기력감 등의 심리적 어려움과 적응의 어려움 등으로 인해 현재 기본 정서가 다소 우울하고 자기 발달을 즐겁게 해나가는 데 필요한 정신 에너지가 소진된 것으로 보입니다. 친구들처럼 잘하고 싶은데 막상 하려고 하면 두렵고 어렵다는 생각에 자신감이 많이 저하되어 있고, 연령에서 요구하는 새롭고 다양한 도전 과업을 해나가는 것을 어려워하는 것 같습니다.

성인과 다르게 아이들은 자기감정과 어려움을 정확히 인식하고 이를 언어로 표현하는 것이 어렵습니다. 따라서 우선 언어로 잘 표현하지 못하는 아이의 힘든 마음을 부모가 잘 살펴 민감하게 다뤄주는 것이 중요합니다. "너도 잘하고 싶은데 처음이라 시작하기 어렵지? 엄마가 도와줄게, 같이 해보자. 처음엔 누구나 어려워." 드러나지 않은 아이의 진짜 마음을 세심하게 읽어주고 도와주면 아이 역시 자기감정을 인식하고 들여다보는 것이 쉬울 것입니다. 이때 가장 중요한 것은 힘든 아이의 마음을 따뜻하게 '공감'해주는 것입니다. 있는 그대로 따뜻하게 이해받고 온전히 수용받는 경험을 통해 자기감정을 조절하는 능력을 키워갈 수 있습니다.

또한 예민하고 까다로운 아이에게 중요한 것은 예측할 수 있도록 미리 알려주고 아이가 성공할 수 있도록 도와주는 것입니다. "지희야, 우리가 지금 가는 병원은 사람이 많아서 좀 시끄러울 수 있어. 미리 예약해놨으니까 20분 정도만 있으면 다시 집으로 올 거야. 기다리다가 너무 힘들면 엄마한테 이야기해줘. 더 조용한 곳이 있나 물어볼게." 이처럼 낯선 상황이나 해야 할 일을 미리 심리적으로 리허설 하는 과정은 예민한 아이들에게 큰 도움이 됩니다. 가기 전에 예측해보고, 혹시라도 당황할 만한 일에 대한 대처 방법을 이야기해주어 아이가 미리 마음의 준비를 해두면 두려움과 위축된 마음이 조금씩 줄어들고, 성공의 경험으로 남을 것입니다.

육아 멘토의 한마디

까다롭고 예민한 기질로 인해 환경 적응이 어려운 경우도 있지만, 정서적 우울감이 지속될때, 의욕이 없고 속도가 느려져요. 다음과 같은 모습이 자주 보인다면 전문가의 도움을 받아야 합니다.

<우울한 아이들이 흔히 보이는 모습>
- 무표정하거나 표정이 어두운 경우가 많습니다.
- 매사에 귀찮아하고 간단한 일도 시간이 많이 걸립니다.
- 짜증이 많고 감정 기복이 자주 나타납니다.
- 이유 없이 머리나 배가 아프다고 자주 이야기합니다.

이유 없는
짜증이
늘었어요

유치원에 다닌 뒤로, 이유 없는 짜증이 늘었어요.

Q 아들이 유치원에 다니기 시작한 이후, 집에 돌아오면 오후 내내 엄마에게 화를 내요. 특별한 이유도 없는데, 화낼 이유를 억지로 만들어내는 느낌이 들기도 해요. 담임 선생님과 통화해보면 가끔 친구들과 실랑이는 있지만 크게 문제 되는 일은 없다 하고, 밥도 잘 먹고 잘 지낸다는데, 왜 이렇게 화를 내는 걸까요? 평소 에너지가 많아 늘 주변을 탐색하는 편이지만, 전반적으로 몸의 협응이 약하고, 발음이 명확하지 않아 감각 통합 치료와 언어 치료를 받고 있어요. _유승완, 5세

충분한 준비 없이 유치원에 입학하게 되면 대부분의 아이들은 큰 에너지를 더 많이 소진하게 돼요. 아이의 이유 없는 짜증은 엄마의 사랑과 위로가 필요하다는 신호예요.

A 익숙하고 편안한 집에서 나를 우선적으로 돌봐주는 민감한 엄마와 함께

지내다 유치원에 가면 아이들은 엄청난 긴장감과 당혹감을 느끼게 됩니다. 의존 대상인 엄마는 다 말하지 않고 조금만 삐져 있거나 간단히 말해도 내 마음을 알아주고 도와주는 데 반해, 유치원에서는 아무도 엄마처럼 아이의 마음에 온전히 집중해주고 기다려주지 못하니까요. 이 미묘한 분위기의 차이에 적응해가는 과정이 결코 쉽지 않아, 하루에도 수십 번씩 아이를 좌절시키기도 하고, 때로 스스로 해냈다는 성취감을 안겨주기도 할 거예요.

엄마를 떠나 혼자 적응해야 하는 상황에 대처할 준비가 적절하게 이루어진 아이들은 조금 당황스럽고 힘들더라도 곧 적응해 친구들과 즐겁게 놀고, 요구되는 많은 규칙을 어렵지 않게 해낼 수 있어요.

그러나 승완이의 경우는 이 준비가 아직 충분하지 않았기 때문에, 동일한 시간을 보내는 동안 다른 친구들보다 훨씬 더 많은 내적 에너지를 쓰고 있을 거예요. 그러니 당연히 소진되고 힘든 상태에서 집으로 돌아오게 되고, 엄마의 얼굴을 마주한 순간 어리광 부리고 떼쓰는 방법으로 자기 마음을 엄마가 받아주고 위로해주기를 기대하는 것이지요.

우선 발음이 정확하지 않아 친구들에게 승완이의 생각과 의도를 표현하는 유창성이 부족하기 때문에, 아이의 의견이 무시되거나 주목받지 못하는 경우가 종종 있을 거예요. 이럴 때 어린아이들은 전달의 문제라고 생각하지 못하고, 친구가 나를 싫어한다고 오해하기 쉬워요. 이런 오해는 관계에서의 자신감을 떨어뜨리고 위축되게 만들어요. 대근육의 협응이 잘 안 되어 감각 치료를 받고 있다는 것으로 보아, 원하는 대로 몸을 움직이고 활동하는 것이 잘 안 될 거예요. 특히 이 연령의 남자아이들은 신체를 통해 유능감과 존재감을 드러내고 확인받기 때문에, 친구들과의 놀이나 경쟁에서 밀리는 일들이 생기고, 이것이 굉장한 스트레스와 피해의식으로 남을 수도 있습니다.

아이가 엄마 얼굴을 보기만 해도 짜증을 낸다는 것은 그만큼 힘들다는 뜻이고, 엄마의 사랑과 위로가 많이 필요하다는 신호로 이해해야 합니다. 따라서 아이의 말투나 행동을 일일이 훈육하는 것은 좋지 않습니다. 아이가 복잡하게 쌓아두었던 불편한 감정들을 해소할 수 있도록 기다려주세요. 아이가 가장 좋아하는 놀이나 활동을 하는 것도 좋고, 푹신한 의자에 기대어 자기 몸을 이완하는 시간을 갖는 것도 도움이 됩니다. 그리고 아이의 짜증 안에 담겨 있는 마음을 알아차려 "지금 기분이 안 좋아서 그런 거지? 혹시 유치원에서 힘든 일이 있었던 건 아닌지 엄마는 걱정되네"라며 먼저 표현해주세요. 그러면 왜 화났는지도 모르게 뒤죽박죽 엉켜 있던 일들을 엄마의 따뜻하고 공감적인 태도를 통해 아이 스스로 돌아보고 정리할 수 있게 됩니다.

그리고 유치원에서 아이가 힘들어하는 부분에 대해 담임 선생님과 자주 이야기해서 현실적인 도움을 받는 것도 적응에 도움이 됩니다. 아이가 관심을 보이는 친구를 집으로 초대해 즐겁게 노는 시간을 만들어주는 것도 좋아요. 단짝 친구가 생기면 유치원에서 지내는 힘든 상황들을 견디는 힘도 커지고 적응에도 도움이 될 거예요.

 육아 멘토의 한마디

유아기 남자아이들에게 운동실행 능력은 중요합니다. 운동 실행 능력은 자신의 몸이나 환경으로부터 감각적인 정보를 받아들여 적절한 움직임으로 반응하는 능력을 의미하는데, 승완이처럼 감각을 처리하고 실행하는 데 어려움이 있다면, 이를 일상에서도 꾸준히 촉진시켜주어야 합니다. 실행을 도와주는 가장 좋은 방법은 놀이터를 매일 활용하는 거예요. 놀이터에서는 높낮이나 회전 실행을 비롯해 대근육 전체를 활용해서 다양한 놀이를 경험할 수 있기 때문이에요. 그 놀이 안에서 아이들은 내 몸을 어떻게 어떤 순서로 움직일 것인지 생각해보고 배울 수 있습니다. 이 모든 활동은 되도록 아이가 성공할 수 있도록 제시하는 것이 좋습니다. 쉬운 활동부터 조금씩 난이도를 올리거나, 엄마가 조금 도움을 줘도 됩니다. 중요한 것은 아이가 자신의 몸에 대한, 신체를 조절하는 것에 대한 자신감을 쌓아가는 것입니다.

눈 맞춤을
하지 않아
걱정이에요

엄마와 눈 맞춤을 하지 않으려고 해요.

Q 우리 아이는 또래보다 전반적으로 발달이 좀 늦다고 생각해왔는데, 시간이 지나도 변화가 없어서 걱정입니다. 아직 제대로 된 말을 하지 못하고, 이름을 불러도 반응이 없어요. 상황에 따라 엄마하고도 자연스럽게 눈을 맞추지 못할 때가 많고, 새로운 음식이나 장소를 지나치게 거부하고 받아들이지 않습니다. _이승연, 3세

눈 맞춤과 상호 작용이 심각하게 안 된다면 즉시 전문적 상담이 필요해요.

A 발달 속도는 아이들마다 개인차가 있습니다. 또래보다 빨리 말을 시작하고 걷는 아이가 있는 반면에, 더 늦게 말이 트이는 아이도 있습니다. 그러나 세 살이 지났는데도 눈 맞춤이 자연스럽지 못하고 이름을 불러도 반응이 없다면 '자폐 스펙트럼 장애' 가능성이 있기 때문에, 즉시 전문 기관을 방문해 발달검사를 받아볼 필요가 있습니다.

자폐 스펙트럼 장애 아이들에게 두드러지게 나타나는 증상은 '사회적 의사소통과 상호 작용'이 잘 이루어지지 않는다는 것입니다. 상대방의 감정과 정서를 느끼고 표현하지 못하며, 관계에 근본적인 문제가 있습니다.

또 다른 증상으로는 반복적인 행동을 보이거나 제한된 관심에 몰두하는 것입니다. 특정 장난감이나 물건, 숫자에 집착하며, 반복적으로 몸을 움직이거나 손을 흔드는 등 상동적인 행동을 보이는 것입니다. 환경이나 감각적인 자극에 대해 과잉반응을 하거나 반대로 전혀 반응하지 않는 등 특이한 반응성을 보이는 경우가 많습니다.

승연이의 경우, 아직 어린 연령이지만 혹시 자폐 스텍트럼 장애가 아닌지 전문가의 소견을 들어보고 그에 맞는 여러 영역의 치료를 시작해야 할 것으로 보입니다. 언어나 인지 발달에 있어서도 제한적이고 편차가 클 가능성이 있으므로, 조기에 치료를 시작하는 것이 중요합니다. 아이의 인지 능력과 문제 정도에 따라 특수교육이나 언어 치료, 인지 치료, 행동 치료, 부모 교육 등을 함께 진행해야 할 것입니다.

 육아 멘토의 한마디

아스퍼거 장애는 DSM-V(정신질환 진단 및 통계 매뉴얼)에서는 빠졌으나, 여전히 많은 관심을 받는 증상입니다. 아스퍼거 증후군은 자폐는 아니지만 유사한 특성을 보이는데, 그것은 바로 제한적인 사회적 상호 작용 능력과 특정 부분에 대한 지나친 관심 등이 해당됩니다. 그러나 아스퍼거 증후군 아이들은 언어, 인지 발달이 정상적이고 환경에 대한 적응이나 생활에도 심각한 어려움을 보이지는 않습니다.

이 유형의 아이들은 단짝 친구를 사귀고 사회적 관계를 유지하는 데 어려움이 있어 농담이나 장난의 숨겨진 의도를 파악하지 못하고, 상대의 정서를 파악하거나 공감하는 능력에 어려움이 있습니다. 따라서 관심은 있으나 정서적 교류가 이루어지지 못해 사춘기로 올라갈수록 정서적 허전함과 외로움을 많이 호소합니다.

언어 능력이
부족한 것
같아요

아직 말을 못하는 우리 아이, 치료를 받아야 할까요?

Q 우리 아이가 아직 말을 못해요. 말귀는 어느 정도 알아듣는데, 엄마 아빠라는 말도 못하고 이상한 외계어만 하네요. 동요를 불러주면 음만 흥얼거리는 정도예요. 언어 치료를 받지 않고 해결할 수는 없나요? _백진희, 35개월

아이가 생활에서 많이 사용하는 말들을 자주 반복해서 이야기해주세요.
아이가 행동으로 의사 표현을 하면 그에 맞는 언어 표현을 알려주세요.

A 보통 36개월이면 문장이 다 완성되어야 하고 성인과 언어로 의사소통이 거의 되어야 합니다. 그러니 35개월에 아직 엄마, 아빠라는 말도 하지 못한다면 언어 발달이 상당히 지연된 것이니 언어 치료를 받아봐야 할 것 같습니다. 말귀를 알아듣는다면 이해도가 또래 수준인지 점검해볼 필요가 있습니다. 표현에 굉장히 문제가 있기 때문에 언어 치료와 관련한 상담을 꼭 받아봐야 할 것 같습니다.

치료를 꼭 받고, 그와 별도로 집에서도 많이 도와줘야 합니다. 아직 말을 못 한다고 아이의 수준에 맞춰 말하기보다는 3세 아동이니 엄마가 발화를 촉진해줘야 합니다. 아이가 생활에서 많이 사용하는 말들을 간단히 체크해서 1음절 정도의 말들을 자주 반복해서 사용하는 것이 필요합니다. 예를 들어 '밥 줘, 물 줘, 엄마 가'와 같은 간단한 말들을 목록으로 만들어 집에서 엄마가 자꾸 사용하고 집중적으로 언어적인 자극을 해주는 것입니다. 엄마가 물을 줘야 하는 상황에서 "엄마 물, 엄마 입 볼래? 엄마 물, 이렇게 말해야 돼"라고 계속 자극을 주는 것이 좋습니다.

말하자면 아이가 말을 잘 못하더라도 "말해봐"라며 자꾸 재촉하기보다는 아이가 컵을 잡으면 "컵을 잡았어? 컵이구나, 네가 컵을 들었구나" 하는 식으로 아이가 비언어화되어 있는 행동을 할 때 엄마가 자꾸 언어화해서 언어발화를 촉진시켜줘야 합니다.

그리고 아이가 '물'이라고 말하기 시작하면 엄마는 문장을 좀 더 확장해서 반복해주어야 합니다. "엄마가 물 줘? 물 줄까? 엄마가 시원한 물 줄까?" 이런 식으로 아이가 한 음절로 말하면 엄마는 전체 문장으로 길게 확장해서 표현을 이끌어주는 것이 필요합니다.

전문가를 찾아가 도움을 받으면 좋아질 수 있으니 걱정 말고 집 주변의 소아정신과나 언어 혹은 발달 치료 전문센터를 찾아가보라고 권해드립니다. 보통 치료를 시작하면 부모의 태도에 따라 예후가 결정됩니다. 마음이 급해서 아이를 여기저기 데리고 다니느라 바쁘고 지쳐 정작 집에서 도와줄 수 있는 부분을 간과하는 경우가 많습니다. 그런데 아이들이 일상생활에서 가장 많은 시간을 보내는 곳은 바로 가정이기 때문에 집에서의 자극을 등한시하고 전문가에게만 의존하면 중요한 것을 놓칠 수 있습니다. 그러니 전문적인 도움과 함께 가장 좋은 선생님은 엄마임을 잊지 말고 아이의 발달을 위해 지속적으로 노력해 주세요. 집에서 어떻게 도움을 주어야 할지 잘 모를 경우 전문가에게 도움을 요청하면 가정에서의 언어 자극과 관련해 상세히 알려줄 것입니다.

육아 멘토의 한마디

언어는 인지와 매우 관련이 깊습니다. 인지라는 것은 사실 학습을 시작하기 전에 아이들에게 필요한 배경 지식입니다. 그러니 너무 어렵게 생각할 필요 없습니다. 일단 인지 언어적인 측면을 도와주는 가장 중요한 방법은 책 읽기입니다. 그 외 일상생활에서 경험하는 길이나 높이, 단어나 숫자와 같은 것들이 다 인지적인 측면입니다. 아이와 함께 산책을 하거나 놀이를 하면서, 또는 일상생활을 하면서 "와, 이제 긴 바지 입자", "동생 바지는 네 것보다 짧다", "오늘은 딸기를 하나, 둘, 셋, 넷, 네 개 먹자" 등으로 이야기를 나누면 아이는 자연스럽게 개념들을 익히게 된답니다. 그래서 인지언어 자극은 학습을 하기 위한 준비 단계라 생각하고, 아이의 수준에 맞는 책을 꾸준히 읽어주면 많은 도움이 된답니다.

말을
더듬어요

아이가 갑자기 말을 더듬어요. 도대체 이유가 뭘까요?

Q   41개월 된 남자아이인데, 29개월경 제가 둘째를 임신하면서부터 말을
더듬기 시작했어요. 아이가 좀 예민한 편인데, 엄마가 직장에 다니기 때문에
어린이집을 옮기면서 적응 기간 없이 바로 종일반에 맡겼더니 이때부터 조
금씩 말을 더듬더라고요. 아빠도 어렸을 때 말을 더듬었대요. 처음에는 대수
롭지 않게 생각했는데 좋아지지가 않네요. 둘째를 출산하기 전에 3개월 정도
언어 치료를 받았는데 별 효과도 없고, 작은애가 태어나는 바람에 다닐 수 없
어서 치료를 중단했는데 다시 치료를 받아야 할까요? _정진호, 41개월

말더듬증의 원인은 복합적입니다.
더듬지 말라고 강요하면 부정적인 자아상을 갖게 됩니다.

A   보통 말더듬증은 만 2세에서 5세경에 시작됩니다. 이런 경우에는 발달성
말더듬증일 가능성이 높습니다. 이런 발달성 말더듬증은 보통 미숙한 언어

능력이라든지 운동 발달 능력이 조금 떨어지는 아동들에게서 많이 생기는데, 80퍼센트 정도는 자연치유됩니다. 물론 치유되지 않고 남아 있는 경우도 있습니다.

부모들이 그 원인에 대해 고민이 많은데, 여기엔 복합적인 원인이 있습니다. 말더듬증은 가족력도 굉장히 많은 영향을 미칩니다. 그런 가족력에다 둘째가 태어나면서 엄마에 대한 사랑이라든가 애착 등 심리적으로 문제가 생길 수 있습니다.

이렇게 심리적인 문제가 섞여 있다면 조금 더 주의 깊게 관찰해야 하고, 아이를 조금 더 심리적으로 안정되게 해줘야 합니다. 즉 동생이 생겨도 엄마, 아빠가 자신을 사랑한다는 확신과 믿음을 가질 수 있도록 아이와 좋은 시간을 보낸다든가 사랑한다고 더 자주 이야기해주고 스킨십도 더 많이 해주는 것이 필요합니다.

무엇보다 심리적인 편안함을 주고, 조바심을 갖지 않도록 아이의 환경을 여유 있게 해주는 것이 필요합니다. 그럼에도 불구하고 아이가 계속 말을 더듬어, 단어 중 10퍼센트 정도 더듬고, 횟수가 더 증가하고 막힘이 나타나면 적극적으로 치료를 받는 것이 좋습니다.

말더듬증은 아이가 인식하기 전에 치료하면 효과가 좋다는 말을 들어봤을 것입니다. 꼭 그렇지는 않지만, 말더듬증을 아이가 인식하게 되면 탈출 행동이나 회피 행동 등 여러 가지 문제 행동을 보이기도 합니다. 탈출 행동이란 말더듬는 상황에서 탈출하고 싶어 고개를 뒤로 젖힌다든지 책상을 탁탁 치는 행동을 말합니다. 또 아이가 엄마라는 말을 더듬는다면 엄마라는 말을 빼고 다른 말로 대체하는 회피 행동이 나타날 수 있습니다.

다만 아이가 말을 더듬을 때 "말 더듬지 마, 왜 자꾸 그렇게 말해?"와 같이 말하면 아이들은 말을 더듬는 것, 말을 더듬는 자기 자신에 대해 부정적인 자아상을 갖기 때문에, 사람을 만날 때 자꾸 공포감을 느끼고, 그러다보면 사람 만나는 것을 회피하게 됩니다. 절대로 "말 더듬지 마. 천천히 말해봐. 엄마 따라서 해봐" 등으로 아이가 말을 잘 못하고 있다는 인식을 심어주면 안 됩니다. 이런 증상이 나타나더라도 부모가 자연스럽게 대해줘야 합니다. 아이가 말을 더듬어도 놀라거나 당황하거나 걱정하는 표정을 짓기보다는 평소처럼 자연스럽게 행동하고 말하는 것이 좋습니다.

그리고 아이의 말을 더듬는 증상을 섣불리 고쳐주려고 하면 더욱 악화될 수 있으니 부모뿐 아니라 할머니, 할아버지 등 주변 어른들도 하지 않도록 미리 조치를 취해야 합니다.

 육아 멘토의 한마디

말을 더듬는 증상은 심리적인 이유나 환경적인 원인으로 유발되거나 악화되는 경우가 많기 때문에, 아이가 조금 더 여유를 가지고 심리적인 안정감을 가질 수 있도록 해줘야 합니다. 언어 치료뿐 아니라 놀이 치료와 같은 심리 치료를 병행하면 더 효과가 좋습니다.

치료를 받으면 좋아지는 것은 확실하나 아이의 상황, 기질, 증상에 따라 치료 기간이 천차만별이어서 잠깐 받는 것으로 극적인 효과를 기대할 수는 없습니다. 꾸준한 치료가 제일 중요하므로, 치료를 시작하면 너무 조급하게 생각하지 말고 여유를 가지고 지속적으로 받길 권합니다.

발음이
부정확해요

다른 아이들에 비해 발음이 부정확해서 걱정이에요.

Q 우리 아들은 말할 때 발음이 좀 부정확해요. '스파이더맨'을 '스파이너맨'
이라 발음하고 '보물'을 '고물'이라고 말하는데, 언어 치료를 받아야 할까요?
아직 어리니까 괜찮을 것 같긴 한데, 가끔은 저도 아이의 말을 알아듣지 못할
때가 있고, 가족 말고 다른 사람들 또는 어린이집 친구들은 아이가 하는 말을
더 못 알아들어서 걱정이에요. _유민준, 5세

연령에 따라 발음이 완성되므로 아이의 조음을 점검해보세요.
다양한 놀이를 통해 조음 연습을 도와주세요.

A 아이의 발음과 관련해서 걱정하는 엄마가 많은데, 연령에 따라 발음이
완성되는 시기가 있으므로 일단 연령에 맞는 발달인지 확인해볼 필요가 있습
니다. 표현 언어나 이해 언어에 어려움이 없다고 하더라도 발음이 부정확하
면 다른 사람과 의사소통하기 어려울 수 있습니다. 아이의 말을 다른 사람들

이 자주 알아듣지 못하면 아이가 많이 의기소침해져서 이야기하지 않으려고 회피한다든가, 의사소통이 잘 되지 않는 답답함에 짜증이 많아져 아이의 언어 발달뿐 아니라 사회정서적인 면에도 부정적인 영향을 미칠 수 있으므로 미리 점검해서 도움을 줄 필요가 있습니다.

질문을 살펴보면 'ㅂ' 발음이 안 되는 것인데, 브, 므, 프와 같이 입술 사이에서 나오는 양순음은 대체로 가장 먼저 발달하는 음입니다. 만 4세가 넘었는데도 ㅂ을 ㄱ으로 발음한다면 조금 걱정되는 수준이라고 할 수 있습니다. 이외에 다른 발음은 어떤지 점검해보고 치료를 고려해봐야 될 것 같습니다.

아이들은 말하는 시기 이전에도 말소리를 구분하는 능력이 있습니다. 처음에는 낯선 소리와 낯설지 않은 소리를 구분하고, 다음에는 다양한 음소와 억양 패턴 등을 구분합니다. 옹알이와 초기 음성놀이를 통해 발음하는 것들을 연습하고 마침내 말을 하게 되는 것입니다.

만 6세 정도가 되면 모국어의 정확한 발성과 조음을 완전히 습득하게 됩니다. 보통 'ㅍ, ㅁ, ㅇ'은 2~3세, 'ㅂ'계열과 'ㄷ'계열은 3~5세, 'ㅅ'계열은 5~6세 무렵이면 완전히 습득하는데, 이렇게 발달 단계를 거치면서 조음이 완성됩니다.

보통 조음에 어려움이 있는 아이들은 자음 중 가장 어려운 말소리인 마찰음 'ㅅ', 파찰음 'ㅈ', 유음 'ㄹ'계열을 어려워합니다. 'ㅅ'은 3~4세 아이들도 곧잘 할 수 있지만 5세 정도가 되어야 완성됩니다. 6세 이후부터는 'ㅅ, ㅈ, ㄹ' 음소를 95~100퍼센트 정도 습득할 수 있습니다. 그렇기 때문에 3~4세 아이가 '사과'를 '다과' 혹은 '자과'라고 발음하는 것은 그다지 문제가 아닌데, 만 6세 넘은 아이가 이렇게 발음한다면 조음에 어려움이 있다고 할 수 있습니다.

집에서 여러 가지 도움을 주었는데도 개선되지 않으면 습관화되어 나중에는 고치기 어려울 수 있으니 빨리 전문가의 도움을 받는 것이 좋겠습니다.

 육아 멘토의 한마디

발음이 어려운 아이들을 집에서는 어떻게 도와주면 좋을까요?

우선 아이가 말하는 것을 잘 들으면서 어떤 조음을 어려워하는지 살펴봐야 합니다. 아이의 조음 문제는 일정한 패턴을 가질 수 있어서 제대로 발음하지 못하는 말들을 주의 깊게 들어보고 파악해야 합니다.

다음엔 잘못 발음하는 음소를 잘 듣게 해 구별할 수 있도록 도와줘야 합니다. 아이가 '사과'를 '다과'로 발음한다면 '사'와 '다'를 청각적으로 구별해서 들려줍니다. 엄마가 또박또박 천천히 발음해보기도 하고 아이와 엄마의 말소리를 녹음해서 들어보는 것도 도움이 됩니다.

그러고 나서 아이가 어려워하는 음소가 많이 들어간 단어를 찾아내 함께 말하며 연습해보는 것이지요. 엄마의 올바른 발음을 아이에게 자주 들려주면서 따라 하게 하는 것이 좋습니다. 또 가사에 아이가 발음하기 어려운 음소가 포함된 노래를 부르면서 즐겁게 조음 연습할 기회를 제공해주는 것도 좋은 자극이 될 수 있습니다. 예를 들어 ㅅ 발음이 안 될 때는 '산, 산, 산, 산에다 나무를 심자', '씽씽 불어라'와 같이 아이가 즐겁게 따라 할 만한 노래를 함께 부르면서 가볍게 시작하는 것이 좋습니다.

책 읽기를
싫어해요

책 읽기를 싫어하는 우리 아이를 어떻게 도와주면 좋을까요?

Q 우리 아이는 호기심은 많은 편인데 책 읽기를 싫어해요. 책을 많이 읽으면 여러 발달에 도움이 된다고 들었는데, 책을 펴고 읽으면 눈이 다른 데를 보고 있어요. 어떻게 해야 책 읽기를 좋아하게 될까요? _주진기, 6세

아이가 좋아할 만한 책을 찾아야 해요.

여러 상황에서 다양하게 책을 함께 읽어보세요.

A 책 읽기의 중요성에 대해서는 모르는 사람이 없을 정도로 많이 알려진 사실입니다. 책 읽기가 인지 능력, 언어 능력, 사회적 능력, 정서 발달 등 다양한 분야에 영향을 미친다는 사실은 다양한 연구 결과 및 발달 전문가들의 의견, 아이를 길러본 부모들의 경험이 증명하고 있지요. 아이가 책 읽기를 싫어하고 회피하려 한다면 혹시 부모들이 책 읽기의 중요성 때문에 아이에게 책 읽기를 강요하지 않는지 점검해볼 필요가 있습니다.

책 읽기는 유아기부터 흥미를 가질 수 있는데, 유아기는 '자율성과 주도성'이 발달 과업입니다. 그렇기 때문에 엄마가 주도해서 책을 고르고, 아이가 다른 활동을 하고 있는데 중단시키고 책 읽기를 하도록 자주 재촉하면 아이는 자율성이 침범당하고 주도성이 훼손되는 느낌이 들어 책 읽기를 더욱 싫어할 수 있습니다. 그러니 무작정 책 읽기를 해야 한다는 생각에서 아이를 억지로 앉히는 것은 책 읽기를 영영 싫어하게 만드는 지름길이 될 수 있으니 피해야 합니다.

그렇지만 아이가 스스로 책 읽기를 할 때까지 무작정 기다릴 수는 없지요. 그러니 아이가 책 읽기에 흥미를 가지도록 작전을 잘 짜야 합니다. 가장 효율적인 작전은 바로 아이가 좋아하고 흥미를 가질 만한 책을 선택하는 것입니다. 책 읽기가 학습과 매우 관련 있다고 생각해 부모가 하기 쉬운 실수 중 하나는 아이의 흥미를 고려하지 않고 읽혀야 된다고 생각하는 내용의 책을 선택하는 것이지요. 아이들은 재미가 있어야 그 활동에 오랫동안 집중합니다. 어른들처럼 재미없어도 필요하니까, 목적을 위해 참고 견딜 수는 없습니다.

우선 아이가 요즘 흥미를 가지고 재미있어하는 것이 무엇인지 파악한 후 그 주제와 관련된 책을 선택해 책에 대한 관심과 호기심을 갖게 해야 합니다. 요즘 공룡에 흠뻑 빠져 있는 아이라면 채소나 과일 동화책에는 별로 관심이 가지 않을 것입니다. 이럴 경우에는 공룡이 그려진 그림책을 선택해서 아이가 좋아하는 것을 함께 이야기하면서 시작하는 것이 가장 효과적입니다. 또 유아기에는 성 정체감이 형성되는 시기라서 부모가 강요하지 않아도 여자아이들은 공주에 관심을 갖고 공주 그림이 그려져 있는 동화책을 좋아합니다. 우리 아이가 관심을 가지고 좋아할 만한 주제의 책부터 시작하는 것이 아이가 책을 좋아하게 만드는 지름길이랍니다.

연령이 어리다면 책을 처음부터 다 읽어주기보다는 그림을 먼저 보면서 설명해주는 것도 방법이 될 수 있습니다. "여기는 숲인데 파란 하늘도 있네. 토끼가 먼저 뛰어가고 뒤에서 누가 따라가네. 뒤에 가고 있는 애는 누구지?" 그림을 먼저 설명해준 다음 책에 있는 문장들을 조금씩 맛보기 식으로 읽어 주면 아이들이 책에 좀 더 흥미를 가질 수 있답니다.

또 잠 잘 때만 잠들기 전 의식으로 책을 읽어주는 부모가 있는데, 그렇게 하면 아이가 잠 잘 때만 책을 읽는 것으로 생각해 다른 때는 책을 보지 않으려 할 수 있습니다. 아이가 놀이에 흠뻑 빠져 있지 않은 낮 시간에 "이리와, 엄마랑 ~가 좋아하는 공룡 책 보자" 하면서 함께 책 읽기를 한다면 아이도 분명 좋아할 것입니다.

육아 멘토의 한마디

책 읽기와 놀이 모두 아이의 인지 발달에 매우 중요한 역할을 합니다. 영유아기에는 일상생활의 모든 활동에서 학습이 이루어지기 때문에 학습과 놀이, 학습과 독서, 학습과 일상생활이 분리될 수 없습니다. 유독 책 읽기와 관련해 '학습'과 더 많이 결부시켜 생각하여 아이를 학습시키기 위해 책을 선택하고 책 읽기를 하게 하는 경우가 많습니다. 그러나 '재미있는 것'이 아니면 아이는 집중하고 반복하기 어렵습니다. 아이들은 자기가 좋아하는 책은 다 외울 때까지 몇 번씩 읽고 또 읽습니다. 그러니 책 자체에 흥미를 가지게 하는 것이 학습이나 인지 발달에 가장 기초가 된다는 점을 잊지 말고 아이가 책 읽기를 좋아할 수 있도록 도와주세요.

3장

아이의
행동에 관한
즉문즉답

떼를
점점 심하게
부려요

크면서 떼가 점점 심해지는데 어떻게 해야 하나요?

Q 18개월 된 딸아이가 간단한 건 알아듣는데, 말하는 것은 "아빠빠" 정도입니다. 그리고 점점 떼가 심해지고 있어요. 엄마가 조금만 도움을 주려고 하면 던지고 누워버려요. 양말 신는다고 해서 양말을 가지러 방으로 들어가면 엄청 짜증을 내는데 어떻게 해야 하나요? _함지윤, 2세

상황을 이해할 수 있는 놀이를 해보세요.
혼자서 해볼 기회를 많이 주세요.

A 어린아이들의 행동을 이해하기 위해서는 발달 연령을 아는 것이 중요합니다. 보통 18개월이면 간단한 심부름 정도는 알아들을 수 있습니다. 그런데 아직 언어 수준이 "아빠빠, 무야무야" 정도라면 언어를 이해하고 표현하는 발달이 연령보다 조금 느린 것 같습니다. 하지만 아직 어리기 때문에 발달이 느리다고 단정 지을 수는 없습니다. 아이의 언어 표현이 불확실하면 엄마가 아

이의 말을 알아듣지 못해 아이가 답답해할 수도 있습니다. 또한 언어 발달과 관계없이 엄마가 아이가 원하는 초점을 맞추지 못해서 그럴 수도 있습니다. 자신이 무언가 요구할 때 엄마가 그걸 해주기 위해 잠시 눈앞에서 없어지면 불안감에 짜증을 낼 수도 있고, 자신이 원하는 것이 당장 이루어지지 않는 것을 이해하지 못해서 그럴 수도 있습니다.

이 연령대 아이들은 상황을 이해하지 못하면 불안해집니다. 불안을 느끼는 아이들에게는 일단 간단한 상호 작용 놀이를 통해 상황을 알 수 있도록 도와줘야 합니다. '아, 내가 기다리면 이것이 오고, 그다음에 이렇게 될 수 있구나' 하는 걸 아이가 알 수 있도록 놀이를 통해 연습시키면 좋습니다.

엄마 발 위에 아이의 발을 올려서 엄마와 동시에 아이가 걷는 놀이를 하면 엄마와 내가 같이 움직이고 함께 있다고 느끼게 됩니다. 그런 다음에 손가락 찾기 놀이를 해봅니다. 한 사람은 눈을 감고 다른 사람이 손가락으로 찍은 후 "어느 손?" 한다든지, 아이가 좋아하는 사탕 같은 것을 손에 꼭 쥐고 "어느 손?" 하면 아이가 탁 치면서 "이 손~", "이 손~" 하는 놀이입니다. 이것은 '눈에 보이지 않아도 그 자리에 있네'라고 생각하는 까꿍 놀이의 변형입니다.

이런 간단한 놀이들을 통해 상호 작용을 배우고, 기다리면 없어지는 것이 아니라 계속 여기 있다는 영속성을 느끼게 됩니다. 스스로 기다리는 연습과 기다리면 이루어진다는 연습을 함께 할 수 있는 놀이들입니다.

또 이 시기에는 스스로 해보려는 마음이 조금씩 생겨나게 됩니다. 그런데 엄마가 다 해주거나, 실수하는 상황을 줄여주거나, 아이를 도와준다면서 엄마가 원하는 방향으로 행동하면 아이의 욕구를 무시하게 됩니다. 누구나 무시받는 기분은 느끼면 화가 나고 짜증이 납니다. 아이들이 언어로 표현하지 못한다고 해서 행동도 못하는 것은 아닙니다. 아이가 스스로 하려는 행동이 늘기 시작하면 엄마들은 많은 부분에서 아이가 스스로 해볼 수 있게 기회를 주어야 합니다. 밥 먹기, 손 닦기, 양치하기, 블록 끼우기, 양말 신기 등 일상과 놀이 속에서 아이들은 혼자 하려고 할 것입니다. 처음에는 실수를 하기 마련입니다. 실수 과정에서 생기는 자신에 대한 실망, 잘 안 되는 것에 대한 힘든 마음, 짜증, 화나는 마음이 생기더라도 엄마가 옆에서 함께 기다려주면 아이는 실수 경험을 통해 점점 성공 경험을 늘려가게 될 것입니다.

 육아 멘토의 한마디

우리 전통놀이들은 아이의 발달에 긍정적인 도움이 됩니다. 전통놀이는 예전부터 지금까지 전해지며 해오는 놀이들입니다. 따라서 엄마들도 다 해본 것이어서 어렵지 않고, 익숙하기 때문에 아이와 함께 하기 쉽습니다. 숨바꼭질, 빙고, 무궁화 꽃이 피었습니다, 우리 집에 왜 왔니, 쌀보리, 누가 방귀를 뀌었나요, 그대로 멈춰라 등 다양한 놀이를 아이의 연령에 맞게 변형해서 해보세요.

물건을
집어 던져요

자신이 하고 싶은 걸 못하게 하면 떼를 부리면서 물건을 집어 던지는데
어떻게 도와줘야 할까요?

Q 만 3세 남자아이인데, 올 들어 자신이 하고 싶은 걸 못하게 하면 떼를 부
리면서 물건을 집어 던지는 경우가 종종 있어요. 처음엔 꽉 잡고 안 된다고
한 뒤 풀어주었는데, 점점 아빠 목소리도 커지면서 야단을 치게 되네요. 아이
에게 너무 지나친 공포를 주는 것은 아닐까요? _박주훈, 4세

자기 조절을 연습할 수 있도록 되는 것과 안 되는 것을 알려주세요.
자기 조절 연습은 좋은 애착 관계가 기본이 되어야 해요.

A 만 3세면 조금씩 자기 조절을 연습하는 시기입니다. 언어를 조금씩 사용
하면서 자신의 욕구를 간단히 설명할 수 있지만, 아직은 말보다 행동이 앞서
게 됩니다. 그래서 이 시기엔 자기 조절 연습이 무엇보다 중요합니다. 만 3세
면 안 되는 행동인 줄 조금씩 알아가는 시기입니다. 그렇지만 아빠가 한두 번

이야기한다고 해서 바로 듣지는 않습니다. 이 시기의 아이들은 간단한 인과 관계를 알게 되어 자기 힘에 대한 인식, 자신이 좋아하는 것들을 계속 해보면서 익히려고 하기 때문에 처음에는 아빠가 안 된다거나 그만 하라고 하면 "네" 하고 대답하지만 또다시 그런 행동을 하게 됩니다. 초기에는 반복적으로 행동으로 멈추게 하는 제한과 단호한 어조로 안 된다고 제한하는 연습이 필요합니다. 제한 연습을 반복하면 아이들은 스스로 멈출 수 있게 됩니다. 그렇지만 반복적으로 6개월 이상 훈육해도 조절이 안 된다면 아이가 기질적으로 전환이 잘 안 되는 것 아닌지 점검해봐야 합니다. 전환이 안 되면 집 밖에서도 문제가 될 수 있고, 사회생활을 시작하는 학령기가 되면 사회성 부족으로 연결되기 때문에 잘 살펴보기 바랍니다.

조절을 연습해야 하는 아이라면 무엇을 도와줘야 할까요? 바로 되는 것과 안 되는 것을 잘 가르쳐줘야 합니다. 이것이 연령에 맞게 사랑하는 방법입니다. 이 시기가 되면 "오냐오냐, 이쁘다"라고만 할 것이 아니라, 되는 것과 안 되는 것을 제대로 알려주는 것이 진정한 사랑법입니다. 아이가 사회에 잘 적응해나갈 수 있게 양육하는 것이 부모의 중요한 임무입니다.

처음부터 안 된다고 하면 누구든 제한을 받아들이기보다 화를 내거나 반발하게 됩니다. 따라서 우선 마음을 읽어줘야 합니다. "아이~ 던지고 싶었어, 너 재미있지?" 그다음에는 "에이~ 그런데 던지면 다쳐, 안 돼" 하고 짧게 제한합니다. 그런 뒤 스펀지 공이나 신문지 뭉치를 주면서 "던지고 싶으면 공을 던져"라고 하여 아이가 더 적절한 방법으로 자신의 욕구를 표현할 기회를 줘야 합니다. 그런데 "아니야, 나는 꼭 숟가락을 던질 거야"라고 말하는 아이들이 있습니다. 그럴 땐 최후통첩을 하면 됩니다. "만일 그러면 엄마가 너한테서 이 숟가락을 뺏어야 돼, 엄마는 그러고 싶지 않아"라고 했는데도 아이가 숟가락을 던지면 바로 빼앗아야 합니다. 이 과정에서 화를 낼 필요도 없고 협박을 하지 않아도 됩니다. 아이 스스로 자기 행동을 결정한 것이므로 아이는 결정에 대한 책임을 받아들여야 합니다. 엄마는 곁에서 아이의 마음을 잘 읽어주면서 되는 것과 안 되는 것을 강조해서 알려주면 됩니다.

전환이 잘 안 되는 아이들도 집에서 연습을 해야 합니다. "네가 이러면 엄마는 더 기다리거나, 이걸 못하게 해야 돼"라고 분명하게 말해, 아이가 해야 하는 기준선을 갖도록 해줘야 합니다. 힘들지만 견디는 연습은 이후 사회 적응에 필수 요소이므로, 집단생활을 시작하기 전에 반드시 연습되어야 합니다. 간단한 심부름을 시킨 뒤 아이가 도와주면 "고마워"라고 이야기해주는 것만으로도 아이가 남의 이야기를 듣고 움직여 행동하는 연습이 됩니다.

 육아 멘토의 한마디

최후통첩을 했는데도 떼쓰고 울면 어떻게 해야 될까요? 최후통첩이란 떼쓰고 울어도 엄마가 네 말을 들어줄 수 없다는 뜻입니다. 그래서 엄마가 엄마 일을 하면 아이가 울다가 잉잉~ 그치면서 엄마 곁으로 오게 됩니다. 그때 엄마는 "이제 됐어, 목 안 아팠어?" 하고 속상한 마음을 읽어주면 됩니다. 아이들은 엄마가 받아주는 것 같으면 또 울게 되므로 이런 과정을 몇 번 반복해야 합니다. 이런 걸 통해 '아~ 아무리 울어도 엄마가 이렇게 단호할 경우엔 들어주지 않는구나', '이건 정말 안 되는 거구나'라는 것을 깨닫게 됩니다.

효과적인 자기 조절을 위해서는 최후통첩에 반드시 전제조건이 갖추어져야 합니다. 그건 바로 평상시에 좋은 애착 관계를 형성하는 것입니다. 평상시에 좋은 이야기도 많이 하고 좋은 경험을 많이 하면 엄마가 단호하게 말했을 때 아이가 나쁜 엄마라고 느껴도 '평상시엔 나한테 참 좋은 엄마가 있으니까 괜찮아' 하면서 버틸 수 있습니다. 그러니까 항상 단호하게만 하면 안 됩니다. 평상시엔 충분히 아이와 좋은 관계를 형성해 아이가 '아, 엄마는 나를 사랑해'라는 마음을 가져야만 효과적인 훈육이 될 수 있습니다. 좋은 애착과 마음 읽기가 없이 너무 제한하면 엄마는 엄격하다는 생각만 남아 나중에 더 저항적인 아이가 될 수 있습니다.

친구 관계
때문에
속상해요

친구 따라 강남 가는 아이, 어떻게 도와줘야 하나요?

Q   5세 남자아이입니다. 같이 놀다가 친구가 그림 그린다고 하면 놀던 걸 멈추고 그림 그리고, 컴퓨터를 한다고 하면 또 따라 해서 자신이 하던 놀이를 끝까지 하지 않고, 친구 따라 놀이가 계속 바뀝니다. 또한 친구가 안 논다고 하면 자기가 놀던 놀잇감을 친구한테 다 주면서까지 그 친구와 관계를 유지하려고 합니다. 도대체 왜 그런 걸까요? _성유빈, 5세

엄마가 아이의 놀이 행동을 잘 따라 해주세요.
아이가 좋은 느낌을 가질 수 있도록 아이의 눈을 보며 많이 웃어주세요.

A   5세면 자기주장을 연습해가는 시기입니다. 친구 사이에서 안 되면 엄마와의 관계에서 먼저 연습을 해보는 게 좋습니다. 그런데 이러한 아이들은 자기주장의 문제라기보다 자신이 뭘 좋아하는지 확신이 없고, 스스로 무언가를 하기 위해 노력하려는 자율성이 부족합니다.

자신의 욕구를 버리면서까지 타인을 더 중요시한다면 자기주장이 없어질 뿐 아니라, 이후 갈등을 피하려고만 하고 적절한 문제 해결 능력을 발휘하기 어려워져 사회성에도 문제가 될 수 있습니다. 따라서 아이가 스스로 리드하는 경험을 하게 하고, 자신에 대한 만족감을 경험할 기회를 갖는 것이 무엇보다 중요합니다. 아이와 놀이를 할 때 엄마가 아이의 뜻에 따라주고, 그리기나 만들기, 연구 활동이나 신체를 조절하는 활동을 할 때도 아이를 잘 따라 해주면 많은 도움이 됩니다. 누군가 따라 해주면 내 행동이 누군가의 마음에 들었다는 생각을 하게 되고, 누군가 내 행동을 따라 하면서 더 나은 수행을 하게 되면 더 뿌듯하게 느낍니다. 예를 들어 선생님들은 똑똑하다고 효능감이 올라가지 않습니다. 제자가 무언가를 잘 해내고, 성취 목표를 달성해갈 때 선생님의 능력에 대한 효능감이 확 올라갑니다. 이처럼 아이들도 엄마가 내 그림을 보고 따라 하면서 "아, 이렇게 하니까 더 잘 그릴 수 있구나"라거나 "방법을 몰랐는데, 네 방법으로 하니까 이제 되네"와 같은 말들을 해주면 자신에 대한 가치가 확 올라가는 것을 느낍니다.

자율성은 아이가 스스로 무언가를 해나가는 능력입니다. 스스로 무언가를 해나가기 위해서는 자신이 원하는 것이 무엇인지 정확히 알아야 하고, 자신에 대한 좋은 느낌을 가지고 있어야 합니다. 이러한 자율성이 잘 완성되려면 가장 가까운 부모가 아이를 좋은 시각으로 바라봐주고 존중해주는 태도를 보여줘야 합니다. 타인이 나를 웃으면서 바라보면 '아~ 내가 좋은 사람이구나. 사람들은 나를 보면 행복해하는구나' 하며 자신에 대한 좋은 감정을 가지게 됩니다. 반면 엄마가 아이를 바라보며 한숨을 푹 내쉬고 짜증 나는 얼굴을 하거나 눈물을 많이 보이면, 아이는 '나는 다른 사람을 힘들게 하는구나. 내 행동에 문제가 있구나. 난 나쁜 사람인가보다' 하는 생각을 하게 됩니다. 사람은 참 신기하게도 자신을 어떻게 믿고 있느냐에 따라 행동이 달라집니다. 자신이 좋은 사람이라고 느껴지면 스스로 좋은 행동을 하려고 노력하고, 자신이 나쁜 사람이라고 생각하면 나쁜 행동을 하면서 당연하게 여깁니다. 자율성이 잘 발달되어야 이후 주도성도 잘 발달할 수 있습니다.

 육아 멘토의 한마디

엄마와의 놀이에서 엄마가 주도하고 아이가 엄마에게 맞추면, 아이들은 친구들과의 관계에서도 친구의 뜻에 따라 놀이를 하게 됩니다. 자신의 놀이가 없는 아이들은 무슨 놀이를 해야 할지 모릅니다. 따라서 집에서 연습할 기회를 줘야 합니다. 아이들에게 놀이는 단순한 놀이 기능뿐 아니라 모든 것을 연습해볼 수 있고, 시행착오를 경험하며, 더 나은 방법을 찾아갈 기회를 제공합니다. 스스로 놀이를 하지 못하는 아이들은 이미 마음에 문제가 생긴 것입니다.

엄마에게
관심을 보이지
않아요

집에서는 엄마에게 치대는 편인데, 밖에 나가면 엄마한테 관심이 없어요.
괜찮을까요?

Q   22개월 된 여자아이인데, 놀다가 싫증나면 잘 치대는 편입니다. 그런데
밖에만 나가면 엄마한테 관심이 없어 서운할 정도입니다. 집에서의 행동과
밖에서의 행동이 너무 다른데 괜찮을까요? _최시아, 3세

엄마와 떨어짐을 연습하는 시기엔
엄마도 아이의 발달에 맞게 성장해야 돼요.

A   이 시기의 아이들은 분리개별화 단계에 놓여 있습니다. 누구나 태어나면
엄마와 한 몸인 줄 알고 착각하며 살게 됩니다. 그러나 발달 과정을 거치면
서 엄마와 내가 다른 사람임을 느끼고 엄마와 분리되면서 점점 나를 발달시
킵니다. '내'가 생기면 이 세상이 호기심으로 가득 찹니다. 궁금한 게 많아
지고, 많은 것을 경험해보고 싶어 합니다. 이러한 과정일 때는 엄마들이 잠깐

한눈판 사이 아이가 사라지거나 높은 곳에 올라가는 위험한 상황이 벌어지기도 합니다. 아이들이 밖에 나가서 엄마를 찾지 않는 것은 이런 이유 때문입니다. 엄마를 거부하거나 일부러 모른 척하는 것이 아니라, 나에게 관심이 집중되는 것입니다. 그러므로 엄마가 이런 아이의 행동에 상처받기보다는 잘 커가고 있다고 생각하면 됩니다.

그런데 '내'가 생기면서 주변에 관심이 많다고 모든 행동을 허용해줄 수는 없습니다. 밖에 나가서 신나게 경험하다 위험과 관련된 불안이 엄습해오면 아이 스스로 안전 기지인 부모에게 얼른 오게 됩니다. 부모에게 돌아오는 시간은 아이마다 다르기 때문에, 이 시기에 부모는 아이가 많은 것을 경험하게 하면서도 아이와 안전거리를 유지하며 위험하지 않도록 계속 지켜봐야 합니다.

가끔 놀이터나 키즈카페에서 엄마들끼리 이야기 나누느라 아이들을 방치하는 경우가 있습니다. 연령이 큰 아이들이라면 위험한 상황에 좀 더 잘 대처할 수 있지만, 3~4세 아이들의 경우엔 위험한 일이 많이 발생합니다. 놀이터나 키즈카페는 엄마들이 쉬러 가는 곳이 아니라, 아이가 좀 더 많은 경험을 할 수 있도록 장을 넓혀주는 장소라는 점을 꼭 기억하기 바랍니다.

우리 아이가 집에서는 엄마에게 많은 것을 의지하지만 밖에서는 좀 더 많은 것을 경험하면서 엄마에게 자주 돌아가지 않는다는 것은 건강한 발달을 하고 있다는 의미입니다. 아이의 발달에 맞춰 엄마도 아이와 분리되기 위한 심리적 준비를 해야 합니다. 이 시기에 아이는 엄마와 떨어지려고 노력하는데 엄마가 아이를 아기처럼 대하거나 안타깝게 바라보거나 더 함께 있으려고 하면 아이는 엄마를 놓고 마음 편하게 자신의 세계로 나아갈 수 없습니다. 그러면 엄마의 뜻에 맞게 더 아기처럼 행동하거나, 위축된 것처럼 행동해 마음과 행동이 갈등 상황에 놓일 수 있습니다.

건강한 발달을 위해서는 신체적, 심리적 분리가 중요합니다. 엄마도 아기를 키우는 모성에서 유아를 키우는 모성으로 변화해야 합니다. 그래서 가끔 이 시기에 엄마들이 "우리 아기~"라는 호칭을 쓰면 아이들이 발끈하며 "나 아기 아니야"라고 말하곤 합니다. 아이들은 이미 엄마와 분리되어 성장하려고 준비하는데 엄마가 준비되지 않으면 이런 해프닝이 발생하는 것입니다. 아이에 맞게 엄마도 성장해야 합니다.

 육아 멘토의 한마디

분리 개별화 시기는 4개월에서 24개월까지 지속됩니다. 이 시기도 세부적으로는 3단계로 나누어집니다. 처음엔 엄마와 아이가 분화되고, 분리되면서 세상을 경험하며 연습하고, 엄마에게 다시 재접근하는 시기들을 거치는데, 보통은 아이들이 걸음마를 하면서 좀 더 적극적으로 외부를 탐색하게 됩니다. 놀이터에서 엄마와 떨어지려면 18~24개월은 되어야 합니다.

이렇게 해서 아이들은 만 3세까지 엄마와 완전히 분리되는 연습을 하게됩니다. 이 시기 엄마의 양육 방식에 따라 아이들의 자율성 발달에 차이가 생기므로, 과잉보호와 과잉통제를 특히 주의해야 합니다.

엄마를
자꾸
노려봐요

혼내면 눈 한 번 안 떼고 엄마를 노려봐요.

Q 우리 딸은 동생이 생기면서 혼나는 일이 많아졌습니다. 동생이 자기 장난감 만지는 것을 싫어해서 그런지, 어느 날 마음이 힘들다며 스트레스를 받는다고 말하더라고요. 매를 들고 혼내면 눈 한 번 안 떼고 엄마를 노려봐요. 발바닥을 몇 대 때려도 안 아프다고 말해요. 하지 말라고 하면 반대로 더 하고, 물잔을 엎거나 물건을 쏟아버려요. 예민하기는 하지만 성격도 활발하고 사교성도 좋은 편인데, 말대꾸하거나 반항하면 어떻게 해야 좋을지 모르겠어요. _이아름, 50개월

아이의 약점은 다른 측면으로 보면 장점이랍니다.
'하지 마'보다는 '대신 이거 하자'가 더 효과적입니다.

A 아이들은 만 2세부터 본격적으로 자기주장이 강해지고 말을 안 듣기 시작합니다. 그래서 외국에서는 만 2세를 '끔찍한 두 살(Terrible 2s)'

이라고 말한답니다. 얼마나 힘들면 '끔찍한'이라는 단어를 사용했는지, 이 시기 부모의 어려움이 잘 느껴질 것입니다. 이때부터 아이들은 자기 존재감을 뽐내면서 "싫어, 안 해"를 입에 달고 살아, 이 시기를 인생의 첫 번째 반항기라고 부른답니다. 두 번째 반항기는 '사춘기'이고요.

이렇게 인생에서 두 번의 반항기를 거치면서 아이들은 '자기'라는 정체감을 형성해 독립된 한 인격체로 온전히 살아갈 준비를 하게 되는 것입니다. 그러니 아이를 대하는 것이 힘들고 어려운 이 시기가 사실은 아이를 성장시키는 소중한 동력이 된다는 점을 상기하면서 무조건 괴로워하지 말기 바랍니다.

한편 생각해볼 부분은 아이의 장점입니다. 엄마 말을 너무 안 듣고 반항하는 이 아이는 활발하고 사교적인 장점을 가지고 있을 뿐 아니라, 자기 표현을 잘한다는 매우 큰 강점을 가지고 있습니다. 만 4세 정도 된 아이가 스트레스 받는다고 자기 상태를 정확하게 표현하는 것은 여러 가지 면에서 잘 발달되어 있다는 방증입니다. 우선 자기감정 상태에 대해 어느 정도 인식하고 있을 뿐 아니라, 언어 발달이 잘되어 있기 때문에 이런 표현이 가능한 것입니다.

싫고 좋은 것에 대한 자기주장이 확실한 것도 이 아이의 강점이라고 볼 수 있습니다. 그래서 때리면 "안 아파"라고 하면서 자기 의사를 관철시키려는 모습을 보이는 것입니다. 이러한 아이의 강점이 엄마랑 부딪치면 해결하기 어려울 수도 있습니다. 그렇지만 아이가 자기주장을 강하게 할 때 무조건 꺾으려 하면 아이는 더 강해지면서 심각한 갈등 상황이 벌어질 수도 있으니 "네가 그렇게까지 하는 걸 보니 정말 싫어하는 것 같구나. 그런 네 마음을 엄마가 잘 알겠어"라고 해주는 것이 좋습니다. 엄마가 자기 의견을 들어주지 않는다고 생각하면 어떤 아이는 지레 포기하지만, 어떤 아이는 자기 의견이 관철될 때까지 점점 더 세게 표현합니다. 물론 마음만 알아주면 되지 아이의 터무니 없는 고집이나 떼부리기를 다 받아줄 필요는 없습니다.

마음을 이해해준 뒤에는 올바른 방법을 알려줘야 합니다. 이럴 때 아이에게 "이거 하지 마"라고 하기보다는 "대신 이거 하자"라고 표현을 바꿔주는 것이 필요합니다. 엄마의 표현이 바뀌면 아이는 혼난다는 느낌보다 엄마가 무언가 알려준다는 느낌을 받을 수 있습니다. 자기주장이 강하고 자기 의견을 어떻게든 관철시키려는 아이에겐 이처럼 표현을 바꿔서 훈육하는 것이 더욱 효과적인 방법이 될 수 있습니다. 그러니 자꾸 대안을 제시해주어 바르지 않은 행동을 바꿔서 해볼 수 있게 도와주세요. 만약 엄마가 제시한 대로 아이가 대안 행동을 할 경우 반드시 "오, 이렇게 하니까 네가 더 즐거운 일을 할 수 있게 되었다"라고 말해주면, 아이는 긍정적인 행동을 하면 엄마가 격려해준다는 사실을 알게 되어 무조건 반항하고 자기주장만 내세우는 행동을 줄일 것입니다.

육아 멘토의 한마디

'조망 수용 능력'을 길러주면 아이들은 다른 사람의 입장을 고려하면서 적절히 자기주장하는 것을 배울 수 있습니다. "네가 이렇게 웃으니까 엄마는 기분 좋아", "와, 네가 동생한테 이렇게 하니까 동생이 좋아하네" 등으로 자기 행동이 다른 사람에게 어떤 영향을 미치는지 자주 알려주면 도움이 됩니다. 이렇게 되면 자신의 생각이나 의견을 다른 사람이 받아들일 정도로 하게 됩니다. 물론 이럴 땐 아낌없이 듬뿍 격려해주는 것을 잊지 마세요.

엉뚱하게
장난치는 말을
많이 해요

엉뚱하게 장난치는 말을 너무 많이 해서 화가 나요.

Q 우리 아들은 남자아이치고 말도 잘 듣고 얌전한 편이었는데, 애들한테 빵꾸똥꾸, 오마이가스레인지와 같은 말을 많이 해요. 엄마, 아빠한테 아줌마, 아저씨라고 부르기도 하고요. 뭐를 시키면 들은 척도 안 하고, 자기 말을 들어주지 않으면 울면서 떼를 쓰기도 합니다. 또 외출하려고 하면 도망가버려요. 요즘 저를 너무 화나게 하네요. _이주한, 6세

만 3세부터 아이는 주도성을 발휘하기 위해 엄마에게 힘자랑을 합니다.
적당하게 선택권을 주면서 주도성을 충족시켜주세요.

A 만 3세부터 아이들은 '주도성'을 발휘하는 것이 발달 과업이 된답니다. 이런 주도성 발휘를 통해 스스로 힘을 기르고 어디까지 하면 되고 안 되는지 시험해보면서 나에 대해 알아가고, 사회의 규칙과 질서를 터득하는 것입니다. 그래서 이 시기의 아이들은 자꾸 해도 되는 것, 안 되

는 것의 선을 넘나들며 확인하려 합니다. 그러다보니 부모는 아이가 일부러 약 올리거나 화나게 만드는 것처럼 느끼기도 합니다. 안 된다는 것을 알면서 일부러 그러는 것 같아 더 화난다고 말하는 부모가 많습니다. 물론 아이가 일부러 엄마를 화나게 하려고 그러는 것은 아닙니다. 자기 스스로 목표를 세우고 무언가 해보는 것이 이 시기 유아들의 당연한 발달 과정 중 하나이기에 자꾸 이런저런 일들을 도모하는데, 문제는 부모가 지시하는 일뿐 아니라 하지 말라는 일까지 해본다는 것이지요.

아이들은 직접 확인해보려고 합니다. 그래서 엄마가 하면 안 된다고 하는 일도 자꾸 해보면서 확인하려 합니다. 그런데 한 번이 아니라 비슷한 상황, 비슷한 행동을 여러 번 해봄으로써 경계선을 확인하고 그 안에서 자기 스스로 해냈다는 만족감을 경험합니다. 그렇다보니 어제 안 된다고 혼낸 일을 오늘 다시 하는 아이를 보며 부모는 일부러 말을 듣지 않는 것처럼 느끼게 되지요.

또 이 시기의 아이들은 전 시기 아이들보다 언어 발달이 잘 되어 언어적 의사소통이 원활해집니다. 그렇게 되면 부모들은 아이가 말귀를 잘 알아듣고 훈육하면 잘 통할 것이라는 기대를 갖게 됩니다. 그런데 사실 꼭 그렇지만은 않습니다. 아직은 미숙하고 발달 중이기 때문에 엄마가 한두 번 이야기한다고 효과적으로 다 전달되지는 않습니다. 그러니 훈육은 끊임없이 이루어져야 하는 것입니다.

이런 아이의 주도성 발휘를 위한 선 넘기 과정과 부모의 일관적인 훈육이 반복되면서 아이들은 '아, 이 정도까지 행동하면 혼나겠구나. 그러면 혼나지 않을 정도로만 내 맘대로 해봐야지' 하는 판단이 비로소 가능해집니다. 그러니 한두 번 알려주고 아이가 알면서 일부러 그런다고 생각한다면 아이에 대해 지나치게 비합리적으로 높은 기대를 가지고 있는 것입니다. 아직은 발달 과정 중이라는 점을 꼭 고려하기 바랍니다.

　한편 엄마가 싫어하는 말, 엄마를 아줌마라고 부르는 행동은 엄마의 반응이 재미있어서 지속할 수도 있습니다. 특히 이때의 남자아이들은 주도성이 발휘되고 남성성이 커지면서 공격성을 여러 가지 측면으로 표현할 수 있는데, 엉뚱한 이야기, 똥 이야기, 장난치는 말 모두 공격성을 놀이로 표현하는 것입니다. 이런 말을 했을 때 엄마가 너무 싫어하거나 화를 내면 자신의 공격으로 엄마가 반응을 보이니, 이 상황을 자신이 주도하는 것으로 여겨 만족감을 느끼며 자꾸 하려고 합니다. 무관심한 척하며 반응하지 않는 것이 제일 효과적인 방법입니다. "난 엄마고 아줌마 아니니까 이제 대답 안 할래"라든가, "그럼 이제 엄마 안 하고 아줌마 한다"라고 하면서 유연하게 대처하는 것이 바람직합니다.

육아 멘토의 한마디

　놀이 시간을 활용하면 아이의 주도성 욕구를 한껏 충족시킬 수 있습니다. 놀잇감 선택부터 놀이 방법과 내용까지 아이가 정하고, 아이가 알려주는 대로 부모가 따라서 함께 놀이를 해주면 아이는 충분히 주도성을 경험할수 있습니다. 자기 스스로 결정하고 하고 싶은 대로 해보는 것이 주도성을 발휘할 수 있는 가장 좋은 방법인데, 일상생활에서는 위험한 것도 있고, 하지말아야 하는 것도 있고, 꼭 부모의 지시에 따라야 하는 것들이 있기에 주도성을 충족시키기가 쉽지 않습니다. 물론 엄마나 아이를 다치게 하는 행동, 물건을 던지거나 부수는 행동 등 위험한 행동이 나올 때는 제한해줘야 합니다.

위험하고
거친 행동을
해요

40개월 아들이 늘 뛰거나 매달리는 산만한 행동을 해요.

Q   평소 규칙과 예절을 아주 잘 지켰는데, 요즘 들어 활동성이 점점 더 많아져 소파 위에서 뛰거나 책장에 매달리는 행동을 자주 해요. 안 되는 이유를 설명해주면 알아들으면서도 행동이 바뀌지 않아요. _엄태민, 40개월

신체 발달에 비해 상황을 이해하고 조절하는 능력은 조금 늦게 발달해요.
미리 설명해주어 행동을 전환하고 조절하도록 도와주세요.

A   아이들은 하루가 다르게 성장합니다. 키도 쑥쑥 크고 몸을 움직이는 반경도 넓어지고, 활동 내용도 다양해집니다. 이 시기의 아이들은 몸을 통해 주변을 탐색하고, 놀이를 하고, 세상 속에서 '나'라는 존재를 인식합니다. 이처럼 몸이 눈부시게 성장하는 속도에 비해 아이들의 조절력이나 상황 이해력, 예측 능력은 따라오지 못합니다. 그렇기에 엄마가 해주는 위험에 대한 내용을 이해하고 아는 것과 실제 행동은 다를 수밖에 없습니다.

위험한 상황이나 반복되는 행동에 대해서는 물론 단호하게 야단치고 훈육하는 것이 맞지만, 걱정되는 마음이 앞서 무조건 제한만 하고 엄하게 다루면 아이들은 심리적 저항이 생길 수 있습니다. 괜찮을 것 같은데 엄마가 따라다니면서 불필요한 잔소리를 하고 혼낸다는 생각이 들어, 괜한 고집이나 다른 상황에서 엄마의 말을 꼬투리 잡아 떼쓰는 행동으로 이어질 수 있어요. 따라서 제한하기에 앞서 아이의 마음을 읽어줘야 합니다. 잘잘못을 떠나, 아이의 의도와 마음에 대해 엄마가 이해하고 공감한다는 표현을 하면, '아, 엄마는 내가 미워서 그러는 게 아니라, 내가 다칠까봐 걱정하는 거구나' 하고 안심하게 되어, 뒤따르는 엄마의 단호한 제한도 수용하게 됩니다.

평소 규칙도 잘 지키고 예의 바른 태민이가 이런 행동들을 보이는 것은 아마도 발달 과정에서 나타나는 자연스러운 모습일 터이니 문제 행동이라고 여기지 않아도 됩니다.

우선 내 아이의 기질과 성향을 살펴봐야 합니다. 일반적으로 외부에서 주어지는 규칙을 따르는 것이 어려운 아이들은 다소 예민하고 까다로운 기질인 경우가 많습니다. 이런 아이들은 자기가 예측하고 생각한 것에 몰두하기 때문에, 그 이상의 것들이 갑자기 주어졌을 때 받아들여 전환하기가 조금 어렵습니다. 따라서 외부에서 주어지는 것을 받아들이는 데 시간이 걸립니다. 남들 눈에는 이유 없이 고집스러워 보이지만, 사실 이런 아이들일수록 속에서는 긴장하고 있는 경우가 많아요. 왜냐하면 자기의 예측과 생각을 전환하는 데 시간이 많이 걸리고 부담스럽거든요.

따라서 미리 예고해주면 도움이 됩니다. 일을 시작하기 전에 "이제 우리가 이런 것을 할 거야"라고 말하고, 그 일을 한 뒤에는 "와, 벌써 해냈네"라며 격려해주는 것이 필요합니다. 문제는 이렇게 예민하고 까다로운 기질의 아이들은 일상에서 부모와의 갈등 상황이 워낙 많기 때문에, 오히려 더 세게 조금 더 엄하게 훈육하는 경우가 많다는 것입니다. 엄하게 훈육하는 것은 반드시 한계가 있기 때문에, 아이들이 어느 정도 자기주장이 세지고 힘이 더 강해지면 아무리 엄하게 해도 듣지 않는 시기가 있어요. 그럴 때는 부모-자녀 관계만 더 나빠지고 회복하기 어려워집니다. 따라서 예민하고 까다로운 기질의 아이들일수록 부모가 더 인내심을 가지고 세심하게 다뤄야 합니다.

또한 혹시 부모가 아이의 연령에 맞지 않게 너무 과잉통제하거나 과보호하지 않는지 살펴봐야겠습니다. 무조건 하지 말라고 하는 것보다는 "대신 이렇게 해보자"라는 식으로 표현을 조금 달리 해보는 것도 도움이 되겠지요.

그리고 에너지가 너무 많아 산만하고 위험한 행동을 많이 하는 것이 문제라면, 그 에너지를 건강하고 즐겁게 실컷 발산할 기회를 만들어주면 됩니다. 실천할 수 있는 가장 쉬운 방법 중 하나는 놀이터를 잘 활용하는 것입니다. 놀이터에는 높낮이 활동, 회전 활동, 매달리고 뛰는 활동, 모래와 같은 촉각활동 등 아이의 기질과 발달을 즐겁게 도울 수 있는 다양한 놀이기구가 있습니다. 신나게 소리치며 뛰고 매달리면서 감정도 발산하고 즐겁게 활동할 수 있는 시간을 매일 만들어주세요. 이렇게 건강하고 즐겁게 신체 에너지를 사용하고 나면, 집 안에서의 조절이 조금 쉬워집니다.

 육아 멘토의 한마디

아이들의 행동에는 항상 이유가 있습니다. 그냥 하지는 않지요. 아이의 마음과 의도를 먼저 알아차려주면 비로소 엄마가 원하던 대답을 들을 수 있게 됩니다. 흔히 아이들이 잘못할 때 즉시 야단치는데, 이보다 중요한 것은 아이가 평소 잘하는 순간을 알아주는 것입니다. 동생에게 양보하거나, 짜증 내지 않고 자기 생각을 이야기할 때는 아낌없이 칭찬해주세요. 이를 위해서는 평소 아이를 잘 관찰하고 작은 것 하나라도 격려하고 기뻐해주는 것이 생활화되어야겠지요. 그러면 아이는 '내가 이렇게 하는 것이 잘하는 것이구나. 나도 이제 잘할 수 있구나' 하고 느끼게 됩니다. 이런 작은 감정과 경험들이 아이의 자존감을 키워주는 것이지요. 만약 잘하는 순간들이 보이지 않으면, 소소한 기회들을 만들어주세요. 작은 심부름이나 부탁 등을 한 뒤, 아이가 잘 해내는 모습이나 감정에 대해 읽어주고, 엄마의 기쁜 마음을 솔직하게 전달하세요.

산만한 행동 때문에
짜증이
치밀어요

주의가 산만한 아이를 어떤 기준으로 훈육해야 할지 난감해요.

Q 산만하고 부주의한 아이를 부모가 어떻게 훈육해야 할지 난감해요. 같은 이야기를 여러 번 해도 말을 듣지 않고 하던 것을 계속하거나 짜증부터 내니, 아이의 태도 때문에 결국 큰 소리를 낼 때가 많아요. _**구인호, 7세**

아이의 태도보다 정서에 주목해주세요.

단순한 지시를 주어 성공 경험을 늘려주세요.

Q 아무리 여러 번 이야기해도 듣지 않는 아이를 보면서 화내지 않는 엄마는 없을 것입니다. 그런데 여기서 알아야 할 것은 아이 역시 잘하고 싶지만 뜻대로 되지 않는다는 사실입니다. 따라서 먼저 아이의 마음을 읽어주고 공감해주는 것이 무엇보다 중요합니다. 바로 '아이의 정서에 주목하라'는 것입니다. "왜 이렇게 말을 안 듣니? 너는 꼭 그렇게 못 들은 척하더라?" 등으로 아이의 태도를 나무라기 전에 아이의 마음을 읽어주세요. "너도 잘하고 싶지?

엄마가 이야기한 것을 잘하고 싶은데 빨리 안 되는 거지?" 정서가 손상되면 성격 발달과 자존감에 큰 영향을 주어 '나는 못하는 아이야. 나는 늘 야단만 듣는 말썽쟁이야'라고 생각할 수 있습니다. 아이의 의도와 마음을 먼저 읽어주고 대화해주세요.

그다음으로 엄마의 지시가 아이의 발달 연령에 맞는 내용인지 돌아봐야 합니다. 혹시 아이에게 여러 가지 지시를 한꺼번에 내린 것은 아닌지 돌아보고, 두세 가지 내용이 함께 담겨 있는 복잡한 지시는 되도록 단순하고 정확하게 전달하는 것이 좋습니다. "빨리 씻고 책가방 챙기고 잘 준비해"가 아니라, "자, 우리 얼른 씻고 나오자"와 같이 한 번에 하나씩 전달해주세요. 또한 아이가 엄마의 지시를 잘 들을 수 있는 상황이었는지 생각해봐야 합니다. TV에 한창 집중하고 있거나, 너무 시끄럽고 산만한 상황이라면 엄마의 말을 잘 듣기 어렵겠지요. 주변을 정리하고 다가가서 아이가 하던 것을 멈추고 엄마 얼굴을 보고 들을 준비를 하게 해주세요. 손을 꼭 잡거나 어깨를 톡톡 두드리는 것도 좋습니다. 그리고 아이가 하던 것을 멈추고 엄마의 이야기에 귀를 기울이면 즉각 격려해주세요. "이번에는 단번에 엄마 말을 듣고 따라주었구나. 그래서 우리가 더 빨리 할머니 댁으로 출발할 수 있게 됐어." 아이가 잘한 행동을 한참 뒤에 격려해주는 것은 큰 효과가 없습니다. 그 즉시 알아차려주고 격려해주어야 아이도 자기 행동에 대해 좋은 느낌을 받을 수 있습니다.

마지막으로 가장 중요한 것은 되도록 우호적이고 일관성 있는 태도로 아이를 대해야 한다는 것입니다. 비난식 말투나 비일관적으로 아이를 대하면 아이는 자기 행동 조절 능력을 키워가기보다 부모의 말을 감정적으로 받아들이거나 더욱 혼란스러워할 수 있기 때문입니다. 또한 시각적인 것을 활용하는 것도 도움이 됩니다. 예를 들어 늘 반복되는 일과나 해야 할 일의 목록을 간단히 적어 아이 방에 붙여두고, <u>스스로</u> 보고 챙기게 하여 성취감을 느낄 수 있게 해주세요. 이때는 간단한 스티커 등을 활용해서 자기 수행을 <u>스스로</u> 체크해보도록 하는 것이 좋습니다.

육아 멘토의 한마디

　아이가 사소한 일로 짜증을 내거나 잘못된 행동을 하더라도, 다른 사람들 앞에서 혼내는 것은 좋지 않습니다. 조용한 장소로 아이를 데려가서 흥분을 가라앉히고 화가 어느 정도 줄어들 때까지 기다려주세요. 주변 또는 상대방의 기분이나 생각을 조망하는 힘이 취약한 아이들은 충동적으로 자기 입장만 생각해 더 고집스럽게 주장하기 때문에 흥분된 상태에서는 다른 사람의 이야기를 잘 듣지 못할 것입니다. 시간을 두어 기분이 가라앉았을 때, 아이의 의도와 기분을 공감해주되, 잘못된 행동에 대해서는 간단하지만 정확하게 설명해주세요.

ADHD 진단을
받았어요

ADHD 진단을 받았는데, ADHD 증상이 정확히 무엇인가요?

Q 교실에서 계속 돌아다니고 수업시간에 집중하지 못한다는 담임 선생님 말씀을 듣고 병원에 가서 검사를 했는데, ADHD라는 진단을 받았어요. ADHD는 정확히 어떤 아이들을 말하는 것인가요? _김경민, 8세

ADHD는 주의력 결핍 과잉행동 장애를 뜻하는 용어입니다.
연령에 적합하게 자신을 조절하는 능력이 부족한 경우를 말하는 거예요.

A ADHD는 '주의력 결핍 과잉행동 장애(Attention-Deficit Hyperactivity Disorder)'를 뜻하는 영문 약자로, 주의력이 부족하고 과잉행동을 보이는 아이들을 표현하는 용어입니다. 다시 말해, 성장 과정에서 연령에 적합하게 자신을 조절해나가는 능력이 부족해 적응에 어려움을 보이는 것입니다.

사실 주의력에 어려움이 있는 아이들은 유아기부터 부주의하거나 지나치게 급하고 충동적인 모습을 보이며, 친구들과의 관계에서도 다툼이나 실랑

이가 잦고, 쉽게 화를 내고 토라지는 아이로 묘사되기도 합니다. 이런 모습은 가정이나 유치원, 놀이터 등 모든 장소에서 비슷하게 나타납니다. 왜냐하면 ADHD는 정서적인 이유 때문이 아니라, 생물학적인 원인으로 나타나기 때문입니다.

ADHD 증상을 보이는 아이들은 주변의 자극에 민감하게 반응하고, 다양한 아이디어를 떠올리며 관심 분야에 대해서는 활발하게 사고하고 열정적으로 처리하는 특성이 있기 때문에 창의적이고 개방적이라는 장점을 갖고 있습니다. 그러나 너무 많은 관심사와 생각이 동시에 떠올라, 결과적으로 지금 해야 할 일을 잘 조직하고 완성하지 못하는 어려움을 안고 있습니다. 즉 적절하게 조절하고 통제하는 능력이 부족하기 때문에 학교와 같은 단체생활에서 인정받기 어렵고, 자기 잠재력만큼 연령에 맞는 성취를 발휘하기가 어렵습니다.

ADHD 아이들은 다음과 같은 특징을 가지고 있는데, 이러한 모습들이 일부 보이기도 하고, 때로는 복합적으로 나타나기도 합니다.

첫째, 과잉행동 유형입니다. 이런 아이들의 부모들은 흔히 "아이가 쉴 새 없이 돌아다녀요", "높은 곳에 올라가려고 해요", "가만히 있지 못하고 몸을 자꾸 움직여요", "노래를 흥얼거리거나 말을 너무 많이 해요"라고 이야기합니다. 유치원이나 학교에서 조금만 지루해도 자꾸 돌아다니고 몸을 흔들며 노래를 흥얼거리거나 상관없는 친구 일에 참견하려는 모습을 보입니다. 앞서 설명한 바와 같이 자신의 발달 연령에 비해 더 많이 움직이고, 참고 조절해야 하는 순간에 이를 잘 조절하지 못하는 것이지요. 주변의 사소한 자극에 쉽게 반응하고 빠르고 충동적으로 행동하기 때문에 과잉 행동으로 나타나는 것입니다.

둘째, 부주의하고 산만한 유형입니다. 이 유형의 아이들은 "조금 전에 한 이야기도 금방 잊어버려요", "쉽게 끝낼 수 있는 숙제도 몇 시간씩 잡고 있어요", "장난감을 너무 자주 잃어버려요" 등의 모습을 보입니다. 지금 자신이 가장 중요하게 해야 할 일에 주의를 오래 기울이지 못하고 쉽게 분산되는 특징이 있습니다. 따라서 특히 지루하고 어려운 학습 장면이나 수업 중에 멍하니 딴생각에 빠지기 쉽고, 주변 정리를 잘 못하며, 물건을 쉽게 잃어버립니다. 자신의 흥미를 끌지 못하거나 좋아하지 않는 일에는 노력을 충분히 기울이지 못하고, 정해진 시간 안에 끝까지 마무리 짓지 못해 수행 완성도가 떨어진다는 평가를 많이 받습니다.

셋째, 충동성이 강한 유형입니다. 이 유형의 아이들은 순서를 기다리거나 참지 못하고 급하게 끼어들거나 나서는 모습을 자주 보입니다. 따라서 또래 관계에서 실랑이가 자주 벌어지고 다른 친구에게 참견하는 모습 역시 자주 보입니다. 자신의 행동으로 인해 어떤 일이 일어날지는 고려하지 않고 우선 충동적으로 행동과 말이 앞서기 때문에 위험한 상황에 놓이기 쉽고, 화를 잘 내는 아이로 판단되기 쉽습니다.

육아 멘토의 한마디

ADHD를 진단할 때는 여러 요소가 중요하게 고려됩니다.

가장 먼저 부모와의 상담을 통해, 아이에 대한 다양한 정보를 듣습니다. 어려서부터 아이가 보이는 발달력과 유치원이나 학교에서 적응하는 모습, 친구들과의 관계, 가정에서 지시를 따르고 자기 수행을 해내는 모습 등을 꼼꼼히 살피고 부모의 양육 태도와 아이의 반응도 파악합니다. 그리고 아이를 만나 놀이 양상, 이야기하는 패턴, 행동 등도 함께 평가합니다. 이와 더불어 부모 또는 기관의 선생님이 아이의 평소 모습에 대해 평가해주는 주의력 관련 설문지를 활용하기도 합니다.

가장 중요한 자료로 활용되는 것은 아이의 전반적인 심리 검사입니다. 일반적으로 병원이나 상담소에서는 웩슬러 지능검사(Wechsler Scale of Intelligence)가 가장 많이 사용되는데, 여러 소항목 중 주의력을 요구하는 항목들에서 의미 있게 낮은 점수를 보이는 경우가 많습니다. 그러나 지능 검사만으로 ADHD를 진단하지는 않으며, 그 외에 벤더 게슈탈트 검사(Bender-Gestalt test)와 컴퓨터를 통한 주의력 진단 검사도구를 사용해 시각과 청각으로 나누어 보다 세분화된 분석을 하고, 발달 연령에 비해 충동성과 부주의가 어느 정도 문제 있는지 살펴봅니다.

딴생각에 빠져
건성으로
들어요

멍하니 딴생각에 빠져 건성으로 듣고, 무슨 일을 수행할 때 오래 걸려요.

Q 아이가 딴생각에 빠져 멍한 경우가 많아요. 엄마와 이야기할 때도 건성으로 듣는 것 같고, 학용품도 잘 잃어버려요. 금방 끝낼 수 있는 숙제도 한참 동안 붙들고 늘어지지만, 자기가 좋아하는 책은 몇 시간 동안 꼼짝 않고 집중해서 읽어요. 평소 산만하거나 부산하다는 느낌은 없는데, 혹시 주의력에 문제가 있는 건가요? _정현정, 9세

겉으로 드러나지 않는 산만함과 부주의함은 적응을 방해해요.
구체적인 지시와 계획을 세워 실수를 줄여가도록 도와주세요.

A 주의력과 산만함의 문제는 겉으로 드러나는 행동으로만 나타나는 것이 아닙니다. 평소 수업시간에 얌전하게 앉아 있지만 머릿속에서 생각이 흩어지고 자꾸 딴생각에 빠지는 아이들이 있습니다. 흔히 '조용한 ADHD'라는 설명으로 많이 이야기되는데, 눈에 띄는 행동상의 문제가 없기 때문에 어렸을 때

는 크게 문제 있어 보이지 않으며 단순히 조용한 아이, 조금 느린 아이로 묘사됩니다.

어려서도 소소한 부주의나 실수 등이 관찰되긴 하지만 주의력이 더 많이 요구되는 학습 상황이나 스스로 자기 생활을 챙기는 독립성이 요구되고 본격적인 학교 준비가 시작되는 일곱 살부터 조금씩 시작되어, 초등학교 저학년기에 두드러지게 나타납니다. 조금만 어렵거나 지루하면 몸은 의자에 가만히 앉아 있지만, 생각은 딴 데 가 있는 것이죠. 어제 봤던 만화의 한 장면이나 책 내용을 계속 회상하기도 하고, 친구와의 놀이 또는 엉뚱한 공상을 하며 생각이 전혀 다른 곳으로 흘러가는 경우가 많습니다. 수업시간에 집중하지 못해 자꾸 놓치다보니 학습 효율은 점점 떨어지고, 아이 스스로 공부를 재미없는 것으로 인식해 난이도와 상관없이 아예 학습을 시작도 하지 않으려는 마음이 생겨납니다.

주의력은 모든 부분에서 취약하게 나타나는 것이 아닙니다. 자기가 좋아하는 분야나 활동에 대해서는 몇 시간이고 몰입해 계속하려는 흥미를 보이기도 합니다. 이런 모습 때문에 부모는 아이의 기본 주의력에는 문제가 없고, 단지 공부하기 싫어서 안 하려는 거라고 생각해 더 혼내고 다그치게 되지요.

우선 학습 환경을 조정해보는 것이 좋습니다. 주변을 단순하게 바꾸는 것입니다. 만약 아이의 의자가 바퀴 달린 회전의자라면 고정되는 의자로 바꿔주고, 벽지에 알록달록 무늬가 있다면 아무런 그림도 없는 단순한 벽지로 바꿔주세요. 또한 책상 위를 깨끗하게 정리해 지금 공부할 책과 필통 정도만 두도록 해주세요. 눈앞에 창문 등이 있어서 밖의 소음이나 시각적으로 방해되는 자극이 주어진다면, 책상의 위치를 바꿔보는 것도 도움이 됩니다.

저학년 아이들의 경우에는 시간이 반복적으로 늘어지게 두기보다는 엄마가 옆에서 도와주는 것도 필요합니다. 적은 분량으로 나누어 해보게 하고, 아이가 딴생각에 빠질 때 옆에서 문제로 다시 주의를 가져갈 수 있도록 언어적으로 자극을 주고 격려해주는 것도 도움이 됩니다.

육아 멘토의 한마디

ADHD 아이들은 실행 기능(executive function)에 어려움이 있습니다. 실행 기능이란 내가 지금 무엇을 해야 하고, 어떻게 해야 할지 계획하고 조직화하는 능력입니다. 따라서 목표에 맞춰 조절하는 것으로, 이 안에는 행동을 억제하고 기분과 주의력을 조절하는 등 다양한 요인이 포함됩니다. 그렇다면 실행 기능에 어려움을 겪을 경우, 어떻게 도와야 성공할 수 있을까요? 말로 아무리 여러 번 이야기해도 별다른 성과를 보기 어려울 것입니다. 즉 시각적으로 확인하고, 구체적으로 예측할 수 있도록 '계획표'를 활용하는 것이 좋습니다. 부모가 일방적으로 계획을 세워주지 말고, 아이가 어느 정도 주도권을 갖도록 함께 의논해 구체적으로 작성해 보세요. 시간과 분량 등을 세부적으로 나누어 작성하고, 스스로 지워가며 수행 여부를 확인하도록 하는 것이 좋습니다.

성격이 너무
급해요

성격이 급해서인지 친구들의 말을 오해하고 화내요.

Q   얼마 전 검사를 통해 주의력 결핍 진단을 받았는데, 성격이 급한 편이어
서 평소에 자주 상황을 오해하는 것 같아요. 별것 아닌 일로도 친구들과 자주
부딪치고 속상해서 화를 내는데, 아이는 친구가 왜 속상해하는지 전혀 알지
못하는 것 같아요. 공감 능력이 떨어져서 그런 걸까요? _장민호, 8세

먼저 자신의 기분과 생각을 말로 표현하게 해주세요.
소수의 친구들과 놀이를 통해 배울 수 있게 해주세요.

A   ADHD 아이들이 겪는 많은 어려움 중 하나가 바로 사회성과 관련된 것
입니다. 판단이 즉각적이고 충동적이기 때문에 전체 상황을 보기 어렵고, 처
음에 생각한 딱 한 가지 이유만 가지고 전체를 해석하기 때문에 다른 사람의
관점에서 보기가 어려운 것입니다. 따라서 지금 내가 이렇게 행동하면 앞으
로 어떻게 되는지, 친구의 기분은 어떨지, 다른 사람들이 나를 어떻게 보는지

등에 대해 예측하기가 어려운 것이지요. 다시 말해 '인과관계'를 잘 가늠하고 판단해 그에 맞는 적합한 모습을 보여주기 어려운 것입니다.

문제는 부모를 포함한 주변 친구들이 모두 이런 아이의 행동에 대해 일부러 이기적으로 행동한다며 비난하거나 함께 놀지 않으려 한다는 것입니다. 따라서 ADHD 아이들은 학교에서 어려움이 더 크고, 혼자 이를 극복하고 해결하는 과정에서 실패를 반복할 수밖에 없습니다.

우선 집에서부터 상황을 전체적으로 보고 생각할 수 있게 도와주세요. 일부러 특별한 시간을 따로 만들어 아이와 연습하지 않아도 됩니다. TV 드라마나 만화를 볼 때도 등장인물이 왜 저런 행동을 하는 것 같은지, 상대의 기분은 어떨 것 같은지 등에 대해 물어보고 아이의 말에 귀를 기울여주세요. 아이의 사소한 이야기도 격려해주고, 엄마의 마음과 생각도 함께 들려주세요. 어린아이들의 경우에는 부모와 함께하는 역할 놀이도 다른 사람의 마음을 떠올려보는 좋은 배움의 시간이 될 수 있습니다.

첫째, 먼저 언어로 자기 마음을 표현할 수 있도록 평소에 대화를 많이 하세요. "네가 말해주니까 엄마가 금방 알 수 있어서 좋아. 말하지 않으면 상대는 네 마음을 알 수 없거든. 말해줘서 고마워." 화내거나 토라져 있을 때만 기분이나 마음을 알아주는 것이 아니라, 언어적으로 표현해서 서로 이해하고 조율해 결과적으로 더 좋은 해결점을 찾을 수 있다는 것을 깨닫게 해야 합니다.

둘째, 놀이터나 모임에서 아이의 행동이 때로 자기중심적이고 서툴더라도 공개적으로 혼내지 마세요. 아직 주변 상황을 충분히 살피지도 못했고, 억울한 마음에 꽁해 있는 아이에게 친구들이 보는 상황에서 공개적으로 야단치면, 아이는 창피하고 억울한 마음에 자기의 잘못을 돌아보지 못하고 상대를 탓하거나 자기 기분만 내세우기 쉽습니다. 아이가 너무 흥분했거나 엄마의 말을 들을 준비가 아직 되어 있지 않다면, 조용한 곳으로 데리고 가서 일단 기분이 누그러지도록 잠시 기다려주고 차분하게 아이의 말을 들어주세요. 아이의 관점에서 속상하고 아쉬운 마음에 대해 먼저 공감해줘야 엄마의 이야기를 들을 준비가 될 테니까요. 해결하는 데 서툰 아이에게는 친구에게 어떻게 이야기하면 좋을지 함께 의논해 친구에게 이야기하도록 하는 것도 좋습니다.

셋째, 평소 부모와도 편하게 지내고 사회성이 좋은 친구들과의 놀이 시간을 자주 갖도록 해주세요. 이때 너무 여러 명과 어울리기보다는 한두 명의 친구부터 시작하는 것이 좋습니다. 그 안에서 친구들의 모습을 모델링할 수도 있고, 경험을 통해 사회적 기술을 다듬어갈 수도 있습니다.

 육아 멘토의 한마디

ADHD의 핵심적인 어려움 외에도, 이 진단을 받은 일부 아이들은 성장 과정에서 더 큰 어려움을 경험한다는 연구가 많이 이루어지고 있습니다.

우선 학업 성취와 관련해, 주의력이 취약해 자기 잠재력을 다 발휘하지 못하고 학교생활에 어려움을 겪는 경우가 많으며, 일부 아이들은 미세한 운동 조절과 협응에서 서툰 모습을 보이기도 합니다. 또한 급하고 충동적인 특성 등으로 인해 사회적 관계에서 갈등이 쉽게 나타나고, 상대의 감정이나 의도를 파악하는 것이 어려워 연령에 맞는 사회성 발달과 적응에 영향을 주기도 합니다. 따라서 단순한 ADHD 증상뿐 아니라, 그로 인해 나타나는 2차적인 정서적, 사회적 요인들까지 염두에 두고 살펴야 합니다.

거짓말을
해요

집에 와서 선생님이 욕했다고 거짓말하는데, 믿어줘야 하나요?

Q 어린이집에서 잘 놀다 와서는 선생님이 욕했다고 거짓말을 합니다. 아이 말을 다 믿어야 할까요? _성유빈, 5세

거짓말이라도 잘 들어봐야 해요.
거짓말 속에 숨은 아이의 마음을 잘 읽어주세요.

A 아이들의 말을 거짓말이라고 바로 판단할 수는 없으니, 구체적으로 물어봐야 합니다. 만약 아이가 상상할 수 없는 욕이고 평소에 듣지 않던 말이라면, 아이가 거짓말한다기보다는 정말 선생님이 그 말을 했을 가능성이 있습니다. 그런데 선생님이 부정적인 의미로 "이놈~"이라고 한 것을 아이가 크게 받아들여 욕했다고 할 수도 있으므로 우선 그 욕이 도대체 무엇인지 이야기해보고 거짓말인지 아닌지 확인해야 합니다.

아이들은 외부에서 다른 사람이 어떤 걸 했다는 이야기를 할 때 아직 가상

과 현실을 왔다 갔다 하면서 헛갈려하기도 합니다. 요즘 아이들에게 안전교육을 많이 시키는데, 실제 자료를 보고 교육하게 됩니다. 그 과정에서 아이들은 집에 와서 "어떤 아저씨가 나를 어떻게 만졌어"와 같은 이야기를 하기도 합니다. 혹은 어떤 아이는 선생님이 고추를 잡아당겼다고 거짓말해서 난리가 났는데, 알고 보니 성교육한 걸 구분하지 못해서 벌어진 경우도 있습니다. 그래서 아이의 이야기를 잘 들어봐야 합니다. 만약 고추를 만진 경우, 아이들이 흔히 이야기할 수 있는 정도로 표현하면 지나쳐도 되지만 아주 세밀하게 이야기한다면 거짓말이라고 간단히 넘겨선 안 됩니다. 세밀한 상황 설명은 경험하지 않으면 불가능하기 때문입니다. 그러므로 안전과 관련된 것은 무조건 무시하거나 거짓말이라고 생각하지 말고 다시 한 번 물어보고 점검할 필요가 있습니다.

아이들의 인지발달 단계상 만 7세까지는 현실과 가상세계를 명확히 구분하지 못하는 특성을 갖고 있습니다. 그래서 이 시기 이전의 아이들이 누가 때렸네, 뺏어갔네, 넘어뜨렸네 등의 말을 할 경우에는 부모가 아이와 이야기해보고 잘 판단해야 합니다. 더 자세한 확인을 위해서 선생님과 상의하는 것도 좋습니다. 그러나 만약 이런 일이 너무 잦아 선생님과 자주 상의하게 된다면 그건 아이의 문제일 가능성이 높습니다. 누군가와 자꾸 부딪친다든지, 선생님이 유독 주의를 많이 주어 선생님을 혼내는 사람으로 여겨 선생님이 조금만 눈빛을 보내도 소리 질렀다고 보고할 수 있습니다. 따라서 빈도가 잦다면 내 아이를 먼저 점검해볼 필요가 있습니다.

아이들이 거짓말을 하는 것은 또 다른 소망의 표현일 때가 있습니다. 자신이 하고 싶은 것, 갖고 싶은 것, 가고 싶은 것에 대한 표현일 수 있습니다. 어떤 아이는 "엄마가 친구네 가자고 했잖아"라고 하지만, 정작 엄마는 그렇게 말한 적이 없습니다. 이럴 때 "너 왜 거짓말해"라고 하기보다는 "너 친구네 가고 싶었구나. 그래서 엄마가 가자고 말한 것처럼 느껴질 정도로 가고 싶었나보다"라고 이야기해주는 것이 좋습니다. 거짓말을 잘못이라고 생각해 그걸 아이에게 표현한다면, 아이는 그걸 덮기 위해 혹은 거짓말이 아니라고 증명하기 위해 더 큰 거짓말을 할 수도 있습니다. 따라서 거짓말에 대해 긍정적으로 대처해주기 바랍니다.

육아 멘토의 한마디

아이들에게는 어른에게 없는 마술적 사고가 있습니다. 이런 환상이 창의성으로 발전하기도 합니다. 우리가 모든 것을 가질 수도 없고, 다 해볼 수도 없기 때문에 마술적 사고가 있는 것입니다. 마술처럼 이루어질 것 같은 것이 바로 사실과 다른 거짓말로 표현되는 것입니다. 거짓말 속 진실을 엄마가 먼저 알아주면 아이들은 굳이 거짓말을 하지 않게 됩니다. 아이가 엄마에게 자연스럽게 자신을 이야기할 수 있도록 좋은 이야기 상대가 되어주기 바랍니다.

악의 없는
거짓말을
자주 해요

악의 없는 거짓말을 자주 하는 아이, 어떻게 훈육하면 좋을까요?

Q 자꾸 거짓말을 하는데 어떻게 교육해야 할지 걱정입니다. 이 나이 때가 거짓말을 자주 하는 시기인가요? 잘 때가 되어도 계속 놀고 싶다고 졸라 시간을 정해줬더니 시계 분침을 돌려놓습니다. 밥 먹자고 하면 배 아프다고 하고요. 악의 없는 거짓말이긴 한데, 훈육 방법을 잘 모르겠어요. _엄지호, 6세

하고 싶지 않거나 혼나는 상황을 회피하고 싶을 때 거짓말을 합니다.
거짓말한 것 자체를 혼내기보다 아이가 왜 거짓말을 했는지 알아주는
것이 필요합니다.

A 만 5세 아이가 하고 싶지 않은 일을 피하기 위해 시계를 돌려놓다니 귀엽기도 하고 영민하기도 하네요. 시계의 분침을 한참 돌려놓는다는 것은 시계의 개념을 이해하고 있다는 것이니, 연령에 비해 아이의 인지 능력이 좋을 것이라고 추측할 수 있습니다.

이렇게 똑똑하고 착한 아이가 거짓말을 하기 시작하면 부모는 심장이 철렁 내려앉는 기분이 듭니다. 하지만 살면서 거짓말을 한 번도 하지 않는 사람은 아무도 없을 것입니다. 사소한 거짓말로 자신을 보호하기도 하고, 허세를 부리기도 하고, 때로는 자신이나 다른 사람이 상처받지 않게 하려고 선의의 거짓말을 하기도 합니다. 즉 다른 사람과의 관계에서 자신을 보호하고 포장하기 위해 거짓말을 하는 것입니다. 어떤 학자들은 그래서 거짓말을 하기 시작했다는 것은 사회성이 발달했다는 신호로 봐야 한다고 주장하기도 합니다. 그러니 일단 아이가 거짓말을 하기 시작했다면 도덕적으로만 판단해 너무 놀라거나 실망할 필요는 없답니다.

만 6세까지의 아이들은 실제와 상상을 구별하지 못해 거짓말을 하기도 합니다. 그래서 상상한 이야기를 마치 진짜 경험한 것처럼 이야기하기도 하고 자신의 소망이 사실인 것처럼 이야기하기도 합니다. 이런 상황에서 "너 왜 있지도 않은 일을 거짓말하니?"라고 야단치면 아이들은 당황해합니다.

하고 싶지 않은 일이나 혼나는 상황을 회피하기 위해 거짓말을 하기도 하는데, 어른들처럼 치밀하거나 악의가 있다고 볼 수는 없습니다. 아이들은 혼나면 나쁜 아이이고 혼나지 않아야 착한 아이라고 생각하는데, 착한 아이여야 한다는 생각에 혼나지 않기 위해서 거짓말을 하는 것입니다.

지금 아이가 자는 시간을 늦추기 위해, 밥 먹고 싶지 않아서 거짓말을 하는 것은 엄마한테 혼나고 싶지 않다는 의사 표현이기도 합니다. 그러므로 왜 거짓말을 했는지 야단치거나 시시비비를 가리기보다 먼저 아이의 속마음을 알아주고 아이와 의사소통을 해나가는 것이 중요합니다.

먹기 싫다고, 배가 아프다고 하는 아이에게 어떻게 의사소통하고 훈육하면 좋을까요? 먼저 "배가 아프다고 말할 정도로 그렇게 먹기 싫었어?"라며 아이의 마음을 빨리 알아차려주세요. 그런 다음엔 "그렇지만 먹어야 돼"라고 이야기해줘야 합니다. 그러고 나서 "그 대신 네가 먹을 만큼 양을 정해봐"라고 정해진 규칙 내에서 아이가 할 수 있는 일을 선택하게 합니다. 그렇게 했는데도 아이가 먹지 않겠다고 하면 '최후통첩' 식으로 "그러면 네가 좋아하는 것을 못하게 할 거야"라고 벌을 줍니다. 꼭 때리거나 혼내는 것만이 아니라 아이가 좋아하는 것을 못하게 하거나 줄이는 것도 벌이 될 수 있습니다. 예를 들어 〈뽀로로〉를 하루에 30분 보는 것을 즐겨 하는 아이라면 아예 못 보게 하거나, 시간을 줄여 10분만 보게 하는 것도 벌이 됩니다.

육아 멘토의 한마디

어린아이가 거짓말했을 때, 거짓말 자체에 초점을 두고 야단치는 것은 별로 효과적이지 않습니다. 그보다는 왜 거짓말을 하게 되었는지 아이의 의도와 욕구에 초점을 맞춰 훈육하는 것이 훨씬 효과적입니다. 거짓말 자체로 야단맞으면 아이들은 스스로 나쁜 아이라고 생각하게 되어 자아존중감이 낮아지고, 야단맞는 것을 피하기 위해 더 자주 거짓말을 할 수도 있습니다.

그러니 '거짓말 = 비도덕적 행위 = 거짓말하는 아이는 나쁜 아이'라는 부모의 공식에서 벗어나 거짓말을 할 정도로 하기 싫거나 하고 싶었던 일이 무엇인지, 피하고 싶은 일이 무엇인지 헤아려주는 것이 진정으로 부모가 원하는 바른 아이로 키우는 방법임을 잊지 마세요.

더 큰 거짓말을
할까 봐
걱정돼요

학원을 빠져놓고 다녀왔다고 태연하게 거짓말하는 아이,

앞으로 더 큰 거짓말을 할까 걱정입니다.

Q 우리 딸은 초등학교 3학년인데, 학원 선생님한테서 학원을 이틀이나 빠졌다는 전화를 받았습니다. 아이에게 넌지시 "이번 주에 학원 잘 다녀왔니?"라고 물어보니 정말 태연하게 잘 다녀왔다고 대답하네요. 그 모습에 너무 화나기도 하고 심장이 철렁 내려앉아 아이를 마구 야단쳤어요. 바늘 도둑이 소도둑 된다고 이렇게 태연하게 거짓말을 하다니, 앞으로 이 아이를 어떻게 해야 할지 너무 걱정됩니다. _이지은, 10세

평소 훈육이 너무 엄격하면 혼나지 않으려고

거짓말을 하기도 합니다.

A 대부분의 부모는 초등학교 2~3학년 정도면 도덕성도 발달하고, 거짓말이 나쁘다는 것쯤은 당연히 알 것이라고 생각합니다. 그래서 이 연령의 아이

들이 거짓말을 하면 혹시 우리 아이가 도덕적으로 문제 있는 것 아닌지 걱정하게 됩니다. 그러나 이 연령의 아이들도 유아기 아이들과 마찬가지로 악의를 가지고 의도적으로 부모를 속이기 위해 거짓말하는 것은 아닙니다.

이 시기의 아이들은 '하기 싫은 순간', '하기 싫은 일'을 회피하고자 거짓말을 하는 경우가 훨씬 많습니다. 숙제하기 싫어서 '숙제가 없다'고 하거나 '다 했다'고 거짓말을 합니다. 학원에 가기보다 친구랑 놀고 싶어서 학원을 빠져놓고 '학원 다녀왔다'고 거짓말합니다. 따라서 계획을 치밀하게 세워 부모를 속이려고 한다기보다는 들켜서 혼나는 것까지 예측하지 못하고 일단 상황을 회피하기 위해 거짓말을 하는 것입니다.

아이가 거짓말했을 때 어떻게 하면 좋을까요? 일단 너무 무섭게 혼내거나 '나쁜 아이'로 몰아붙이면 아이는 자신이 왜 잘못했는지 알기보다는 '두려움'이나 '공포감'에 휩싸여버립니다. 불편한 정서가 아이를 압도해버리면 인지적 기능이 원활하게 돌아가는 데 방해가 되기 때문에 아이에게 필요한 적절한 훈육이 되기 어렵습니다.

먼저 아이가 왜 거짓말을 할 수밖에 없었는지 마음을 알아주세요. "이번 주엔 그렇게 학원 가기 싫었어? 왜 가기 싫었는지 엄마한테 말해볼래?"라고 하면서 아이의 마음이나 상황에 대해 이해해주는 작업이 필요합니다. 아이의 이야기를 들어보고 부모가 조정해줄 수 있는 부분은 조정해주고 꼭 해야 하는 부분은 왜 해야 하는지 강조해주기 바랍니다. "친구랑 너무 놀고 싶어서 그랬다는 거야? 그래도 학원에 가는 것은 선생님과 너와 엄마의 약속인데, 약속을 안 지키면 안 되지. 약속은 꼭 지켜야 하는 거잖아. 친구랑 놀고 싶으면 엄마한테 얘기해줘. 놀 수 있는 시간을 엄마와 같이 의논해보고 토요일이나 학원 다녀와서 친구랑 만날 수 있도록 엄마가 도와줄게. 그리고 엄마는 네가 말하지 않아도 네 생활에 대해서 알 수 있는 방법이 많아. 그러니까 엄마한테 거짓말하는 것은 절대로 안 돼. 솔직하게 이야기해줘야 엄마도 너의 힘든 점, 하고 싶은 일 들을 도와줄 수 있어"라고 이야기해주세요.

부모가 자신의 마음을 잘 알아주고 이해해준다고 생각해야 아이도 감정이나 욕구를 편안하게 이야기할 수 있습니다. 거짓말로 감추지 않아도 야단맞지 않는다고 생각해야 거짓말을 하지 않습니다. 물론 모두 받아주고 수용하라는 것은 아닙니다. 지켜야 할 것, 해야 할 것 들은 꼭 하도록 해야 합니다. 그렇지만 무작정 강요만 하지 말고 아이의 어려운 마음, 힘든 마음을 잘 헤아려주고, 잘 해낼 때 자주 격려해주는 것도 잊지 마세요.

아이가 거짓말하는 것이 부모의 기대를 배신하거나 도덕적이지 않아서가 아니므로, 조금 더 여유 있게 대처하면 아이도 잘못한 점을 알고 잘 지내려 애쓸 것이니 너무 걱정하지 마세요.

육아 멘토의 한마디

부모의 평소 훈육이 너무 강하거나 무서우면 아이들은 거짓말을 해서라도 혼나지 않으려 하니 우선 점검해볼 필요가 있습니다. 평소 일상생활에서 부모의 지시나 해야 할 과제가 많고, 여유가 없으며, 지키지 않으면 크게 혼나는 상황이 지속된다면 아이는 놀고 싶고, 하기 싫은 것을 피하려는 욕구를 충족하는 방향으로 행동하게 됩니다. 그러다보니 부모에게 혼나지 않으려고 자꾸 거짓말을 하게 됩니다. 평소에 아이와 충분히 대화를 나눠 일상생활에서 아이가 원하는 활동이나 욕구를 충족시킬 기회나 시간을 주면 거짓말하는 일이 줄어들 것입니다. 그리고 해야 할 것을 다 하지 못하거나 지키지 못했을 때 너무 세게 야단치는 상황이 줄어들면, 아이는 부모에게 거짓말을 하지 않아도 된다고 생각해 솔직하게 이야기하고 용서를 구하게 된답니다.

모른다는
대답만
해요

유치원 생활에 대해 물어보면 뭐든지 모른다고 대답해요.

Q 5세 때까지 엄마가 물어보는 것에 곧잘 대답했는데, 6세가 되니 "유치원에서 뭐 먹었어?"라는 간단한 질문에도 모르겠다고 대답하네요. 조금만 생각해보면 쉽게 대답할 수 있는 질문인데도 귀찮아하는 우리 아들을 어떻게 해야 할까요? _주호영, 6세

아이의 대답에 잔소리를 하거나 야단치면 대답하려 하지 않아요.

추궁하기보다는 아이의 감정과 관련해서 자연스럽게 질문해보세요.

A 부모는 유치원이나 학교에 다녀온 아이의 생활이 너무 궁금하게 마련입니다. 잘 지내고 왔는지, 혹시 선생님에게 혼나지는 않았는지, 친구들하고 사이좋게 지냈는지, 수업에 집중하고 선생님의 지시에 따라 잘 참여했는지 등 궁금한 것이 너무 많습니다. 그래서 집으로 돌아온 아이를 환영해주고 쉴 수 있게 시간을 주기보다 "오늘 어땠어?"라며 질문 세례를 퍼붓게 되지요.

그런데 엄마가 이렇게 물어보면 아이는 야단맞을지 모른다는 생각을 할 수도 있습니다. 또는 아이는 그냥 엄마의 질문에 대답했는데 결국 엄마의 걱정과 잔소리를 들어야 할지도 모릅니다. 예를 들어 "오늘 점심에 무슨 반찬 나왔어?"라고 시작된 일상적인 질문이 "다 먹었어? 너 집에서처럼 골고루 안 먹으면 안 돼. 네가 제일 늦게 먹은 거야? 입에 물고만 있었지?" 등 아이의 행동에 대해 지적하고 야단치는 결과로 끝난다는 것입니다.

유치원과 학교생활은 아이에게 사회생활이라서 재미있고 즐겁지만 집에서처럼 마냥 편하지는 않습니다. 선생님의 지시도 따라야 하고, 정해진 일과도 소화해야 하고, 친구들과의 관계도 신경 써야 하는 등 나름대로 긴장도 하고 애써야 하기 때문에 집에 돌아오면 한숨 돌리고 쉬고 싶을 것입니다. 이럴 때 부모가 아이에게 "오늘 뭐 먹었어? 친구들하고 잘 놀았어? 별일 없었어?" 등의 질문을 마구 쏟아내면 아이는 추궁당하는 느낌이 들기도 하고, 정서적으로 매우 불편해질 수 있습니다. 또 엄마가 질문하면 아이는 대답해야 하는 상황이므로, 엄마가 주도하고 아이가 따라가는 상황이 계속 이어집니다.

이렇게 되면 아이들은 "몰라, 생각 안 나"라고 하면서 대답을 회피하는 전략을 쓰게 됩니다. 엄마의 말에 대답하기 시작하면 상황이 지속되고 혼날 수도 있으니 일단 피하고 보는 것이지요. 말하자면 귀찮기도 하고 불편하기도 하니 대답을 안 하는 것입니다.

그래서 아이와 좋은 상호 작용을 하고 엄마가 알 수 없는 유치원이나 학교생활에 대해 질문할 때는 엄마가 궁금한 것만 물으려 하기보다는, 아이와 처음 만났을 때 얼굴 표정이 환하면 "얼굴 표정 보니까 너 오늘 재미있는 일 있었구나. 웃으며 들어오네. 무슨 재미있는 일 있었어?" 하면서 감정과 관련된 것을 자연스럽게 물어보세요. 아이는 엄마가 자기감정을 알아주는 것 같아

기뻐서 좀 더 편안하게 이야기를 하게 됩니다.

물론 얼굴 표정이 안 좋거나 힘들어 보일 때도 활용할 수 있는데, 무조건 "너 무슨 일 있었어?"라며 야단치듯이 묻기보다는 "오늘 얼굴 표정을 보니 속상한 일이 있었던 것 같은데…… 무슨 일 때문에 이렇게 속상한지 엄마한테 말해줄 수 있겠니?"라고 물어보면 아이는 한결 편안하게 속상하고 힘들었던 일을 엄마한테 이야기할 것입니다. 물론 엄마가 묻는 즉시 대답하지 않을 수도 있습니다. 그럴 때는 빨리 대답하라고 재촉하기보다는 "지금은 이야기하고 싶지 않구나. 나중에 하고 싶어지면 엄마한테 이야기해줘. 엄마가 기다릴게"라고 말하고 기다려줍니다.

대답을 강요하지 말고 마음 읽기 위주로 아이와 상호 작용하다보면 아이는 이해해주는 엄마에게 믿음이 생겨 편안하고 자연스럽게 이야기하게 된답니다.

 육아 멘토의 한마디

남자아이와 여자아이를 비교하면, 남자아이들이 유치원이나 학교에서 있었던 일에 대한 이야기를 하지 않으려는 경향이 더 있습니다. 이는 언어 발달과 매우 관련 있습니다. 어릴수록 여자아이들은 남자아이들보다 언어 발달이 조금 더 잘되고 빠른 경향이 있어, 엄마를 만나자마자 자신과 관련 없는 다른 친구들 이야기까지 자세히 말하는 경우도 있습니다.

혹시 언어 발달이 다소 느려 유창하게 말하지 못할 땐 앞에서 말씀드린 것처럼 마음 읽기로 시작해, 여유를 가지고 기다리면서 아이의 이야기를 끝까지 잘 들어주는 것이 필요합니다. 중간에 "아, 그러니까 이렇다는 말이구나"라고 하면서 정리해주면, 아이는 천천히 자기 이야기하는 연습을 하게 될 것입니다.

성교육은 언제
시작해야
하나요?

여섯 살 아이에게도 성교육을 시작해야 하나요?

Q   얼마 전 텔레비전에서 키스하는 장면을 보던 아들이 "엄마 나 기분이 이상해. 고추가 커져"라고 이야기해서 깜짝 놀랐어요. 여섯 살은 아직 어린 나이라고 생각했는데, 벌써부터 성교육을 시작해야 하나요? 어디서부터 어떻게 시작해야 할지 난감합니다. _김기범, 6세

성교육은 인간에 대한 올바른 이해와 존중에서 시작해야 합니다.
발달 연령에 맞게 자연스럽게 이야기해주세요.

A   유아기 아이들이 갑작스럽게 성에 대한 표현을 하고 꼬치꼬치 질문할 때 부모가 놀라는 것은 너무 당연합니다. 유아기의 자녀는 아직 성적인 관심이나 궁금증이 없을 것이며 이러한 호기심은 사춘기 정도 되어야 나타날 것이라고 생각하기 때문입니다. 사실 부모도 체계적인 성교육을 받아본 경험이 없고, 아직 자녀에게 구체적인 성교육을 시작할 마음의 준비가 안 된 상태이

기 때문에 대부분 어물쩍 넘어가거나 "나중에 설명해줄게"라며 미루는 경우가 많을 것입니다.

성에 대한 자연스러운 호기심과 질문에 대해서는 있는 그대로 다뤄주는 것이 가장 중요합니다. 오히려 부모가 더 당황하거나 난처한 느낌을 표현하면, 아이들은 뭔가 잘못된 질문을 했다고 생각해 이후에는 성에 대해 궁금한 점이 생기더라도 묻지 않고 넘어가거나 친구들이나 인터넷을 통해 잘못된 내용을 받아들일 수 있기 때문입니다.

아이가 성에 대한 궁금증을 물어보면 발달 연령에 맞춰 편안하게 이야기해주세요. 텔레비전을 함께 보는 상황 역시 자연스럽게 성을 다뤄주는 기회가 될 수 있습니다. "기범아, 우리가 다른 사람을 좋아하는 마음이 생길 때는 누구나 특별한 기분을 느끼게 돼. 손을 잡거나 안을 때 가슴이 두근거리기도 하고, 얼굴이 빨개지기도 하고, 남자들은 때로 고추가 커지기도 해. 어떨 때는 텔레비전을 보거나 책을 보기만 해도 비슷한 기분을 느낄 수 있어. 이건 누구에게나 일어나는 자연스러운 일이야"라고 이야기해주면 됩니다.

부모들이 아이가 접하는 매체에만 너무 집중해서 관리하고 제한하는 경향이 많은데, 아이가 무엇을 보느냐보다 사실 더 중요한 핵심은 매체를 접했을 때 일어나는 놀라움과 호기심, 궁금증 등을 가까운 누군가와 함께 이야기하고 이해하고 받아들이는 과정입니다.

구체적인 성교육에 앞서, '성교육이 과연 무엇인가' 하는 것부터 근본적으로 다시 생각해볼 필요가 있습니다. 성교육을 단순히 '성에 대한 지식'을 구체적으로 이야기해주는 것으로 생각할 수도 있으나, 사실 성교육의 개념은 좀 더 포괄적으로 이해해야 합니다. 따라서 아주 어린 연령부터 시작해야 합니다. 왜냐하면 구체적인 성 지식뿐 아니라, 성에 대한 기본적인 태도와 이해,

다시 말해 인간에 대한 올바른 이해와 존중하는 태도를 갖도록 하는 것이기 때문입니다. 자기 자신을 있는 그대로 사랑하고 다른 사람을 존중하고 받아들이는 자연스러운 마음은 출생과 더불어 시작해야겠지요. 부모들이 서로를 존중하며 배려하고 함께 생활하는 모습을 보면서 아이들은 자연스럽게 자신의 성에 대해 이해하고 배울 수 있습니다.

성교육은 발달 연령에 맞게 이루어지는 것이 중요한데, 2차 성징이 본격적으로 나타나는 사춘기 이전에 성에 대한 올바르고 구체적인 지식을 알려주는 것이 좋습니다. 그래야 자신에게 직접적으로 일어나는 신체적, 심리적 변화를 놀라지 않고 받아들이며, 보다 건강한 성 개념을 가진 사람으로 성장하는 데 도움이 되기 때문입니다.

 육아 멘토의 한마디

<영유아기 아이들의 성교육 핵심 내용>

① 영아기(0~2세): 이 시기의 아이들에게 가장 중요한 것은 부모와의 애착을 안정적으로 맺는 것입니다. 즐겁고 기분 좋은 감각 활동이나 스킨십을 통해 부모의 사랑과 민감한 돌봄이 충분히 이루어져야 합니다. 배변 훈련은 18개월경부터 시작하는데, 이때 너무 강압적으로 하면 성기에 대해 수치심을 느낄 수도 있으니 배변 훈련 과정을 느긋한 마음으로 이끌어줘야 합니다.

② 유아기(3~6세): 어린이집이나 유치원을 다니는 유아기는 성별에 대해 관

심을 보이고 남녀 차이에 호기심을 쏟아내는 시기입니다. 성 역할을 반영하는 놀이가 왕성하게 나타나는데, 이때 부모가 "남자가 무슨 소꿉놀이를 해?", "여자아이가 왜 칼싸움을 좋아하니?"라며 성 역할이나 개념에 대해 고정시키거나 제한하는 듯한 언급을 하지 말아야 합니다. 또한 병원놀이도 많이 하는데, 간혹 친구의 성기를 만지거나 들여다본다면, 자연스럽게 개입해 다른 놀이로 전환시켜주세요. 다른 사람이 싫어하는 행동은 놀이라도 하지 말아야 한다는 것을 알려주어 다른 사람의 기분을 알아차릴 수 있는 공감 능력과 배려하는 마음을 길러줘야 합니다.

자꾸 성기를
만져요

42개월 아이가 자꾸 성기를 비비고 만져요.

Q 동생이 태어나면서부터 어린이집에 다니기 시작한 큰딸이 얼마 전부터
엎드려 손을 성기 쪽으로 해서 꿈틀꿈틀합니다. 특히 자고 일어나면 자주 만
져요. 못하게 야단치면 손을 뗐다가 제가 없으면 또 만져요. 달래거나 야단을
쳐도 계속 그런 행동을 보이는데, 어떻게 해야 할까요? _한주영, 42개월

유아의 자위 행동은 자기 자극을 통해 즐거움을 탐색하는 놀이입니다.
습관적인 자위 행동의 가장 큰 원인은 심리적 허전함과 외로움입니다.

A 어린아이들의 자위 행동을 성적인 행동으로 해석하는 것은 잘못된 시각
입니다. 자기 신체를 만지며 자극을 탐색하는 놀이로 이해해야 하며, 이는 성
장 과정에서 자연스럽게 나타나는 모습입니다. 따라서 너무 놀라 아이를 다
그치거나 "그렇게 만지면 벌레 나와"라는 식으로 겁을 주는 훈육은 오히려 자
위 행동을 숨겨서 몰래 하게 하는 결과를 낳을 수 있으니 조심해야 합니다.

이때는 아이들의 연령에 따라 이해할 수 있는 말로 잘 설명해주어야 합니다. 42개월 된 주영이에게는 "나중에 아기가 태어날 소중한 곳인데, 자꾸 만져서 상처가 나거나 세균이 들어가면 아플 수도 있으니 좋지 않아"라고 이야기해주세요. 또 만지고 싶은 생각이 들 때는 엄마에게 이야기해서 더 즐거운 놀이를 함께 하자고 말해주세요. 아이들의 자위 행동은 심심하고 허전한 마음을 채우기 위한 방법 중 하나이기 때문에, 외부에서 더 재미있고 즐거운 활동을 할 수 있다는 것을 알게 되면 차차 줄어들 것입니다. 동생이 태어나 엄마의 관심에서 멀어지고, 동시에 새롭고 낯선 어린이집에 적응해야 하는 주영이에게 자위 행동은 어쩌면 외로움이나 불안한 마음을 누그러뜨리기 위한 표현 아니었을까요?

그런데 자위 행동이 지나치게 자주 나타나고 습관적으로 몰두하는 아이들의 경우에는 혹시 또 다른 이유가 있는지 고민해봐야 합니다.

우선 정서적으로 허전하고 외로운 아이들에게서 자위 행동이 더 많이 나타나고 오래 지속되는 경향이 있습니다. 심심하고 외로운 마음을 나누고 위로해줄 가까운 사람이 없을 때 자기 몸을 만져 감각적인 느낌을 통해 심리적 허전함을 채우려는 무의식적인 행동인 것이지요. 엄마가 맞벌이를 하거나 동생을 돌보느라 아이와 함께하는 물리적 시간이 너무 적지 않은지, 평소 아이에 대한 관심이나 사랑 표현이 부족하지 않은지 되돌아보고, 함께하는 즐거운 놀이를 통해 사랑과 관심을 표현해주세요. 자위 행동을 보일 때는 야단치기보다 다른 놀이로 관심을 끌어주거나 놀이터 등 바깥놀이를 신나게 할 수 있도록 해주면 좋습니다.

또한 어린이집이나 유치원에서 힘든 일이 있지 않은지도 살펴줘야 합니다. 친구들과의 관계에서 소외되거나 힘들어하지 않는지, 수업 내용이 어렵지 않은지 담임 선생님과 잘 이야기하고 살펴주어 아이 혼자 해결하지 못하는 일이 있다면 현실적인 도움을 주고, 더 많은 관심과 격려를 해주는 것이 필요합니다. 이러한 노력과 현실적인 도움에도 불구하고 자위 행동에 지나치게 몰두해 있다면, 전문가의 도움을 받아보는 것이 좋습니다.

어린 연령의 아이들도 자위 행동 자체가 잘못된 것이고, 어른들이 좋아하지 않는다는 것을 느낌으로 알고 있습니다. 따라서 공개적으로 지적하거나 이야기하면 수치심을 느낄 수 있으니, 다른 형제나 가족에게는 비밀로 해주어 아이의 정서를 보호해주는 것이 중요합니다.

육아 멘토의 한마디

<성 문제를 다룰 때 핵심은 '부모와 자녀 간의 좋은 관계'>

성 관련 문제에 접근하는 가장 좋은 방법은 호기심이 생기고 어려움이 나타날 때마다 수시로 믿을 수 있는 누군가와 이야기를 해 자연스럽게 이해하고 해결하는 것입니다. 이때 아이들에게 가장 중요한 대상은 바로 부모겠지요. 어려서부터 따뜻한 애착이 잘 형성된 아이들은 부모에게 신뢰감을 갖고, 대화를 통해 해결해나갈 수 있습니다. 사실 성 관련 문제는 한글을 익히거나 수학 문제를 알려주는 것과 같이 한 번에 이루어지는 것이 아닙니다. 좋은 성교육을 하고 싶다면, 지금부터 아이의 마음에 눈높이를 맞추어 다양한 관심사에 대해 대화하는 습관을 들여야 할 것입니다.

4장

아이의
정서에 관한
즉문즉답

참기만
하는 것도
문제인가요?

여동생이 방해 행동을 해도 오빠가 다 참아주는데 괜찮은가요?

Q 35개월 된 여동생이 오빠 물건을 만지고 숙제를 못하게 낙서해도 터울
이 있어서 그런지 오빠가 그냥 참는 편입니다. 괜찮은 건가요? _한지원, 7세

감정이 신체적으로 나타날 때 그 신체 표현을 말로 알려주세요.
참는 행동은 누구에게도 도움이 되지 않는다는 것을 알려주세요.

A 여동생도 오빠도 자기 표현을 잘 하지 않는 듯합니다. 오빠가 만일 다른
건 표현을 잘하지만 동생과의 갈등에서 양보를 많이 한다면 정서 표현 자체
의 문제라기보다는 형제간의 갈등 문제일 수 있습니다. 그러나 매사에 많이
양보하고 참는 편이라면 정서 표현의 문제가 있는 것입니다. 또한 여동생도
자신이 원하는 걸 얻기 위해 오빠를 방해하거나 못하게 하는 행동으로 표현
하고 있습니다. 아직은 언어적으로 표현이 안 되어 행동 표현이 많지만, 행동
을 언어로 연결시켜 마음 읽기를 해줘야 합니다.

엄마는 오빠의 참는 행동이 더 걱정되는 것 같은데, 아이들은 표현이 잘 되지 않을 때 자기감정을 자꾸 누르게 됩니다. 그러면 엄마는 집에서 참는 아이가 친구들과의 관계에서도 참기만 하면 어떡하나, 친구들에게도 싫다는 말을 못 하면 어떡하나 걱정될 것입니다.

자기 표현은 사회성과 연관이 많습니다. 그러나 밖에서 다른 문제 해결을 잘 해나가는 아이라면 표현의 문제라고 볼 수 없습니다.

아이가 집에서 참는다고 하지만, 참는 아이들에게도 감정이 올라오면 나타나는 행동이 있습니다. 입꼬리를 씰룩거린다든지, 너무 속상해하는 눈빛을 보일 때 그냥 놔두지 말고 이렇게 이야기해주세요. "눈을 찡그리는 거 보니까 화가 났나본데, 얼마나 화났는지 엄마한테 말해봐" 하고 엄마한테 직접 말할 기회를 주면 좋습니다. "동생한테 네 마음을 이야기해야 동생도 오빠 걸 함부로 만지지 않아", "네가 가만히 있으면 항상 만져도 되는 줄 알 거야"와 같이 참는 행동은 누구에게도 결코 도움이 되지 않는다는 것을 알려주기 바랍니다.

엄마가 오빠한테 책을 읽어주거나 숙제를 봐주면 동생은 오빠가 부러운 마음에 방해 행동을 하게 됩니다. 부러움이라는 정서가 부정적 감정으로 인식되면 부정적인 행동으로 표현하게 됩니다. 이때 엄마가 아이의 감정을 빨리 알아채지 못하면 '나 부럽단 말이야, 샘난단 말이야, 외롭단 말이야' 하는 감정들이 막 증가하면서 점점 몸으로 신호를 보내게 됩니다. 이럴 때는 얼른 공감해 줘야 합니다. "아, 너도 뭔가 해달라고? 그런데 오빠가 책을 여기까지 읽어야 되니까 조금만 기다려줄래? 아유, 고마워." 네 살짜리가 기다려준다는 것은 정말 어려운 일입니다. 좌절감과 실망감을 견뎌야 되기 때문입니다. 그런데 엄마가 그것에 대해 고맙다는 표현을 해주면 아이들은 금방 조금 진정됩니다. 이렇게 한 뒤에는 약속을 꼭 지켜야 합니다. 오빠와 읽기로 한 범위를 얼른 끝

내고 엄마가 동생에게 관심을 주면 '아, 내가 기다렸더니 엄마가 나한테 돌아
오는구나. 아, 역시 엄마는 나에게도 관심 있어'라는 생각이 들면서 좀 전의
부정적 감정이 다소 해소되는 경험을 하게 됩니다.

육아 멘토의 한마디

　형제는 정서 표현을 연습할 수 있는 좋은 대상입니다. 아이들은 어른들에
게보다 또래나 형제 관계에서 표현하는 것이 훨씬 더 수월합니다. 형제들과
많은 상호 작용을 하면서 느끼는 다양한 감정들이나 갈등 상황에서 느끼는
감정들이 정서 표현의 연습 재료가 됩니다. 관계 속에서는 긍정적 감정만 생
기는 게 아니라 부정적 감정들도 자꾸 발생합니다. 정서를 잘 표현하기 위해
서는 이런 부정적 감정을 명확히 느껴야 합니다. 부정적 감정을 명확히 느끼
면 잠시 견디다 그것을 표현하는데, 이때 사회적으로 서로 받아줄 수 있는 방
법으로 표현해야 합니다. 이것이 결국은 사회성과 관련되면서, 내 감정을 다
른 사람들이 감당해줄 수 있는 방법으로 표현하면 오히려 상대방으로부터 공
감을 얻고, 그러면 서로 관계가 좋아진다는 것을 깨닫게 됩니다. 자기감정을
조절하는 능력이 생긴 아이들은 결국 다른 사람의 감정을 알아채고 읽어줄
능력을 갖추게 됩니다. 이렇게 해서 사회성이 발전하는 것입니다.

친구에게
싫다는 말을
못해요

친구들에게 자기 물건을 주고는 속상해하는 아이를 어떻게 도와주면
좋을까요?

Q 초등학교 1학년 딸아이가 학교에서 친구가 자기 물건을 달라고 하거나
바꾸자고 하면 싫다고 주장하지 못하고 끝내 줘버립니다. 새로 사준 물건을
갖고 가서 헌 물건으로 바꿔와 너무 속상합니다. 집에서는 눈을 부릅뜨면 동
생이 언니 말을 잘 듣는데 학교에서는 그게 통하지 않나봅니다. 어떻게 도와
주면 좋을까요? _임연아, 8세

아이의 말에 공감해주세요.
가족회의로 자기 생각을 표현하는 기회를 주세요.

A 동생은 익숙한 타인인데, 학교에는 너무나 다양한 성향의 친구들이 있습
니다. 그 친구들 중에는 굉장히 직선적이고 때로는 약간 침범적인 행동으로
묻지도 않고 물건을 집어가는 친구도 있을 것입니다. 그러다보면 아이들은

굉장히 당황스러워합니다. 아이가 당황스러움에 압도돼 있으면 내 주장을 펴기가 어렵습니다. 이때는 감정을 빨리 해소하는 게 중요합니다. 왜냐하면 당황스러운 감정이 빨리 진정되어야 "이건 줄 수가 없어. 집에 가서 다시 써야돼" 혹은 "내가 아끼는 거야"라는 식으로 자기주장을 할 수 있기 때문입니다.

이처럼 자기주장을 하려면 연습이 필요합니다. 엄마가 아이에게 해줄 수 있는 말은 "너무 당황해서 네 생각을 말할 기회를 놓쳤구나", "걔 행동이 너무 빨라서 그냥 확 가져가버렸다는 거지", "그래서 그냥 네가 할 수 없이 주는 쪽으로 결정했다는 거지" 하며 아이의 행동에 대해 일단 읽어주고 "네가 원하지 않는데 자꾸 주면 계속 속상하니까 다음번엔 줄 수 없는 이유를 정확히 얘기해보자"라고 하며 엄마와 역할 연습을 통해 대화가 몸에 배게 해야 합니다. 엄마가 뺏는 친구 역할을 맡아 친구가 물건을 계속 달라고 할 때 아이는 "하지 마, 싫어!"와 같은 단순한 말을 반복해서 연습하도록 합니다. 입에 붙을 때까지 100번이라도 시키면 아이들은 비슷한 상황에서 자동으로 "하지 마"라고 바로 말하게 됩니다.

어쩌면 주는 행동으로 친구 관계를 유지하는 것일 수도 있습니다. 그렇게 되면 친구들과 동등한 입장에서 관계 맺기가 어려워집니다. 따라서 친구들의 관심을 살 수 있는 물건을 학교에 가져가지 않도록 해야 합니다. 예쁘고 새롭고 눈에 띄는 물건들은 친구들이 나빠서가 아니라 누구나 관심을 갖게 마련이므로, 친구들이 아이가 아닌 아이의 물건에만 관심을 갖게 하면 안 됩니다. 이럴 때 친구들이 아이에게 재밌는 놀이로 관계를 유지할 수 있도록, 1학년 연령에 유행하는 놀이 활동을 연습해보면 좋습니다. 예를 들어 실뜨기, 할리갈리 보드게임, 캐릭터 그림 그리기, 수수께끼, 빙고게임, 손으로 하는 놀이 활동(세세세, 푸른하늘 은하수, 영심이 등) 등을 하며 친구들과 물건이 아닌 놀이로 관계를 맺고 유지하는 연습을 한다면 친구들도 아이와 물건을 교류하기보다는 함께 노는 관계가 형성될 것입니다.

집에서 부모와 가족회의를 하는 것도 도움이 됩니다. 표현이 서툰 아이들은 집에서부터 연습해야 합니다. 자기 생각을 이야기할 때는 쉬운 방법으로 시작하는 것이 좋습니다. 단순하게 '이번 주에 제일 좋았던 일', '요즘 먹고 싶은 음식', '다 같이 여행을 가고 싶은 곳'과 같이 좀 더 편하게 이야기를 나눌 수 있는 주제로 시작해, 점점 '학교에서 힘들 때, 달라지고 싶은 점'과 같이 자신이 어려움을 겪고 있는, 말하기 힘든 주제로 확장해서 표현을 연습할 기회를 갖기 바랍니다.

육아 멘토의 한마디

내 의사와 달리 남에게 주는 것은 좋은 행동이 아닙니다. 내 뜻과 다르게 남을 배려하는 것은 좋은 행동이 아닙니다. 내 의견과 다르게 다른 사람 말을 따르는 것은 좋은 행동이 아닙니다. 무조건 참는 것은 좋은 행동이 아닙니다. 좋은 말만 하는 것은 좋은 행동이 아닙니다. 내 마음과 달리 양보하는 것은 좋은 행동이 아닙니다. 이 모든 행동이 좋은 행동이 되려면 내 뜻이 무엇인지 정확히 알아야 합니다. 그래야만 내 뜻과 같은 점과 다른 점을 찾게 되고, 다른 점은 협의를 통해 맞춰나갈 수 있습니다. 타인을 먼저 생각하는 아이보다는 나를 먼저 살펴본 후 타인을 볼 수 있는 아이가 훨씬 더 행복합니다.

집에 오면
짜증을
많이 내요

밖에서는 잘하는데 집에만 오면 짜증과 화를 내며 울어요.
어떻게 도와줘야 할까요?

Q 유치원에서는 매우 모범생인데, 집에만 오면 짜증도 많고 마음대로 잘
되지 않으면 화를 내고 울어버립니다. 마음 읽기도 해주고 함께 하자고 해도
굳이 자기 혼자 하겠다면서 고집을 피우고 더 우는데, 어떻게 도와줘야 할지
모르겠어요. _최정호, 5세

아이가 감정을 표현할 수 있는 놀이 활동을 해주세요.
직접적으로 자신을 표현하는 것은 부담이 될 수 있으니
감정을 표현할 수 있는 놀이 도구를 이용해보세요.

A 아이의 감정 표현과 조절이 제대로 되지 않아서 생기는 문제입니다. 똘
똘한 아이들은 밖에서 어떻게 하면 관심을 받고 사랑을 받을 수 있는지 알기
때문에, 눈치를 보며 좋은 행동이라 여겨지는 행동을 많이 하게 됩니다. 그런

데 자신의 욕구를 참고 힘들게 버텼기 때문에 집에 와서 터지는 겁니다. 아이들이 밖에서건 안에서건 표현을 잘할 수 있게 도와줘야 합니다.

1단계는 아이가 자기감정을 알아차릴 수 있게 도와주는 것입니다. 여러 가지 방법 중에서 직접 해볼 수 있는 것을 하나 소개하겠습니다. 감정을 말로 표현할 수 있는 감정 카드를 만들어주는 것입니다. 얼굴은 다양한 감정을 표현합니다. 따라서 굳이 설명하지 않아도 표정만 보면, 기분 좋은지, 짜증 나는지, 우울한지, 실망스러운지, 지루한지 알 수 있습니다. 일단 다양한 얼굴 표정을 종이에 붙여 여러 장의 카드로 만들어놓습니다. 이런 감정 카드는 언어가 미숙한 아이들에게 더욱더 효과적입니다.

이 카드를 가지고 아이들과 감정에 대한 이야기를 나눠봅니다. 예를 들면, "네가 엄마한테 말하기 힘들 때, 이 중에서 하나 골라 여기다 붙여줄래?"라고 하면 아이들은 카드를 자세히 관찰하고 자기와 비슷한 감정을 찾아내게 됩니다. 카드의 얼굴 표정 밑에 감정을 글씨로 써놓으면 이제 글을 막 읽으려는 아이들은 글자도 같이 보려고 합니다. 이 방법은 엄마한테 자기감정을 전달하는 효과도 있지만, 감정과 언어를 연결하는 경험도 됩니다. 이 감정 카드를 통해 아이들에게 자꾸 말로 하라고 너무 성급하게 서두르기보다는 자신의 감정을 천천히 살펴보고 표현할 수 있도록 해주기 때문에 아이도 좀 더 편하게 표현하고, 엄마도 아이의 감정을 알아차릴 수 있습니다.

자기감정을 인식할 수 있도록 도와주는 또 다른 방법은 동물에 빗대어 자기감정을 생각해보게 하는 겁니다. 예를 들어 "새벽녘의 수탉처럼 행동해보세요"와 같은 표현을 제시합니다. 아이들에게 "네가 ○○인 것처럼 해보자"라고 하는 것보다는 동물로 하면 훨씬 공감하기 쉽습니다. 수탉처럼 행동하려면 어떻게 해야 될까요? 새벽이니까 매우 원기 왕성하고 목소리가 우렁찰 겁니다. 이것을 연상하면서 다른 사람이 이 행동 표현을 잘 이해할 수 있도록 바로 서서 고개를 들고 우렁차게 "꼬끼오~"라고 표현합니다.

다음으로 "마당에 있는 다람쥐를 본 고양이처럼 행동해보세요. 그런데 다람쥐는 고양이가 보고 있는 걸 모른답니다"라는 지시에 맞는 행동을 하려면, 고양이 마음이 어떤지 다람쥐 마음이 어떤지 모두 생각해야 됩니다. 이런 것을 통해 감정을 생각해보게 됩니다. 혹은 동화책을 보며 "신데렐라가 언니들에게 혼나고 있는 것처럼 해보세요"와 같이, 어떤 상황에서의 감정들을 생각해볼 기회를 많이 제공해야 합니다. 표현은 연습을 통해 숙달될 수 있습니다. 아이들이 좋아하는 다양한 놀이 활동으로 감정을 인식하고 표현하는 시간을 많이 갖기 바랍니다.

육아 멘토의 한마디

아이들과 함께 카드의 표정을 보고 왜 그런 표정을 짓고 있는지 이야기를 나누어보는 감정 표현 연습을 해봅니다. "자, 여기 남자아이의 얼굴 표정이 있어요. 그런데 이 아이는 행복해 보입니다. 이 아이의 얼굴을 보고 어떤 것 때문에 행복해하는지 두 가지만 이야기해보세요." 그럼 아이들은 대부분 감정을 표현하기 위해 자기의 경험과 관련된 것들을 이야기하게 됩니다. 이런 이야기 나누기를 통해 엄마는 아이의 마음을 좀 더 쉽게 이해할 수 있고, 아이는 자기 이야기가 아닌 카드 속 아이의 이야기를 한다고 생각해 좀 더 편하게 표현합니다.

무조건
미안하다고
해요

흥분하면 얼굴을 긁고 자신이 잘못한 것 같으면
무조건 미안하다고 말하는 아이, 어떻게 해야 할까요?

Q 26개월 우리 아들은 기분이 정말 좋거나 화가 날 때 얼굴을 긁어서 혼나는데, 그럴 때마다 미안하다고 말합니다. 혼내는 게 아닐 때도 자기가 생각해서 잘못한 것 같으면 바로 "엄마 미안해요"라 하고, 자꾸 어떤 상황이든 잘못한 것 같으면 무조건 "미안해요"라는 말을 먼저 해서 걱정이에요. 어떻게 도와주면 좋을까요? _정연우, 3세

'미안해'와 다른 표현의 말을 알려주세요.
행동으로 표현하는 것을 언어로 표현할 수 있는 연습이 필요해요.

A 아이들에게 미안하다는 표현을 알려주는 건 중요합니다. 그러나 미안하다는 말과 행동을 연결해서 연습할 필요가 있습니다. "네가 엄마를 때려서 엄마는 아팠어"라고 직접 이야기하고, "네가 장난감을 던져서 엄마가 안 된다고

말해주는 거야"라고 이유를 정확히 알려줍니다. 아이가 누군가를 다치게 했을 때는 미안하다고 사과하도록 알려주고, 해선 안 되는 행동을 했을 땐 "다음엔 던지지 않을게요"와 같은 다른 말을 알려주는 것도 필요합니다. 자신이 잘못한 모든 상황에 엄마가 "미안하다고 해야지"라는 말을 했다면, 아이는 많은 상황에서 다양한 말보다는 "미안해" 한마디로 대신할 수도 있습니다.

사과는 상황에 따라 종류가 다르고, 그에 따른 말도 다릅니다. 26개월이면 한참 다양한 말을 배워가는 시기이므로 상황에 맞는 더 적절한 언어를 알려주면 됩니다. 또한 "미안해"라고 사과한 뒤 아이의 마음을 표현할 기회를 주는 것도 좋습니다. "처음이어서 몰랐어", "잘 안 돼서 화났어", "엄마가 큰 소리로 얘기해서 슬펐어"와 같이 아이가 자신의 생각도 말할 수 있는 연습을 같이 해주면 좋습니다.

엄마가 혼내는 상황에서도 "아이~ 엄마가 너한테 가르쳐주는 거야~"라고 미리 이야기하면 좋습니다. 아이들은 엄마가 눈만 조금 크게 떠도 겁먹게 됩니다. 그럴 때 "아이, 놀랐지~ 에이~ 무서웠어~ 너 혼내는 줄 알았어? 아니야, 엄마가 가르쳐주려는 거야"라고 하면 됩니다. 26개월이니까 너무 길게 이야기하지 말고 짧게 하는 게 좋습니다.

기분 좋거나 흥분할 때 얼굴을 긁는 행동은 아직 언어보다는 행동으로 표현하기가 쉽기 때문입니다. 그래서 아이가 얼굴을 긁을 때 빨리 알아차려 손을 잡아주고, 긁는 자극을 원하면 쿠션이나 카펫, 천을 긁을 수 있게 제공해주는 것이 좋습니다. 흥분감을 표현하는 것이라면 몸으로 춤추기와 같은 놀이 행동을 알려주고, 화를 표현하는 것이라면 펀치백이나 베개, 큰 인형을 주먹으로 치는 것으로 화를 대신 표현할 수 있게 도와주면 됩니다. 그러나 연령이 많아지면 점점 언어로 감정을 표현하는 것이 중요하므로, 행동 표현과 함께 언어로 자신의 감정을 표현할 수 있는 연습을 해야 합니다. "너무 기분 좋아", "뛰고 싶어", "화가 많이 나요"와 같이 많은 언어 표현을 알려주는 것이 좋습니다. 아는 표현이 많아지면 다양한 상황에 적용해서 말하게 됩니다. 언어 표현은 반복적으로 연습시켜야 내 것이 됩니다. 입에 붙도록 비슷한 상황에서 수천 번씩 말하는 연습을 해봐야 합니다. 감정을 말로 표현할 수 있게 되면 더 이상 많은 에너지를 들여 몸으로 표현하지 않아도 됩니다.

 육아 멘토의 한마디

언어가 아직 발달하지 않은 아이들은 언어보다 행동으로 표현하려 합니다. 이 시기에 떼가 늘었다는 보고가 많습니다. 떼는 흔히 이야기하는 고집이라기보다 아이가 자신의 생각이 다르다고 표현하는 것입니다. 다만 적절한 방법을 몰라 떼로 나타나는 것뿐입니다. 아이가 떼를 쓰는 데는 이유가 있습니다. 무엇을 말하고자 하는지 빨리 알아차려 잘 표현할 수 있는 연습을 많이 시켜주기 바랍니다. 언어는 연습이고 생활입니다. 언어 연습을 많이 할수록 자신의 감정이나 생각을 잘 표현할 수 있습니다.

똥 이야기를
심하게
해요

똥에 꽂혀서 '똥 얘기'만 하는 아이, 괜찮을까요?

Q   얼마 전부터 '똥'이라는 단어에 꽂혔는지 "민호야, 오늘 어린이집에서 뭐
했어?"라고 물으면 "똥"이라고 말하며 웃습니다. 뭘 물어보면 무조건 "똥"이라
고 큰 소리로 외치고 웃네요. 집에서뿐 아니라 사람이 많은 곳에서도 이러니
주위 사람들이 많이 웃습니다. 창피하기도 하고 속상하기도 해요. 왜 이런 행
동을 하는 걸까요? _이민호, 5세

똥에 관심을 가지는 것은 자연스러운 현상입니다.
다른 사람의 반응을 즐기기 위해 엉뚱한 소리를 하기도 해요.

A   유아기엔 대부분의 아이가 똥에 대해 관심이 많고 좋아합니다. 유아기
아이뿐 아니라 초등학생들도 똥 이야기가 나오면 낄낄거리면서 좋아하고 즐
거워합니다. 이건 매우 자연스럽고 당연한 행동입니다.
　　똥, 방귀, 트림 같은 생리 현상은 일상적으로 모든 사람이 경험하는 일이

지만 어른들은 더럽거나 혐오스럽다는 생각에 대화의 화제로 삼거나 다른 사람들 앞에서 이야기하는 것을 꺼립니다. 그러나 아이들은 자연스럽게 이야기하고 즐기기도 합니다. 그래서 아이들이 좋아하는 그림책에는 유난히 똥을 주제로 한 것이 많습니다. 그만큼 아이들이 즐거워하고 재미있어하기 때문입니다.

아이들이 똥 이야기를 좋아하는 것은 배변 훈련과도 관련 있을 수 있습니다. 보통 18개월 전후로 배변 훈련이 시작됩니다. 신체적으로 똥을 잘 참았다가 적절한 장소에서 싸는 연습을 하는 것이 배변 훈련인데, 이때 아이들은 똥을 보유하고 있다가 적절하게 배출하면서 자신의 신체에 대한 자율성을 느끼게 됩니다. 즉 스스로 몸을 조절할 수 있다는 자부심이 자율성으로 연결돼, 아이들은 이때부터 엄마로부터 심리적으로 독립을 꾀하고 "내가 할래"라고 하면서 스스로 해내는 것에 뿌듯함을 느낍니다.

이 시기의 배변 훈련이 너무 엄격하게 이루어지면 어떤 아이는 강박적으로 깨끗한 것을 추구하기도 하고, 어떤 아이는 일부러 더 많이 더럽히는 성향을 갖게 됩니다. 말하자면 엄마가 무섭게 해서 화가 나 똥을 잘 내보내지 않거나, 똥을 아무 데나 내보내 엄마에게 화를 표현하는 것입니다. 그래서 똥은 아이들에게 화, 공격성을 포함하는 무기인 셈입니다. 공격성은 인간의 본능입니다. 특히 유아기는 이런 공격성을 적절히 기르고 발휘하면서 부모에게 의존하던 상태에서 심리적으로 독립하려는 시기이므로 똥 이야기를 좋아하게 되는 것이지요. 그러니 지금 아이가 똥 이야기에 꽂힌 것은 너무 걱정할 일이 아닙니다.

다만 엄마가 아이의 똥 대답에 너무 불편해하고 당황하며 과하게 반응하면 아이는 똥 이야기도 재미있지만 당황해하는 엄마의 반응이 재미있어서 엄마의 질문에 더 "똥"이라고 대답할 수 있습니다. 또한 자신이 원하는 대로 엄마의 반응을 얻을 수 있다는 자율성과 주도성을 시험하는 상황이니 일부러 엄마의 반응을 이끌어내려 합니다.

오히려 엄마가 당황하지 말고 흔연하게 대답하면 아이는 재미없어서 그만두게 된답니다.

 육아 멘토의 한마디

똥 이야기에 꽂힌 아이들은 오히려 똥과 관련된 재미있는 동화책이나 그림책을 많이 읽는 것이 좋습니다. 무언가에 집착하고 꽂혔다는 이야기는 지금 그 주제에 관심이 많고 그것과 관련된 욕구가 충족되지 않았다는 신호이기도 합니다. 대부분의 아이들은 어느 정도 연령이 되면 똥에 관심을 갖게 되니 오히려 똥 이야기를 충분히 할 수 있도록 해주는 것이 좋습니다. 또 색이 있는 찰흙으로 똥을 만드는 활동을 통해 똥 공격, 똥 놀이 등을 실컷 하고 나면 오히려 똥 이야기가 줄어들 수도 있습니다.

애착이란
무엇인가요?

아이와의 애착 문제 때문에 직장을 그만두어야 하나 고민이에요.

Q 제가 직장 맘이라서 친정어머니가 아이를 봐주고 있어요. 그런데 이런저런 양육서를 살펴보면 만 3세 이전에 엄마와 같이 있지 않으면 엄마와 애착이 생기지 않는다고 하더라고요. 애착에 문제가 생기면 아이의 발달에 지장을 줄 수도 있다던데, 직장을 그만둬야 하나 고민이에요. _정다정, 2세

애착은 주 양육자와 맺는 것이므로 꼭 엄마가 아니어도 괜찮습니다.
아이와 보내는 '질'이 더 중요합니다.

A 애착은 '아동과 주 양육자의 친밀한 정서적 유대감'입니다. 애착은 보통 만 3세까지 주로 형성되는 것으로 알려져 있습니다. 그렇다보니 만 3세까지 애착이 잘 형성되지 않으면 영구히 애착 형성이 어려울 것처럼 이야기되어, 일하는 엄마들이 죄책감을 갖거나 과도한 걱정을 합니다.

그러나 애착은 '주 양육자'와의 친밀한 정서적 유대감이므로, 만약 외할머

니가 아이를 봐주는데 아이가 외할머니와 '정서적 유대감'을 깊게 형성하고 있다면 애착이 안정적으로 잘 형성되고 있다고 볼 수 있습니다. 이렇게 한 사람과의 관계가 안정적으로 맺어지면 이 관계를 통해 아이들은 '내가 이렇게 예쁨을 받다니, 나는 참 괜찮은 사람인가봐'라고 자기 자신에 대해 신뢰감을 갖게 되고, 또 '이렇게 예뻐해주는 세상은 참 믿을 만한 곳이야'라고 하면서 세상에 대해 신뢰감을 갖게 됩니다. 이런 신뢰감은 아이가 주 양육자 이외의 사람들과 관계를 맺는 데 기초가 되어 '사회성'을 갖기 시작하는 것이지요. 그러면서 주 양육자 외에 가족, 친구, 선생님 등 여러 사람과 안전감을 가지고 관계를 맺게 되는 것입니다. 그러니 지금 돌봐주는 외할머니와의 관계가 안정적이라면 애착이 잘 맺어지지 않을까봐 너무 걱정하지 않아도 됩니다.

그런데도 엄마가 아이와 관계를 잘 맺는 것이 중요하니 시간을 더 많이 갖기 위해 직장을 그만둬야 하는 것 아닌가 고민하는 분이 많습니다. 이런 고민과 관련해 엄마와의 관계에서 아이와 보내는 절대적 시간이 중요하냐, 시간을 어떻게 보내느냐가 중요하냐 하는 양과 질 면에서 오랫동안 논쟁이 있어 왔습니다. 많은 연구 결과는 양도 중요하지만 질이 더 중요하다고 이야기하고 있습니다. 아이와 계속 시간을 보내지만 아이의 욕구에 민감하지 않고 일관적이지 않은 반응을 보이면, 아이와 물리적 공간에 같이 있다고 하더라도 정서적 유대 관계를 맺고 있다고 볼 수 없습니다. 그래서 산후우울증 엄마의 자녀들이 불안정 애착을 형성하고 향후 정서적 어려움을 겪는 일이 많이 보고되고 있지요.

집에 돌아와서 아이와 함께 즐겁고 행복한 시간을 가진다면 하루 종일 돌보지 않더라도 아이와의 관계에 큰 문제 없으니 안심하고 질적으로 좋은 상호 작용을 하기 위해 노력하면 됩니다. 아이와 눈도 마주치고, 아이가 좋아하는 활동을 함께 하고, 스킨십도 자주 하면서 아이와 함께 있는 시간을 최대한 즐기면 짧은 시간이지만 엄마를 '좋은 사람, 행복하게 해주는 사람, 안전한 사람'으로 각인해 아이와의 관계가 안정적으로 이루어질 것입니다.

육아 멘토의 한마디

"만 3세가 지나면 애착 회복이 불가능한가?"라는 질문에 "꼭 그렇지만은 않다"라고 대답할 수 있습니다. 물론 생후 3년 동안은 아동 발달에서 매우 중요한 시기입니다. 하지만 이 시기가 지나 때를 놓쳤다고 망가지느냐 하면 꼭 그렇지만은 않습니다. 엄마의 산후 우울증, 주 양육자의 잦은 변화, 부모의 불화 등 여러 가지 원인으로 만 3세 시기 동안 안정적으로 애착을 맺지 못했다 하더라도, 그것이 인지되는 시점부터 다시 노력하면 분명 아이와 좋은 관계, 안정적인 애착을 맺을 수 있습니다. 물론 적절한 시기가 지난 뒤에는 조금 더 많은 노력을 해야 하고 집중적으로 에너지를 쏟아야 한다는 것을 잊지 말아야 합니다. 그렇지만 불가능한 것은 아니므로 계속 좋은 관계를 맺기 위해 노력하면 틀림없이 좋은 결과가 있을 것입니다.

분리불안이
걱정돼요

애착에 문제가 없어도 분리불안이 생기나요?

Q 유치원에 가지 않겠다고 아침마다 울어서 매일매일 전쟁이에요. 인터넷을 찾아보니 '분리불안' 증세인 것 같아요. 저와 애착이 아주 잘 맺어졌다고 생각해 분리불안은 생각도 못했는데, 우리 아이가 왜 이럴까요? _김나은, 6세

안정적인 애착은 엄마와 아이 사이에 묶여 있는 튼튼한 고무줄입니다.
관계 회복을 위한 노력이 이루어진다면
애착은 다시 안정적으로 맺어질 수 있습니다.

A 해마다 3, 4월이 되면 상담소에 '분리불안'을 걱정하는 엄마들의 방문이 많아집니다. 유치원이나 학교에 가기 싫어하는 행동에는 여러 가지 이유가 있을 수 있지만, '분리불안'은 '불안정 애착'이 원인인 경우가 많습니다.

애착을 뜻하는 영어 'attachment'의 사전적 의미를 찾아보면 부착, 접착 등의 의미를 가지고 있습니다. 말하자면 엄마와 아이의 밀착이 애착이라고

볼 수 있는데, 그렇다고 딱 달라붙어서 떨어지지 않는 것이 아니라, 엄마와 아이가 고무줄로 묶여 있는 상황을 애착이라고 볼 수 있습니다. 그래서 고무줄이 튼튼하다고 믿게 되면 엄마랑 조금 멀리 떨어져 있어도 끊어질 염려가 없으니 안심하고 움직일 수 있는데, 엄마랑 조금만 떨어져도 고무줄이 끊어질 것 같다, 엄마와 묶여 있는 끈이 쉽게 끊어질 것 같다고 생각하면 아이는 엄마 옆에 딱 들러붙어 있을 수밖에 없습니다. 엄마와의 관계가 끊어지면 어린아이의 경우 생존과 바로 직결되므로 절체절명의 위기이기 때문입니다. 그래서 아이가 엄마와 자신이 튼튼하게 잘 묶여 있다고 믿느냐 믿지 못하느냐를 애착의 기준으로 봐야 합니다.

아이의 분리불안 증세 때문에 상담소를 찾는 많은 엄마가 "저랑 애착이 너무 잘 맺어져서 아이가 떨어지지 않으려 해요"라고 이야기합니다. 그런데 그것은 엄마의 오해일 수 있습니다. 오히려 아이가 엄마와의 관계에서 '불안감'을 느껴, '불안정 애착'으로 인해 외부 세계로 나가는 것을 불안해하고 무서워한다고 보는 것이 맞습니다.

사실 엄마와의 애착이 안정적으로 형성된 6세 정도 아이라면 오히려 엄마로부터 조금 떨어져, 독립적으로 행동하려고 시도해야 합니다. 그래서 엄마와 묶여 있는 고무줄이 튼튼하다고 생각되면 유치원에 가도 엄마와의 관계가 끊어질 것이라는 불안감이 없습니다. 그러므로 분리불안은 애착이 잘 맺어져서 만들어지는 것이 아니라, 사실은 애착이 불안정하기 때문에 나타나는 사인이라고 생각해야 합니다.

만약 아이가 '분리불안' 때문에 유치원에 가기 어려워한다면, 우선 아이와 좋은 관계를 맺기 위한 작전을 다시 짤 필요가 있습니다.

우선 매일 엄마가 아이와 함께 즐거운 시간을 갖는 것입니다. 아이와 엄마가 매일매일 좋은 시간을 보내면 아이는 엄마와의 관계에서 상당히 안심하고 안정감을 가지게 됩니다.

두 번째는 유치원에 가도 엄마와 연결되어 있다고 느낄 수 있는 의미 있는 물건을 가지고 가는 것입니다. 엄마 사진이나 안심될 만한 작은 물건을 주머니나 가방에 넣어 엄마가 보고 싶거나 불안해지면 꺼내 보고 안심할 수 있게 하는 것이지요. 또는 불안할 때 선생님께 말씀드리면 즉시 엄마에게 전화해서 엄마 목소리를 들을 수 있게 하는 것입니다.

세 번째는 아이가 안심할 수 있도록 아이와의 약속을 반드시 지키는 것입니다. 엄마가 몇 시까지 데리러 온다고 약속하고 반드시 그 시간에 데리러 가는 일이 반복되면, 아이는 엄마와 떨어져 있어도 엄마가 정해진 시간에 반드시 돌아온다는 것을 믿고 안정감을 갖게 되지요.

애착은 한 번 맺어지면 영원히 불변하는 것이 아닙니다. 관계를 회복하기 위한 노력과 시도를 하면, 아이와 연결된 고무줄이 더 튼튼해질 수 있으니 너무 걱정하지 마세요.

육아 멘토의 한마디

간혹 교육기관에 아이와 함께 등원했다가 아이가 장난감이나 다른 활동에 정신이 팔린 사이 엄마가 갑자기 사라지는 경우가 있는데, 그러면 아이는 더욱 불안감에 휩싸여 다음번에 엄마와 더 떨어지지 않으려 하므로 피해야 합니다. 괴롭더라도 엄마와 분리되는 순간 아이가 마음의 준비를 할 수 있도록 미리 이야기해주는 것이 좋습니다. 또 아이가 혼자 있는 동안 일어날 일, 예를 들어 자유 놀이 시간 다음에 선생님이랑 노래를 부르고 간식을 먹는 등의 활동을 이야기해주어 엄마가 없는 동안 어떤 일이 벌어질지 아이가 미리 예측하고 알 수 있도록 해주면 그 상황을 좀 더 안심하고 잘 견디게 된답니다.

애착 문제가
사회성에도 영향을
미치나요?

애착이 잘 형성되면 사회성이 좋아지나요?

Q   많은 양육서나 인터넷을 보면 애착이 잘 형성되면 사회성이 좋아진다고
하는데, 엄마와의 애착이 사회성 발달과 어떤 관련이 있는지 이해가 잘 안 돼
요. _김소희, 5세

애착이 안정적으로 형성되었다는 것은 자신과 환경에 신뢰감이 생겼다는
뜻입니다. 안정 애착은 민감하고 일관적인 양육 태도로 형성됩니다.

A   애착은 주 양육자와의 정서적 유대라고 볼 수 있습니다. 주 양육자가 엄
마인 경우 엄마와의 관계가 안정적으로 맺어져 있다면 아이는 '안정 애착' 상
태에 있다고 할 수 있습니다. 애착 전문가들은 안정 애착을 위해 엄마의 양육
태도 중 두 가지가 중요하다고 이야기합니다.

우선 첫 번째는 '민감성'입니다. 아이가 배고파서 울면 우유를 먹여주고,
오줌을 싸서 기저귀가 축축하면 기저귀를 갈아주고, 아이가 엄마와 놀고 싶

다는 사인을 보내면 엄마는 눈을 맞추면서 아이와 놀이를 해주는 것이 바로 민감한 엄마의 양육 태도입니다. 말하자면 아이의 욕구에 적절하게 반응해주는 것이 민감성입니다. 대부분의 엄마가 아이의 욕구와 사인을 민감하게 알아차리고 반응해줍니다. 하지만 간혹 엄마가 심한 우울증을 겪고 있다든가, 둔감해서 아이의 욕구에 민감하게 반응해주지 못하는 경우도 있습니다.

두 번째는 '일관성'입니다. 엄마의 따뜻한 돌봄이 한결같아야 합니다. 극단적인 예를 들면, 어떤 날은 엄마의 컨디션이 좋아서 아이의 요구를 즉각즉각 들어주다가 어떤 날은 엄마의 컨디션이 좋지 않아 아이가 열심히 울면서 욕구를 표현하고 요구해도 반응해주지 않으면 엄마의 양육 태도는 '비일관적'이라고 할 수 있습니다.

이처럼 민감하고 일관적인 돌봄을 받은 아이는 엄마와의 관계에서 '안정감'을 갖게 되어 '안정 애착'을 형성하게 됩니다. 애착 전문가들은 애착에 여러 유형이 있다고 이야기하면서 '안정 애착', '회피 애착', '저항 애착' 등으로 애착을 설명합니다.

안정 애착은 엄마가 있으면 엄마를 안전 기지 삼아 안심하고 호기심을 가지고 환경을 탐색할 수 있고, 불편한 상황이 되었을 때 엄마를 안정적인 도피처로 여겨 위로받으려는 특성을 보입니다. 또한 엄마와 분리되면 울기도 하고 엄마를 찾기도 하지만, 엄마가 돌아오면 금세 안심하고 다시 하던 활동을 지속합니다. 보통 아이들의 65퍼센트 정도가 안정 애착에 속한다고 보고되고 있습니다.

회피 애착은 보통 아이들의 20퍼센트 정도로 이야기되는데, 엄마가 있으나 없으나 별로 신경 쓰지 않는 듯한 태도를 취합니다. 엄마와 분리되어도 엄마가 다시 돌아와도 태도에 별로 변화가 없습니다. 회피 애착은 아이의 요구를 엄마가 거절한 경우가 많을 때 형성됩니다. 예를 들어 슬프거나 속상할 때 엄마가 잘 달래주지 않은 경험이 있는 아이들은 엄마에게 아무리 요구해도 소용없다고 생각해 엄마를 안전 기지로도 안정적인 감정의 도피처로도 활용하지 않게 됩니다.

저항 애착의 경우에는 극적으로 행동하는 모습을 보입니다. 예를 들어 엄마와 분리되었다 재회하는 장면에서 엄마가 돌아왔으니 안심하는 것이 아니라, '왜 안 왔어…… 왜 나를 버리고 갔어'라는 듯이 화내고 달래도 듣지 않는 특성을 보입니다. 저항 애착 엄마의 양육 태도는 '비일관성'입니다. 엄마의 양육 태도에 기복이 있을 경우, 아이들은 엄마가 좋은 것을 줬다 빼앗은 느낌을 받습니다. 아이들은 엄마가 잘해줄 때의 달콤함을 잘 알기 때문에 달라고 악쓰면서 매달리고 극단적으로 행동하는 경우가 많습니다.

이런 애착의 유형은 결과적으로 아이들이 엄마뿐 아니라 다른 사람들에게 갖는 태도와도 관련 있기 때문에, 사회성과 떼려야 뗄 수 없는 관계가 되는 것입니다. 아이들의 상호 작용은 엄마와의 관계에서부터 시작되어 아빠, 형제, 가족, 친구, 선생님에게까지 확장되는데, 엄마와의 관계가 안정적이면 다른 사람들도 믿고 신뢰하며 편안하게 대할 수 있다는 것이지요. 예를 들어 회피 애착의 아이들은 성장하면 사람들에게 거절당할까 봐 별로 관계를 맺지 않으려는 태도를 많이 보인다고 합니다. 저항 애착의 어른들은 가까운 사람들에게 늘 요구하고 요구를 들어주지 않으면 화를 내며, 자신을 떠날까봐 걱정되어 불안해하는 모습을 보인다고 합니다. 말하자면 어린 시절의 불안정한 애착의 특성이 성인이 되어서까지 반복적으로 나타나는 것이지요.

애착은 아이의 삶에서 크게 세 가지 역할을 합니다.

첫째, 다른 사람과 안심하고 상호 작용할 수 있는 종신보험이 된다.

앞서 말씀드린 것처럼 엄마와의 관계에서 안심하면 다른 사람과의 관계에서도 안심하게 됩니다.

둘째, 어울림의 맛을 잘 알게 하는 밥상이 된다.

다른 사람과 관계를 맺는 즐거움과 편안함을 엄마와의 애착 형성 과정에서 맛보게 되어 다른 사람들과 관계를 잘 맺으려 합니다.

셋째, 세상을 향해 돌진할 수 있는 디딤돌이 된다.

안정적으로 애착이 형성되면 아이는 엄마와 보이지 않는 튼튼한 고무줄로 묶여 있다고 생각해 멀리까지도 나아가 볼 수 있습니다.

인형을
항상 가지고
다녀요

집착하는 인형을 어디든 가지고 다니려 해요.

Q 유치원에 갈 때나 잠깐 외출할 때도 꼭 인형을 들고 가요. 어릴 때부터 갖고 놀던 인형이라 낡아서 꼬질꼬질한데, 어디든 가지고 다니려 해서 창피해요. 남자아이가 인형에 집착하는 것도 그렇고, 새로운 인형이나 장난감을 사줘도 그 인형만 고집해요. 왜 이렇게 집착하는 걸까요? _박형준, 5세

애착하는 물건을 통해 안정감을 찾으려는 거예요.
시간이 지나면 자연스럽게 없어지니 억지로 떼어놓지 마세요.

A 신생아는 엄마가 없으면 아무것도 못합니다. 아무것도 못하는 정도가 아니라 생존할 수가 없습니다. 그렇기 때문에 신생아들은 초기에 엄마에게 완전히 의존합니다. 그래서 태어나 얼마간은 엄마와 자기를 분리된 존재로 인식하지 못합니다. 그러다 점차 엄마와 자신이 한 몸이 아니라 각각의 개체임을 알게 되죠. 그렇지만 여전히 생존을 위해 엄마가 없으면 거의 아무것도 할 수 없

기 때문에 엄마의 존재는 아이에게 매우 중요합니다. 그래서 엄마가 어떻게 양육하느냐에 따라 아이는 엄마에게 정서적 애착을 갖게 됩니다.

애착은 처음부터 단단히 맺어지는 것이 아닙니다. 엄마와 아이의 관계 속에서 차곡차곡 쌓아지고 차근차근 세워지는 것입니다. 이러한 일련의 과정을 거쳐야 아이는 엄마와 자기가 튼튼하고 안정적인 관계라고 확신하게 됩니다. 그런데 애착을 느끼려면 아이의 인지 능력 중 '대상 영속성'이라고 하는 개념이 형성되어야 합니다. 대상 영속성은 눈에 보이지 않아도 존재한다고 믿을 수 있는 능력을 말합니다. 이 개념이 발달해야 엄마가 당장 눈앞에 보이지 않아도 항상 존재하며 나를 사랑해준다고 믿게 됩니다.

그래서 아주 어린 시기에는 엄마가 없어지면 많이 놀라고 엄마를 찾아 울게 됩니다. 그러다 조금 자라면 엄마가 없어져도 다시 돌아올 것을 확신하며 기다릴 수 있게 되지요. 이 과정에서 아이들이 엄마의 대용품으로 사용하는 것이 바로 '중간 대상물'입니다. 중간 대상물은 지금 당장 눈에 보이지 않는 엄마를 대체하는 물건입니다. 스누피 만화에서 늘 담요를 질질 끌고 다니는 라이너스라는 아이가 나오는데, 이 라이너스의 담요가 바로 중간 대상물이라 할 수 있습니다. 엄마가 없을 때, 집을 나설 때, 아이들은 불안해집니다. 이 불안을 극복하기 위해서는 안심시켜줄 수 있는 무언가가 필요한데, 중간 대상물이 그 역할을 하는 것입니다. 그렇기 때문에 아이들은 이 물건에 집착하고 힘든 상황일 때 찾고 고집하는 것입니다.

중간 대상물은 아이에 따라 매우 다양합니다. 어떤 아이들에게는 자기가 늘 덮고 자는 이불이나 베개가, 어떤 아이들에게는 엄마의 냄새가 묻어 있는 옷이, 어떤 아이들에게는 어릴 때부터 가지고 놀던 인형이나 장난감이 중간 대상물이 됩니다.

중간 대상물을 챙기고 의지하는 행동은 아이에 따라 그 정도나 기간이 다를 수 있습니다. 그렇지만 어느 정도 연령이 되어 대상 영속성 개념이 확고해지고 애착이 안정적으로 맺어지면 자연스럽게 없어질 수 있으니 억지로 떼어낼 필요는 없습니다.

한편 중간 대상물에 집착하면 애착에 문제가 있는 것 아닌가 걱정할 수도 있는데, 기질적으로 불안 수준이 높아 낯선 곳에 가는 것이 어려운 아이들은 스스로 위로받을 수 있는 물건들에 집착하는 경향이 있으니 조금 더 기다려주세요.

 육아 멘토의 한마디

대상 영속성 개념을 습득하기 위해 아이들은 놀이를 합니다. 대상 영속성을 기르기 위한 놀이로는 까꿍 놀이와 숨바꼭질이 대표적입니다. 까꿍 놀이를 하면 엄마가 잠시 보였다 안 보였다를 반복하면서 눈에 보이지 않아도 존재한다는 것을 알아차리는 것입니다. 조금 더 자라면 숨바꼭질 놀이를 하게 되는데, 이런 놀이들을 통해 아이는 눈에 보이지 않아도 있다는 것을 확신하는 것입니다. 숨바꼭질과 비슷한 놀이로, 아이들은 물건을 숨기고 찾는 놀이도 좋아합니다. 아이들은 이처럼 자연스럽게 놀이를 통해 엄마와 애착을 공고히 하는 과정을 만들 수 있기 때문에 자주 놀이를 해주면 많은 도움이 됩니다.

아침마다
교실에 들어가길
거부해요

아침마다 교실에 들어가는 것을 거부하고 울어요.

Q   어려서부터 엄마와 떨어지는 것을 힘들어해 유치원이나 학원에 적응하는 데 시간이 많이 걸렸어요. 그래도 한번 적응하면 그 뒤로는 잘 갔기 때문에 크게 걱정하지 않았는데, 초등학교에 입학해서는 아예 교실 문턱을 넘어가지도 못하고 복도에서 계속 울기만 해요. 한참 실랑이 끝에 엄마가 복도에서 계속 지켜보기로 하고 뒤늦게 들어가기를 3개월째 계속하고 있어요. 친구들도 재희를 울보라고 놀리고 동생처럼 챙겨줘야 할 아이로 생각하는 것 같아요. 막상 들어가면 비교적 잘 적응하는데, 발표나 받아쓰기 시험이 있는 날은 더 힘들어하고 가기 싫어합니다. _윤재희, 8세

엄마와 떨어지는 것을 지나치게 불안해하면 분리불안을 고려해야 해요.
애착이 튼튼할수록 분리에 대한 두려움이 줄어들어요.

A   낯설고 새로운 환경에 적응할 때는 누구나 긴장하고 걱정되는 마음이 들

수 있습니다. 주 양육자와 분리될 때 두려움을 느끼는 것 역시 정상적인 발달 과정에서 나타나는 한 모습이라고 할 수 있습니다. 기질에 따라 아이들마다 적응 방법과 기간은 다르겠지만, 어느 정도 적응 기간이 지나면 새로운 환경에 적응해 자기 생활을 해나가게 됩니다. 그러나 4주가 지나서도 새로운 기관에 적응하지 못하고 엄마와 떨어지지 않으려는 아이들의 경우에는 '분리불안'을 고려해볼 수 있습니다.

일반적으로 분리불안이란 주 애착 대상과 분리되는 상황에서 과도한 불안을 느껴 두려워하는 것을 말합니다. 재희의 경우, 초등학교뿐 아니라 어려서부터 엄마와 떨어지는 것을 힘들어했고 시간도 많이 걸렸다니, 어린 시기부터 분리불안을 경험한 것 같습니다. 이러한 아이들은 기본 불안 수준이 높고, 걱정이 많으며, 악몽을 자주 꾸고, 복통이나 두통 등의 신체 증상을 호소하기도 합니다. 엄마를 눈앞에서 확인하지 않으면 엄마가 떠나버릴지 모른다는 불안과 혹시 엄마에게 무슨 일이 생길지 모른다는 두려움에 계속 초조해합니다.

아이의 분리불안은 주 양육자에 대한 걱정에서 시작됩니다. 따라서 엄마와의 튼튼한 애착을 확인하고 형성할 수 있는 경험들을 통해 두려움을 줄일 수 있습니다. 엄마를 눈앞에서 확인하지 않아도 엄마가 든든하게 기다리고 있다고 믿으면 아이는 자기 앞에 놓인 발달 과업에 몰두할 수 있습니다.

애착을 만들어 가는 과정은 사소한 것부터 시작합니다. 매일 아이와 함께 즐거운 놀이 시간이나 대화 시간을 가져 평소 아이의 걱정과 불편함, 관심사 등에 집중해주고 함께 이야기를 나누세요. 학교에서 불안한 생각이 들 때는 언제든 선생님께 이야기하면 엄마가 와줄 거라는 확신을 주는 것도 좋습니다. 아침 등굣길에 아이에게 엄마의 마음이 담긴 쪽지를 주거나 엄마의 목걸

이 등을 걸어주어 아이가 엄마의 마음을 느낄 수 있게 해주는 것도 좋습니다. 아이들은 엄마와의 근본적인 관계에 대한 확신이 커지면 커질수록 분리에 대한 두려움이 줄어들게 됩니다.

재희의 경우, 어려서부터 엄마와 떨어지는 것을 힘들어하기도 했지만, 학교에서 시험이나 발표가 있을 때 더욱 힘들어하는 것으로 보아, 학교 생활이나 수행에 대한 불안 역시 높은 것 같습니다. 따라서 수업시간에 배울 내용을 미리 살펴보고, 엄마와 심리적 리허설을 통해 상황을 예측해보는 것도 적응에 도움이 될 것입니다.

분리불안 아이들에게는 무엇보다 부모의 여유 있는 마음과 태도가 중요합니다. 엄마가 불안해하면 그것이 고스란히 전달되어 아이는 더욱 불안해할 수 있습니다.

육아 멘토의 한마디

학교 가는 것을 힘들어할 때는 1차적으로 분리불안을 고려하지만, 모든 분리불안 아이들이 등교 거부를 하는 것은 아니므로 이를 나누어서 살펴봐야 합니다.

일부 아이들은 주 양육자와의 분리에 대한 두려움 때문이 아니라, 학교에서의 수행이나 평가, 또래들과의 관계 등에 대한 불안으로 학교에 가는 것을 힘들어 하는 등 저마다 다양한 원인이 있을 수 있기 때문에, 무엇을 가장 힘들어하고 불안해하는지 구체적으로 살펴 도움을 줘야 합니다. 만약 초등학교 고학년이나 사춘기까지 이런 모습이 이어진다면, 정서적 불안과 우울감이 혼재되어 어려움을 겪을 수 있습니다. 따라서 일단 학교는 반드시 가야 하는 곳이라고 설명해주어 늦더라도 등교하게 해야 합니다. 가지 않아도 된다고 허용하기 시작하면, 점차 더 가기 힘들어해 장기 결석으로 이어질 수 있습니다.

유치원에서
말을 하지
않아요

유치원을 옮긴 뒤로는 밖에서 말을 하지 않아요.

Q   밖에서 친구들과 말을 잘 하지 않아요. 어려서부터 수줍음이 많고, 새로운 환경에 적응하는 것을 무척 힘들어했어요. 어린이집을 다닐 때까지는 친구들에게 의사 표현을 했는데, 3월에 새로운 영어유치원으로 옮긴 뒤로는 유치원이나 집밖에서 한 마디도 하지 않아요. 유치원도 바뀌고 동시에 낮 시간 동안 돌봐주는 분도 바뀌어 더 힘들어하는 것 같아요. _조영수, 7세

기본 애착이 튼튼할수록 사회적 긴장도와 불안은 줄어들어요.
소소한 심부름을 통해 성공 기회를 늘려주세요.

A   집에서는 의사 표현도 확실히 하고, 언어 발달에 아무런 문제가 없음에도 불구하고 유치원이나 놀이터 등 사회적 상황에서 벙어리처럼 한 마디도 하지 않는 아이들이 있습니다. 언어 표현의 유창성과 상관없이 스스로 언어적 상호 작용을 하지 않기로 선택하는 것입니다. 지속적으로 적응을 방해하

는 경우에는 '선택적 함묵'이라는 진단을 내릴 수 있습니다.

익숙한 장소, 가족이나 친척 등 편안한 대상에게는 의사 표현을 유창하게 하지만, 사회적 상황에서 못하는 것은 정서적 원인으로 상황에 비해 과도하게 '사회불안'을 느끼기 때문입니다. 실제보다 주변 상황을 더 불안하고 두렵게 느껴 한발 뒤로 물러나 마치 관찰자처럼 주변을 살피는 것이지요. 주원인으로는 아이의 예민한 기질과 사회적 경험 부족, 실패 경험, 부모와 자녀 간의 불안정한 애착 등을 들 수 있습니다.

우선 예민한 기질의 아이들은 주변 상황을 실제보다 더 불편하고 압도적인 것으로 받아들이기 때문에, 의존 대상이 없는 상황에서 초조하고 안절부절못하는 심리 상태를 경험하게 됩니다. 예를 들어 선생님의 큰 목소리, 친구의 갑작스러운 장난 행동, 밖에서 들리는 소음 등도 모두 위험 상황으로 인지하기 쉽습니다.

그다음으로 부모와 자녀 간의 애착을 살펴봐야 하는데, 아이들은 엄마와의 신뢰 있는 애착 경험을 통해 세상을 탐색하고 받아들이기 시작합니다. 민감하고 따뜻한 엄마의 돌봄과 안정적인 반응을 경험하면서 아이들은 외부 세계에 대한 안전감, 즉 '아, 세상은 안전하고 나를 환영해주고 좋아해주는구나. 안심해도 되는구나'라는 확신을 쌓아가고, 이를 기반으로 낯설고 때로는 두려운 상황들에 도전하고 적응해가는 것입니다. 그런데 엄마가 일하느라 함께할 시간이 너무 적거나, 대리 양육자가 자주 바뀌거나, 엄마가 우울해 아이를 세심하게 돌봐주는 것이 부족했다면 아이는 늘 주변을 경계하고 안전한지 위험한지 조마조마한 마음으로 살필 것입니다.

마지막으로는 사회적 경험이 얼마나 즐겁고 편안하게 많이 이루어졌느냐하는 것입니다. 사회성과 적응력은 인지적인 이해가 아니라, 실제 경험을 통해 발달합니다. 그 과정에서 때로는 좌절도 하고 실패도 하지만 다시 안전한 부모의 위로와 설명을 통해 힘을 내고 도전하는 것이지요. 그런데 외동이고, 주변에 어울릴 친구가 없어 낮 시간 동안 주로 대리 양육자와 집에서만 보냈다면 아이 스스로 대처하고 성공해보는 사회적 경험이 너무 적었을 것입니다.

따라서 원인에 대해 면밀히 살펴 아이에게 부족했던 부분을 채워주고, 발달 연령에 맞는 기회를 많이 만들어주면 도움이 됩니다. 일곱 살 영수에게는 소소한 심부름을 통해 가족이 아닌 다른 사람에게 자기 의사 표현을 하도록 연습시키는 것도 좋습니다. "사탕이 얼마인지 물어보고 오면 엄마가 사탕 살 돈을 줄게. 가서 물어보고 오자" 등과 같이 아이가 원하는 활동을 할 때 언어 표현 기회를 주고, 실행한 뒤에는 기쁘게 격려해주세요.

또한 성향이 비슷한 단짝 친구 한 명을 집으로 초대해 익숙한 장소에서 친구와 놀이를 할 수 있도록 기회를 마련해주면 좋습니다. 억지로 인사를 시키거나 말하도록 하면 오히려 아이의 불안과 고집을 더 키우게 되니, 자연스럽게 모델링을 보여주면서 재촉하지 않는 것이 필요합니다. 그러나 이러한 노력을 했음에도 아이의 함묵이 장기간 지속되거나, 적응을 심각하게 방해할 경우에는 전문가의 도움을 받는 것이 좋습니다.

 육아 멘토의 한마디

연령에 맞는 자율성과 주도성이 발달하면 의존 대상이 없는 사회적 상황에서 어렵지 않게 대처할 수 있으며, 이를 통해 아이들은 새로운 환경에 건강하게 적응을 해나갈 수 있습니다. 그 과정에서 때로는 실패와 좌절을 경험할 수도 있습니다. 이때 부모가 대신 해주면 아이는 스스로 해냈다는 성취감과 자신감을 경험하지 못해 다음번에 비슷한 상황이 닥치면 자기보다 유능한 누군가에게 의지하기 쉽습니다. 반대로 부모가 실패 상황을 아이 탓이라고 지적하면, 아이는 실패 감정을 '자신에 대한 무능함'으로 받아들여 완전히 익숙하고 잘할 수 있는 것만 하려 하고, 조금이라도 자신 없으면 뒤로 물러나게 됩니다. 따라서 부모는 아이의 시행착오 과정을 함께 견뎌주며, 때로는 위로해주고 때로는 아이의 성공을 기뻐해주는 여유 있는 태도를 보여주어야 합니다.

밤에
소변 실수를
해요

여덟 살인데 아직도 밤에 소변 실수를 해요.

Q   주말 부부인 데다 엄마가 직장을 다니기 때문에 평일 낮에는 아이를 주로 친정에서 돌봐주고 있어요. 낮에는 소변 실수가 없지만 다섯 살까지 야뇨를 보여 걱정했는데, 그 뒤로 없어졌어요. 그런데 초등학교에 들어가고 나서 다시 야뇨가 시작되어 걱정입니다. 엄마가 주말에도 일해야 해서, 아빠가 올라와 아이를 돌봐주고 있어요. 어려서 키즈 카페에서 놀다가 팔이 부러진 적이 있을 정도로 평소엔 에너지 넘치는 편인데, 엄마와 떨어지는 상황을 좀 힘들어하는 편입니다. _최신혁, 8세

다섯 살 넘어서까지 소변 실수가 잦다면 전문의의 소견을 받아보세요.
불안감이 높고 적응이 어려운 아이들이 소변 실수를 보이기도 해요.

A   소변을 잘 가릴 것으로 기대되는 나이를 지났는데도 반복해서 소변 실수를 하는 것을 유뇨증(enuresis)이라고 합니다. 일반적으로 5세가 지나서도 3개

월 동안 일주일에 두 번 이상 소변 실수를 보인다면 유뇨증이라고 봐야 할 것입니다. 낮에는 실수가 없지만 밤에 잠자는 시간에만 실수하는 것을 야간 유뇨증, 즉 야뇨라고 합니다. 어려서부터 소변 가리는 것을 한 번도 성공하지 못한 경우를 1차 유뇨증이라 하고, 성공적으로 잘 가렸다가 다시 소변 실수를 하는 경우를 2차 유뇨증이라고 합니다. 아이들이 유뇨 증상을 보이면, 우선 병원을 방문해 혹시 아이에게 기질적인 어려움이 있는 것은 아닌지 의학적인 검사나 소견을 받아보는 것이 좋습니다. 검사 결과 특별한 문제가 없다면, 심리적 요인으로 이해해야 합니다.

신혁이의 경우, 배변 훈련을 거쳐 낮에는 전혀 실수하지 않고, 야뇨도 다섯 살 이후로는 보이지 않다가 입학 후에 2차 야뇨를 보이고 있습니다. 따라서 생물학적인 이유가 아니라면, 기질적인 불안과 긴장, 적응의 어려움 등을 잘 살펴봐야 할 것 같습니다. 우선 어려서부터 엄마와 떨어지는 것을 어려워했다는 것을 보면, 또래에 비해 불안이 높고 적응을 어려워한다는 것을 알 수 있습니다. 따라서 낮 시간 동안 스트레스와 긴장, 불안 등이 누적되었다가 자는 동안 야뇨로 이어지는 것이지요.

외동인 신혁이의 생활이 또래에 비해 다소 안정적이지 못한 것으로 보입니다. 엄마가 직장에 다녀 저녁에만 만날 뿐 아니라, 주말에도 일을 하기 때문에 아이와 충분한 시간을 보내기 어려워 보입니다. 아빠가 따뜻한 돌봄을 줄 것으로 예상되나, 주말에만 만나기 때문에 때로는 서먹하기도 하고, 서로 어떻게 놀고 시간을 보내야 할지 어색하기도 할 것입니다.

먼저 아이의 긴장된 정서와 불안한 마음을 편안하게 이완시킬 수 있는 규칙적인 시간을 가지세요. 저녁 시간에 하루 동안 있었던 일에 대해 귀 기울여 들어주고 긴장되었던 마음에 집중해주세요. 따뜻한 공감과 위로를 충분히 표현해주고, 어려웠던 순간들에 대해 함께 대처 방안을 이야기하는 것도 좋습니다.

 육아 멘토의 한마디

　일정 기간 이상 유뇨증이 지속된다면, 병원에 가서 생물학적인 문제가 있는 것은 아닌지 살펴봐야 합니다. 야간에 항이뇨 호르몬 분비의 문제가 있는 것은 아닌지, 잠자는 동안 소변이 나오지 않게 하는 근육 반응에 문제가 있는 것은 아닌지 등을 확인해야 합니다.

　선행 연구들에 따르면, 생물학적인 원인에서 기인하는 유뇨증은 유전적 영향을 받는다고 하는데, 부모 모두 아동기에 유뇨증을 보였다면 자녀가 유뇨증을 보일 가능성이 70퍼센트 가까이 된다는 보고가 있으며, 유뇨증을 보이는 일란성 쌍생아의 경우에도 높은 일치율을 보인다고 합니다.

스스로
정리하도록
도와주고 싶어요

정리를 못한다고 친구들에게 지적당해 자존감이 떨어진 것 같아요.

Q 아이가 정리를 못해서 유아기 때는 제가 다 해줬어요. 그런데 학교에 들어가니 그것 때문에 지적당하고 놀림을 받아 자존감이 뚝 떨어졌어요. 이럴 땐 어떻게 도와줘야 할까요? _지수호, 8세

정리정돈 연습을 꾸준히 해야 해요.

실패 경험도 성장에 도움이 돼요.

A 연습을 많이 시키면 좋아집니다. 그런데 정리정돈이 유난히 안 되는 아이들이 있고, 성인들도 정리를 잘 못하는 사람들이 있습니다. 정리를 못한다고 살아가는 데 큰 어려움을 겪는 것은 아닙니다. 그러므로 정리를 못한다고 지적받아서는 안 되는 것입니다. 앞으로는 엄마가 해주지 마세요. 잘 안 되어 못하는 부분이 있을 수도 있지만, 안 해봐서 못하는 부분은 연습을 통해 좀 더 잘할 수 있게 도와주세요. 이제부터 연습을 하는 겁니다. "우리 오늘 정리

정돈 연습을 할 거야." 이렇게 말한 뒤 타이머를 맞춰놓고 "정해진 시간에 정리정돈하는 걸 엄마랑 같이 연습해보자" 하는 거지요.

학교에서는 시간 내에 해야 하는 과업이 많습니다. 따라서 적은 양부터 정해진 시간에 완수하는 연습을 해야 합니다. 그런데 아이가 자꾸 엄마에게 해달라고 하면 방법이 있습니다. 일단 시작할 때 엄마 손을 아이 손 위에 대주면서 함께 시작합니다. 그다음엔 "그런데 이 책은 어디에 넣어야 되지?" 하고 아이가 스스로 생각하는 과정을 거치기 바랍니다. 아이가 떠올린 생각을 격려해주면 그다음 것도 어디에 놓을지 스스로 고민하며 조금씩 정리하게 됩니다. 그러면 "야, 여기 있는 걸 어디다 놓아야 하는지 잘 알고 있구나" 하며 격려해주고, 정리를 끝낸 후 깨끗해진 장소를 보고 "엄마는 사실 손만 대고 있었는데 네가 해냈구나"라며 하이파이브를 합니다. 이런 연습을 꾸준히 해야 합니다. 정리는 어느 날 갑자기 생기는 능력이 아니라 습관입니다. 무언가를 하고 난 뒤 반드시 해야 하는 과정입니다. 그것이 몸에 밸 수 있도록 꾸준한 연습이 필요합니다.

아이들은 잘 안 되지만 무언가를 하며 자신의 능력에 대해 뿌듯함을 느끼면 그다음에 조금 더 도전해볼 힘이 생깁니다. 이처럼 뿌듯해하는 마음이 유능감입니다. 유능감은 '나 이거 할 수 있을 것 같은데. 나 잘할 것 같은데'라고 자기 자신의 능력을 믿는 마음입니다. 유능감이 떨어지는 아이들은 어떤 일이 닥칠 때 '못하면 어떻게 하지?', '이것 때문에 혼나면 어떻게 하지?', '이건 못할 것 같은데', '나는 능력이 안 되는 것 같은데'와 같은 생각을 가지게 됩니다. 반대로 유능감이 높은 아이들은 같은 상황에서 '이거 내가 한번 해볼까?', '이거 잘할 것 같은데', '해볼 만한데' 하는 생각을 가지게 됩니다.

이러한 생각의 차이가 다음 행동에 영향을 줍니다. 유능감이 낮은 아이들은 바로 포기하거나 회피하거나 자신이 못하는 게 아니라 방법을 몰라서, 사람이 많아서, 도구가 고장 나서 등 이유를 외부에서 찾는 반면에, 유능감이 높은 아이들은 호기심과 도전의식이 생기면서 한번 시도해보려고 합니다. 남의 눈치를 보거나 남에게 칭찬받으려고 하는 게 아니라, '이거 하면 재미있겠는데', '이거 하면 힘이 나겠는데' 하면서 과제를 적극적으로 해결하려고 합니다.

엄마들이 아이들의 실패 경험을 줄이고 성공 경험을 늘려주기 위해 과잉 보호나 과잉통제하는 경우가 많은데, 그렇게 되면 아이들은 머리로만 알게 됩니다. 머리로 아는 것은 진정으로 아는 게 아닙니다. 몸으로 해봐야 내 것이 됩니다.

육아 멘토의 한마디

자존감을 높이는 공식이 있습니다. 바로 '자존감 $= \dfrac{성공}{욕심}$'입니다. 자존감을 높이려면 분모에 있는 욕심을 줄이고 분자인 성공 경험을 늘려야 합니다. 그러므로 엄마들의 욕심이 아이들에게 얼마나 독이 되는지 항상 주의해야 합니다. 욕심을 부리면 부릴수록 아이들은 망가집니다. 따라서 아이들의 유능감을 높여주려면 반복된 성공 경험이 중요합니다. 이때 목표를 너무 높게 잡으면, 아이들은 성공 경험을 하기 힘들어집니다. 적당한 성공 기준과 적은 욕심이 아이들에게 유능감을 경험하게 해줍니다.

욕심을 줄이면 성공할 수 있는 게 너무 많습니다. 혼자 밥 먹고, 혼자 양말 신고, 머리를 빗는 등 작은 성공 경험을 통해 '이거 내가 해냈네! 내가 해냈어!' 하는 든든한 마음이 생깁니다.

마지막으로, 마음껏 실패할 수 있는 권리를 보장해주세요. 아동기는 실패하더라도 안전하게 보장되는 시기입니다. 성인이 되어 실패하면 손해가 크지만 아이들 때는 실패해도 괜찮습니다. 아이들이 실패할 수 있는 권리, 이걸 꼭 보장해줘야 합니다.

자존감을
높이는 방법이
있나요?

남에게 의존하려 하고 선택을 어려워하는 아이에게 자존감을 높여줄
방법이 있나요?

Q 엄마가 많은 걸 해주어서 그런지 엄마에게 모든 걸 의존합니다. 친구들
에게도 많이 의존하고, 친구와 함께 잘 가던 곳을 친구가 없으면 못 갑니다.
선택하는 데도 오래 걸리고, 혼자서 하려는 게 거의 없습니다. 자존감을 높여
주고 스스로 하도록 하려면 어떻게 해야 될까요? _윤해인, 9세

자신을 존중하는 마음이 생기면 다른 사람도 존중할 수 있어요.
작은 선택부터 스스로 하도록 기회를 주세요.

A 자존감 부족과 관련 있을 수 있습니다. 자존감이 낮은 아이들은 남의 눈
치를 보고, 자신감이 없어 "나 이거 해도 돼, 저거 해도 돼?" 하며 자꾸 타인의
의견에 의존하고, 또래 관계를 맺을 땐 친구들에게 거절당할까 봐 오히려 친
구한테 모든 걸 맞춰주게 됩니다.

자기 자신에 대한 가치감이 없는 사람은 남에 대한 가치감도 없습니다. 나에게 그런 능력이 없기 때문에 남을 그렇게 존중해줄 수 없는 것입니다. 따라서 정말로 다른 사람을 존중하고 대인 관계를 맺고 싶다면 먼저 자기 자신을 존중해야 합니다. 자기 자신을 존중하는 힘이 있어야 다른 사람을 존중하는 태도로 볼 수 있습니다.

빨간색 셀로판지를 대면 온 세상이 빨갛게 보입니다. 내가 나를 존중해야 다른 사람도 존중할 수 있다는 말은 이러한 이유 때문입니다. 그래서 자존감이 낮은 사람은 까만 선글라스를 끼고 보니 세상이 다 까맣고 남도 까맣게 보입니다. 자존감이 높은 사람은 자신의 진짜 마음을 잘 들여다볼 수 있기 때문에 투명한 셀로판지를 끼고 있는 것입니다. 투명한 셀로판지로 세상을 보면 세상을 있는 그대로 볼 수 있습니다. 바로 나를 존중하는 태도인 자존감에 이러한 능력이 있습니다.

엄마가 아이의 능력을 무시하고 많은 것을 미리 해주면 스스로 잘하는 아이가 되도록 다시 키워야 하는 시기가 오게 됩니다. 부모가 갑자기 양육 스타일을 바꾸면 아이는 스스로를 무능하다고 여기며 혼란스러워 불안해합니다. 따라서 많은 것을 해주었던 부모들은 좀 버텨야 합니다. 아이가 계속 의존하려 할 때는 "너는 어떻게 하고 싶으니?" 하며 오히려 아이한테 물어봐야 합니다. 바로 대답하기 어려워하면 선택할 수 있는 기회를 주는 것도 방법입니다.

나이가 있는 아이는 세 가지 정도 선택 기준을 주고, 연령이 어리거나 선택을 정말 어려워하는 아이는 두 가지 선택 기준을 제시하면 됩니다. 그래서 "너 두 개 중 뭐 할래?" 아니면 "세 개 중 뭐 할래?"라고 물어 아이가 아주 작은 것부터 스스로 선택할 수 있도록 도와주면 됩니다. 아이가 결정하면 "어, 이건 네가 결정한 거다. 그러면 그렇게 해보자" 하고 부모가 굉장히 기뻐해주고 "혼자서도 잘하네" 하며 스스로의 선택에 대해 진심으로 격려해주면 됩니다.

마지막으로 자기 자신에 대한 호감도가 없는 아이는 잘 안 되는 상황이 닥치면 '그러면 그렇지. 내가 뭘 할 수 있겠어? 나는 그런 것도 못하는 못난 애야' 하고 스스로에 대한 호감이 갑자기 감소합니다. 자신에 대한 호감이 감소하면 내 선택과 내 생각보다 남의 생각이 더 맞고 옳다고 인정하게 됩니다. 그러면 점점 자기의 생각대로 결정해서 행동하는 일들이 줄어들고 남의 말에 따라 행동하게 됩니다. 스스로를 존중하고 호감을 가지는 것은 자존감을 높이는 가장 좋은 방법입니다.

 육아 멘토의 한마디

엄마의 자아 존중감은 아이들의 자존감에도 영향을 줍니다. 자존감과 관련된 연구에서 자존감이 높은 아이들은 부모의 자존감 수치도 높은 것으로 나타났습니다. 엄마와 아빠가 자신을 가치 있게 여기고 소중하게 여기는 마음이 있어야 아이들을 존중하는 태도로 바라볼 수 있고, 그런 부모 밑에서 자란 아이들은 그러한 존중의 태도를 몸으로 경험해 자신을 가치 있게 여기고 존중할 수 있는 힘이 생긴다는 것입니다.

남과
비교하는 아이,
괜찮나요?

친구들과 비교하며 자신에게 만족하지 못하는 아이,

어떻게 도와줘야 할까요?

Q   자신은 못생겼다고 생각하고, 남의 것을 부러워합니다. 친구들이 가진
것을 다 사려 하고 비교를 많이 하는데, 어떻게 도와줘야 하나요? _이수아, 7세

엄마의 진심 어린 태도는 아이에게 긍정적인 자기가치감을 심어줍니다.
자기가치감은 긍정적인 애착 속에서 얻어지는 열매입니다.

A   자기가치감을 가지고 있어야 자신에 대해 만족할 수 있습니다. 자기가
치감은 '난 참 소중하구나', '태어난 이유가 분명히 있구나', '내가 사는 분명
한 가치가 있어'라고 생각하는 능력입니다. 아이들이 태어나면서부터 '난 훌
륭한 아이예요', '난 소중한 아이예요'라고 생각하지는 않습니다. 자기가치감
은 태어날 때부터 가지고 있는 것이 아니라, 양육 과정에서 얻어지는 것입니
다. 아이는 엄마의 태도에서 '나를 따뜻한 눈으로 바라보네', '항상 똑같이 나

를 대해주네', '늘 내가 소중하다고 이야기해주네' 등 많은 것을 느낍니다. 아이를 바라보는 눈빛, 아이를 대하는 태도나 행동의 모든 상호 작용이 아이가 자기가치감을 가지는 밑거름이 됩니다. 따라서 엄마의 태도가 굉장히 중요합니다. 만약 아이를 공감하듯이 "~그랬구나"라고 말하지만 눈에서 레이저를 쏘면, 아이들은 거짓말이라고 여깁니다. 엄마가 주변에서 배운 대로 공감하는 말만 한 경우에는, 상담소에 오더라도 아이가 치료자의 태도를 의심합니다. 치료자에게 "선생님, 그렇게 말하지 말아요. 우리 엄마도 맨날 그렇게 말해요"라며 치료자의 공감도 의심하고 믿지 못하는 경우가 있습니다. 아이들은 정말 자기를 존중하는 게 아니라 말만 그렇게 할 뿐이라는 것을 알기 때문에 오히려 더 불쾌해하고 저항합니다. 따라서 말만 할 것이 아니라 아이를 정말 가치 있게 여기는 진실된 마음으로 대해야 합니다.

자기가치감을 형성하는 데 굉장히 중요한 엄마의 태도는 바로 '애착'입니다. 애착이 잘 형성되면 아이들은 긍정적인 자기가치감을 가지게 됩니다. 애착은 보통 만 36개월까지 형성되는데, 긍정적인 애착이 형성된 아이들은 마음 저 깊은 곳에 '나는 참 소중한 존재구나'라는 자존감이 자리잡게 됩니다. 그러다 마음이 다치거나 힘들거나 어려운 순간에 꺼내어 스스로 위로하고 위로받게 됩니다.

사람은 누구나 존재만으로도 소중합니다. 나는 착해서, 귀여워서, 친절해서, 잘 도와줘서 등의 이유로 소중한 사람이 되는 것이 아니라, '그냥 나니까' 소중한 것입니다. 부모는 아이들에게 "넌 참 소중해", "네가 이 땅에 태어난 건 분명 이유가 있어"와 같은 이야기를 많이 해주기 바랍니다. 아이들은 형제끼리 싸울 때, 혹은 질투가 날 때 "엄마, 동생이 좋아 내가 좋아?"라고 자주 물어봅니다. 이럴 때는 이렇게 이야기해주어야 합니다. "이 세상에서 너처럼 웃고 너처럼 말하는 애는 너 하나뿐이야. 너는 엄마에게 굉장히 특별한 아이야." 이렇게 누구를 비교하지 말고 각자가 소중하다는 것을 전달해야 합니다. 특별하다고 얘기해주면 아이는 자신이 그만큼 소중하다고 느낍니다.

 육아 멘토의 한마디

아이들에게 직접 이야기해주는 것도 도움이 되지만 옛날이야기나 민담을 통해 자신을 소중하게 여기는 것의 중요함을 느끼게 해주는 것도 좋은 방법입니다.

어떤 수도승이 길을 가는데 새끼 쥐가 나타났습니다. 수도승은 쥐가 불쌍해서 기도를 통해 새끼 쥐를 사람으로 변신시켜 딸로 키웠습니다. 그런데 그 딸이 결혼할 나이가 되었을 때 어떤 신랑과 결혼하고 싶으냐고 물으니, 이 세상에서 가장 힘 있는 사람과 결혼하고 싶다고 했습니다. 함께 제일 힘 있는 걸 찾아보니, 우선 태양이 생각났습니다. 그래서 태양을 찾아가서 말했습니다. "태양아, 태양아, 우리 딸하고 결혼해줄래? 네가 가장 힘이 센 것 같아." 그랬더니 태양이 대답했어요. "아이고! 무슨 말씀이세요? 제가 제일 세지 않습니다. 구름이 저를 가리면 저는 꼼짝도 못합니다." 그래서 구름을 찾아갔어요. "아이고! 이게 무슨 말씀이세요? 저는 바람이 불면 꼼짝도 못합니다." 다시 바람을 찾아갔지요. "아니에요. 저는 산을 움직일 수 없습니다." 그래서 산을 찾아갔더니 산은 "아이고! 무슨 말씀이세요? 제 발밑에 쥐가 있는데, 이 쥐 때문에 저는 괴로워 죽겠습니다. 그러니 쥐가 가장 강합니다"라고 대답했답니다.

결국 기도를 통해 사람으로 변신했던 쥐는 다시 쥐로 변신해서 쥐 신랑을 만나 굉장히 잘 살았다는 이야기가 있습니다. 이 이야기는 자기의 모습이 사실 가장 소중하다는 것을 알려줍니다. 자신이 아닌 다른 모습으로 살았지만 제 모습을 찾았을 때 가장 행복하다는 것입니다. 남의 것을 부러워하지 않고 내가 지금 가지고 있는 것을 소중히 여기는 사람은 그대로의 모습으로 행복하게 살 수 있습니다.

경쟁을
두려워해요

보드게임처럼 경쟁하는 것을 피하려고 해요.

Q 우리 딸은 지는 게 너무 싫대요. 그래서 요즘 아이들이 학교나 집에서 많이 하는 보드게임을 하지 않으려고 해요. 친구들이 쉬는 시간에 게임을 할 때도 보고만 있대요. 지면 어떠냐고, 그냥 노는 거라고 말해줘도 자기는 지는 것이 너무 싫어서 하고 싶지 않다고 합니다. _이유주, 10세

결과보다는 과정에 집중해서 격려해주세요.

먼저 이기는 경험을 많이 하게 해주세요.

A 게임은 두 명 이상이 해야 하기 때문에 흔히 사회성 발달에 매우 좋은 놀이라고 이야기합니다. 더구나 정해진 규칙이나 방법이 있기 때문에 아이들이 자연스럽게 규칙이나 질서를 지키는 연습을 하게 되고 상대방 순서에는 기다려야 하니 조절하는 연습도 하게 됩니다. 즉 사회적 인간으로서 자라나야 할 아이들에게 필요한 여러 가지 좋은 측면이 보드게임에 많이 포함되어 있기

때문에, 요즘은 유치원이나 학교에서도 아이들이 많이 하도록 권장하고 있습니다.

그런데 게임은 '승패'가 있기 때문에 하고 나면 이기는 사람과 지는 사람이 생기게 마련입니다. 이기면 기분이 좋지만 지면 누구나 기분이 좋지 않습니다. 그래서 아이들은 거의 다 이기고 싶지, 지고 싶어 하지 않습니다. 초등학교 3학년 정도 되면 유능감이라는 것이 굉장히 중요해집니다. 내가 무언가 목표를 세우고 그것을 열심히 해내는 것이 매우 중요한 시기입니다. 그런데 밖에서 이 과정이 원하는 만큼 잘 되지 않을 때, 아이들은 금방 결과가 나타나는 게임에 훨씬 더 목숨을 걸게 됩니다.

이런 경우에는 엄마가 결과보다는 과정에 훨씬 더 집중해서 과정 중심으로 반응해주는 것이 필요합니다. 단순히 게임을 하고 나서 "네가 이겼네"가 아니라 게임 중간 중간에 "네가 이걸 어떻게 하려고 애쓰는구나", "생각을 많이 하니까 좋은 작전이 생겼네", "떨어뜨리지 않으려고 조심스럽게 움직였구나" 등 게임 과정에서 아이가 하는 행동에 대해 반응해주는 것이 좋습니다. 또 만약 지난번 게임할 때와 비교해 달라진 태도가 있다면 그 부분도 이야기해주는 것이 좋습니다. "지난번에는 엄마의 공격을 잘 알아차리지 못했는데, 이번에는 미리 알아차리고 방어 작전을 썼잖아"와 같이 아이의 발전된 모습이나 태도를 알아차리고 격려해주면 아이는 설령 게임에서 지더라도 조금 더 편안해질 수 있습니다.

또 지는 것이 너무 싫은 아이들은 일상생활에서 유능감을 경험할 기회가 적었기 때문일 수 있으니, 게임에서 조금 이기는 경험을 해보는 것도 방법이 됩니다. 이럴 때는 어른들이 너무 잘할 수 있는 게임을 선택하지 말고, 어른인 엄마나 아빠가 조금 불리한 상황에서 시작하는 것도 아이가 이기는 경험을 하게 하는 좋은 방법입니다. 예를 들어 공기 게임의 경우, 엄마는 왼손으로 한다든가, 10점을 아이가 먼저 가지고 시작하는 것도 방법입니다. 친구들과 하는 것이 아직 어려우니 가정에서 이기는 경험들을 해볼 수 있게 완급 조절을 해주는 것입니다. 게임을 하고 나서는 승패와 관련해서 "져서 조금 속상하지만 너랑 함께 게임을 하니 시간이 금세 가고 너무 재미있다"고 말해주면 지는 것을 조금 편안하게 받아들이는 방법을 모델링하게 된답니다.

육아 멘토의 한마디

보드게임에는 여러 가지 종류가 있는데, 전략을 잘 짜야 이길 수 있는 전략 게임이 있고, 운이 좋으면 이길 수 있는 우연 게임이 있습니다. 전략을 잘 짜야 이길 수 있는 게임은 대체로 어른들이 아이들보다 더 잘하기 마련입니다. 예를 들면, 체스, 바둑 등이 있습니다. 우연 게임은 주사위 게임처럼 실력과 상관없이 주사위 숫자가 잘 나오면 이기는 게임입니다. 우연 게임은 어른이나 아이나 이길 수 있는 방법이 우연이나 운과 같아 실력 차가 있을 수 없습니다. 그래서 아이들과 어른들이 동등하게 할 수 있습니다. 주사위로 진행되는 여러 게임이나 윷놀이 등도 우연 게임에 해당됩니다. 어른들이 봐주지 않고 아이와 동등하고 정정당당하게 해도 누가 이길지 모르는 우연 게임을 통해 아이들은 어른들을 이기는 경험을 하게 됩니다.

거절을
못해요

친구에게 거절하지 못하고, 새로운 일은 아예 시도조차 안 해요.

Q   내년에 초등학교에 입학하는 큰아들이 평소에 친구들에게 거절을 못해요. 완벽한 것을 좋아해서 친구보다 못할 것 같으면 아예 시도조차 하지 않으려 하고요. _김현우, 7세

먼저 아이의 자존감을 튼튼하게 만들어주세요.

부모의 따뜻한 격려와 위로를 통해 손상된 자아감을 회복할 수 있어요.

A   곧 초등학교에 입학해야 하는 아이가 자신의 생각과 의견을 분명히 주장하지 못할 때 부모는 답답함과 동시에 걱정을 하게 됩니다. 새로운 일에도 흥미를 가지고 도전해보고, 친구들에게 자기 의견을 당당히 이야기하고 조율하는 태도는 도대체 어떻게 해야 길러지는 것일까요?

우선 아이의 자존감을 살펴볼 필요가 있습니다. 완벽하지 않으면 시도조차 하지 않는 것은 시작도 하기 전에 실패에 대한 두려움과 걱정이 먼저 올라

와 아예 회피하고 포기하는 전략을 쓰는 것입니다. 이런 모습을 자주 보인다면 수행에 대한 자신감이 취약한 아이일 수 있습니다.

자존감이란 자신을 사랑하는 마음과 자신에 대한 긍정적인 태도를 반영하는 개념입니다. 평소 자존감이 잘 형성된 아이는 조금 실수하거나 완벽한 결과가 따라오지 않더라도 크게 좌절하거나 두려워하지 않습니다. 이미 도전하는 과정 자체에서 즐거움과 만족감을 느끼며 새롭게 경험하고 수행하는 자신에 대해 스스로 좋은 감정을 확인할 수 있기 때문입니다. 반면에 자존감이 튼튼하게 형성되지 못한 아이들은 자기 기분과 만족보다는 주변 사람들의 평가와 인정, 수행 결과를 지나치게 중요시합니다. 혹시라도 실패하거나 친구에게 거절당할까 봐 아예 시도조차 하지 않고 두려워하는 것이지요.

아이들의 자존감은 자신이 해야 할 수행과 대인 관계 측면을 모두 담고 있습니다. 다른 사람들에 대한 표상이 튼튼하고 안정적인 아이들은 때로 나와 생각이 달라 친구가 내 의견을 거절해도 큰 좌절감을 느끼거나 그 순간을 상처로 기억하지 않습니다. "아, 상엽이는 나와 생각이 다르구나. 몰랐는데, 그 생각도 재미있겠다!"라며 또 다른 의견으로 이해해 자기 의견과 조율하기도 하고, 때로는 내 생각 대신 친구 생각을 받아들여 즐겁게 놀기도 합니다. 그러나 대인 관계에서 자존감이 약한 아이들은 친구가 자기와 다른 생각을 이야기하면 자기를 싫어해서 그런 거라고 오해하고 감정적으로 받아들여 상처받고 힘들어합니다. 그리고 이런 상황이 너무 두렵고 힘든 아이들은 자신의 생각을 전혀 이야기하지 않고, 무조건 다른 사람의 의견에 맞춰주는 식으로 상황을 해결하는 전략을 선택하게 됩니다.

아이가 곧 초등학교에 입학한다고 하니, 지금부터라도 아이의 자존감이 보다 튼튼하게 자리 잡을 수 있도록 도와줘야 합니다. 그 해답은 아이가 스스로 확인하는 성공 경험에 있습니다. 간단한 것부터 스스로 해보게 한 뒤, 실행하면 크게 칭찬해주세요. "와~ 이제는 우리 현우가 혼자서 가방도 챙길 수 있구나. 많이 커서 엄마는 기쁘다." 다른 친구와의 비교가 아닌, 내 아이의 행동과 변화에 온전히 초점을 맞춰 거울처럼 그대로 아이의 성공을 읽어주고, 대견하게 바라보는 엄마의 마음을 표현해주는 것만으로 충분합니다.

안전한 부모의 품을 떠나 문제를 혼자 힘으로 해결하는 능력을 키우려면 심리적 초석이 잘 형성되어야 합니다. 이 기초 단계를 만들어주는 것이 바로 부모겠지요. 아이들이 성장하면서 누구나 맞이하는 실패나 낯선 상황, 사람들을 탐색하며 관계 맺기 시작할 때, 걱정되거나 겁나면 엄마에게 와서 충분히 위로받고 또다시 힘을 내 시도할 수 있어야 하는데, 이런 과정을 '심리적 안전 기지'라는 개념으로 설명할 수 있습니다. 튼튼한 안전 기지란 나무를 잘 자라게 하는 좋은 토양과도 같습니다. 그리고 자신의 내면 안에 이런 안전 기지에 대한 표상이 잘 만들어진 아이들은 낯설거나 조금 두려운 상황이 닥쳐도 쉽게 무너지거나 좌절하지 않고 자신 앞에 주어진 일들을 기쁘게 도전하고 스스로 해결해나가겠지요.

때로 아이가 실수하거나 실패해도 느긋한 마음으로 기다려주세요. 아이가 자신에 대해 오해하지 않도록 잘 설명해주고, 아이의 속상한 감정을 따뜻하게 위로하고 공감해주는 것이 중요합니다. 실패했을 때도 마찬가지입니다. "끝까지 하지는 못했지만, 이만큼이나 하느라 애썼네. 엄마가 보기엔 이것도 진짜 대단한 것 같아." 중요한 대상인 부모가 자신의 실패나 부족한 면을 안전하고 따뜻하게 읽어주는 것만으로도 아이는 손상된 자신감과 자아감을 보충하고, 새로운 일에 도전하는 힘을 얻게 되는 것입니다.

아이들이 가정이라는 안전한 울타리를 벗어나 새로운 세상으로 나아갈 때, 그 두려움과 맞설 수 있는 힘이 바로 자존감입니다. 이는 자신을 사랑하고 믿어주는 긍정적인 마음인데, 이러한 마음이 잘 형성된 아이들은 새롭거나 낯선 상황에서도 자신을 믿고 그 일에 도전하고 즐겁게 적응해갈 수 있습니다.

자존감을 튼튼히 하는 여러 요인 중 가장 기초가 되는 것이 바로 부모와의 튼튼한 애착입니다. 어린아이들은 아직 자신을 객관적으로 볼 수 없기 때문에, 주변 사람들의 시선이라는 안경을 통해 자신을 이해하고 바라보고 받아들입니다. 따라서 평소 아이와 즐거운 관계 경험, 놀이, 스킨십 등을 통해 '엄마가 너를 사랑하고 제일 중요하게 생각하고 있다'는 마음을 충분히 표현해주세요. 안정적인 애착이라는 강력한 엔진이 있는 자동차는 어떤 길도 어려움 없이 달려갈 것입니다.

아빠와의
관계 때문에
고민이에요

아이가 아빠와 신체 놀이를 계속하려고 하는데,

이것도 조절과 관련 있나요?

Q 35개월 된 딸내미는 아빠가 몸으로 놀아주는 걸 너무 좋아해요. 그런데 한번 시작하면 끝내려고 하지를 않아서 아빠가 너무 힘들어합니다. 결국 마지막엔 아이가 막 울고 아빠는 화를 내게 됩니다. 이런 것도 자기 조절과 관련 있나요? _ 임유진, 4세

정해진 시간 속에서 자기를 조절하는 연습이 필요해요.

마음속으로 다음 시간을 기다릴 수 있도록 아이와 놀이 시간을 정해보세요.

A 자기 조절 연습과 관련 있습니다. 35개월이면 자기 조절을 연습하는 시기입니다. 제한된 시간 안에 스스로의 행동과 감정, 욕구를 조절하는 것도 자기 조절의 중요한 과제입니다. 이런 경우 아빠가 놀이를 시작하기 전에 아이랑 어느 정도 시간을 정해놓고 그 안에서 충분히 놀아주고, 끝나는 시간을 아

이가 받아들일 수 있도록 끝나기 5분 전에 미리 알려줘야 합니다.

아이들이 조절을 연습하는 가장 좋은 방법은 바로 신체 놀이입니다. 아빠와 함께하는 신체 놀이는 아이들에게 조절 연습을 할 수 있는 중요한 기회가 됩니다. 신체적인 힘의 조절도 배울 수 있지만, 감정이 고조되었을 때 더 하고 싶은 마음이나 흥분된 마음을 조절하는 연습도 됩니다. 그런데 시간을 정하면 아이들이 시간에 너무 신경 써서 놀이에 집중 못하지 않을까 걱정하는데, 시간제한을 두면 처음엔 신경 쓰는 것이 당연합니다. 그러나 어느 정도 연습되면 시간의 흐름을 알게 되고, 시간에 대한 감각도 생겨나면서 이내 자신이 좋아하는 놀이에 집중하게 됩니다. 그런데 연령이 어린 아이들은 시계를 보기가 좀 어렵기 때문에, 포스트잇을 약속한 숫자에 붙여 "바늘이 여기 올 때까지 하는 거야" 하고 알려주면 됩니다.

만약 아빠와의 놀이 빈도가 너무 적거나 아빠의 양육 태도가 일관되지 않으면 아이가 놀이 시간을 끌면서 계속 이어가려고 할 것입니다. 평소 아빠와의 놀이 빈도가 너무 적어 아이가 더 자주 놀이를 하고 싶어 한다면 일주일 중 하루를 아빠와 놀이하는 날로 정해 아이가 오늘이 지나도 다음에 또 놀 수 있다는 것을 받아들이고 마음속으로 기다릴 수 있도록 해주면 됩니다.

아이들마다 에너지의 양이 다릅니다. 여자아이지만 에너지가 넘쳐난다면 바깥 놀이를 많이 하는 것이 좋습니다. 아빠가 생각하는 놀이 시간보다 훨씬 더 오래 놀이를 지속할 만큼 힘 있는 아이일 수도 있으니, 내 아이가 어느 정도일 때 충분함을 느끼는지 확인하고 조절 연습을 시켜야 합니다. 다음으로 아이가 "조금만 더"라고 말할 때 그 약속에 계속 순응했다면, 아이는 조르면 아빠가 들어준다는 생각을 가질 수 있습니다. 따라서 아이와 정확한 한계를 정하고 약속 시간은 지켜야 한다는 것을 일관된 행동으로 보여주기 바랍니다.

자기 조절은 자율성과 관계가 있습니다. 만 2세가 되면 자율성이 생겨나고 반대편에 자기 조절 힘이 필요해집니다. 마치 양팔저울처럼 한쪽이 너무 기울면 문제가 생기고, 양쪽의 힘이 균형을 이룰 때 건강하게 발달합니다. 아이들이 걷기 시작하면서 처음으로 엄마를 떠나 뭔가 스스로 할 수 있다는 것이 증명되는 시기입니다. 이러한 증명을 하면서 위험한 행동, 타인에게 피해를 주는 행동들은 연습되어야 하기 때문에 자기 조절이 필요합니다.

 육아 멘토의 한마디

조절에 대한 이야기를 할 때, 아이의 자율성을 지켜주기 위해 "아이가 원하는 걸 마음껏 하게 해주는 것이 아이에게 도움이 되지 않나요?" 하는 질문을 많이 받습니다. 그러나 아닙니다. 그렇게 되면 아이들은 밖에 나가서 문제 행동을 일으킵니다. 또 반대로 엄마가 정확한 틀을 정해 "이거 해라, 저거 해라"라고 하면 어떻게 될까요? 이렇게 하면 머리는 똑똑하지만 적응 능력이 떨어집니다. 그렇기 때문에 이 두 가지를 같이 하는 게 좋습니다. 원 모양의 큰 테두리 안에서 아이가 스스로 선택하고 결정할 수 있는 기회를 많이 줘야 합니다. 이것이 자율성과 자기 조절 능력을 함께 키우는 방법입니다.

스스로
얼굴을 때리고
감정 조절을
못해요

기분 좋지 않거나 원하는 걸 들어주지 않으면 자기 얼굴을 때리고 할퀴는
행동도 자기 조절 문제인가요?

Q 19개월 아기인데 기분이 좋지 않거나 원하는 걸 들어주지 않으면 자기
얼굴을 막 때리거나 할퀴는 행동을 합니다. 이런 행동도 자기 조절이 안 되어
서 그런가요? _정희원, 2세

아이가 보이는 행동의 이유를 찾아 마음 읽기를 해주세요.
아이들이 화를 내기 직전의 패턴을 찾으세요.

A 19개월이면 만 2세가 안 된 연령이므로, 조절 문제라기보다는 조절 연습
이 아직 완성되지 않아서 나타나는 행동입니다. 이때는 조절을 연습하는 시
기입니다. 19개월은 아직 자신의 마음을 언어로 잘 설명하지 못해 화가 나면
자기 얼굴이나 엄마의 얼굴을 할퀴는 행동을 하게 됩니다. 언어 능력이 잘 발
달하지 않아 불편하거나 유쾌하지 않은 것을 행동으로 표현하게 됩니다. 따

라서 아이의 행동에 초점을 두고 행동 변화를 어떻게 할지 고민하기보다 할 퀴는 행동, 때리는 행동의 원인을 찾아야 합니다.

아이들의 행동에는 다 이유가 있습니다. 이유는 있지만 말이 안 나올 뿐입니다. 그래서 더 마음을 행동으로 표현하는 것이니 엄마가 대신 이야기해줘야 합니다. 예를 들면, 엄마가 아이가 갖고 노는 물건을 보며 "안 돼"라고 했을 때 할퀴었다면, 이때 아이는 "엄마 싫어", "안 해", "그래도 나 할 거야"와 같은 말을 하고 싶었을 것입니다. 이때 엄마가 대신 "에이, 너 이거 싫어서 그런 거였구나" 하고 아이의 행동을 빨리 말로 이야기해주고, 그다음에 "잠깐만, 그런데 이거 할퀴면 엄마 아파. 그 대신 이거이거 해"라고 표현할 수 있는 창의적인 방법을 제안해야 합니다.

아이들이 화나면 울고 머리를 박기도 하고, 드러눕거나 물건을 던지며 폭발하듯이 표현하기도 합니다. 그러나 이렇게 화가 폭발한 상태에서는 사실 훈육이 어렵습니다. 이럴 땐 차라리 아이가 다치지 않도록 쿠션을 대주든지, 던져도 되는 것을 얼른 손에 쥐여주든지, 조금 화가 내려가기를 기다려야 합니다. 그렇다고 매번 이렇게 화내는 것을 지켜볼 수는 없습니다. 따라서 화가 폭발하기 전에 감정을 다뤄야 합니다.

잘 관찰해보면 아이들의 감정이 폭발하기 직전에 분명한 패턴이 있습니다. 이 패턴을 파악해야 내 아이가 어느 순간에 폭발하는지 예측할 수 있습니다. 예를 들어 얼굴 표정이 실룩실룩하면 신호가 오고 있다는 것을 감지할 수 있습니다. "아, 너 지금 엄마가 이거 안 된다고 해서 너무 화났지?" 하고 김이 모락모락 오르려고 할 때 빨리 불을 꺼줘야 합니다. 이 작업을 안 하고 가만히 있다가 빵 터진 뒤에는 화를 잘 내는 방법을 훈육할 수 없습니다. 그러므로 항상 아이의 패턴을 보고 아이의 감정이 어떤지 미리 잘 살펴야 합니다.

아이의 패턴을 알고 아이의 마음을 읽어준 다음엔 "이건 안 되지만 이건 돼" 하고 아이가 화나지 않을 다른 방법을 제시해주는 게 좋습니다.

이것이 바로 ACT입니다. 이 훈육 방법은 아이들의 자기 조절력을 키워주는 데 매우 효과적입니다.

A(Acknowledgement)는 아이의 마음을 읽어주고 공감해주는 것입니다. 아이가 아빠한테 5분만 더 놀자고 이야기할 때 "그래, 너 진짜로 재미있게 놀고 싶구나. 그리고 이 놀이를 끝내고 싶지 않구나" 하고 아이의 마음을 공감해주는 겁니다.

C(Communication)는 대화로 아이에게 제한을 전달하는 것입니다. 안 되는 행동임을 알려주는 것이죠. 아이에게 제한이 잘 전달되려면 마음 읽기가 되어야 합니다. 그래야 제한을 덜 거부합니다. 제한 전달 상황에 조심해야 하는 건, 엄마가 막 화를 억누르는 상태에서 혹은 너무 스트레스를 받아 구구절절 이야기하게 되면 아이의 집중 시간이 짧아 엄마가 하는 말의 포인트를 알아차리기 힘듭니다. 따라서 안 되는 이유를 간략하게 말해야 합니다. 예를 들어 "자동차는 던지는 장난감이 아니야", "엄마를 때리면 아파", "소파는 뛰는 곳이 아니야"와 같이 한 문장으로 알려주면 됩니다.

T(Target behaviour)는 대안을 마련해주는 것입니다. "자동차 대신 여기 신문지 공은 마음껏 던질 수 있어", "여기 펀치백 인형은 때려도 돼", "트램펄린에서 하면 더 높이 뛸 수 있어"와 같은 대안을 마련해 아이의 행동이 바람직하게 표현될 수 있도록 도와주면 됩니다. 이때 주의할 점은 대안이 아이들에게 매력적인 것이어야 자신의 문제 행동을 멈추고 대안 행동을 하게 된다는 것입니다. 아이가 매력을 느낄 수 있는 대안을 주기 위해서는 엄마의 창의성이 요구되고, 평소에 아이가 뭘 좋아하는지 알아두는 것이 매력적인 대안을 찾

는 데 도움이 됩니다. 예를 들어 아이가 책에 관심 없는데 책을 보자고 하면 대안 행동을 따르지 않게 됩니다. 따라서 아이가 문제 행동을 멈출 적절한 대안 행동을 찾아보기 바랍니다.

대안 행동을 먹는 것이나 아이가 좋아하는 장난감을 사주는 것으로 사용하는 경우가 많은데, 가끔은 괜찮지만 매번 이런 식으로 한다면 문제가 됩니다. 대안 행동은 아이의 욕구를 바람직한 방법으로 표현할 수 있도록 돕기 위함이지, 문제 행동을 멈추게 하기 위함이 아닙니다. 만약 먹는 대안 행동을 줄 경우엔, "엄마가 맛있는 거 만들어줄게. 같이 요리하자"라는 대안이 더 도움이 됩니다. 물건으로 욕구를 채우면 이후 더 좋은 것이나 더 큰 것을 바라게 되고, 나중엔 감당할 수 없게 됩니다. 따라서 대안 행동은 아이가 자신의 욕구를 좋은 행동으로 충족하는 연습이 되어야 한다는 것을 꼭 기억하기 바랍니다.

너무
참기만 해요

아이가 항상 참는 것 같은데, 어떻게 하면 좋을까요?

Q   만 4세 남자아이인데, 너무 참아서 고민입니다. 눈물이 나면 억지로 참고 원하는 게 있어도 눈치 보며 말을 돌려서 합니다. 뭘 사달라고 조르지도 않고 짜증이나 스트레스가 많아 보입니다. 어떻게 하면 좋을까요? _백주영, 5세

과도한 조절도 자기 조절에 문제가 돼요.
부모가 표현 연습을 보여주세요.

A   자기 조절을 마치 감정을 잘 참는 거라고 이해하면 안 됩니다. 자기 조절은 자기감정을 잘 인식하고 적절하게 표현하는 것이지, 참는 것이 아닙니다. 이 아이는 현재 자신의 감정을 적절하게 표현하는 데 어려움이 있고, 위축되어 보이기까지 합니다. 자기 조절에 어려움을 겪고 있는 것 같습니다.

흔히 자기 조절을 조절이 원활하게 안 돼 무조건 행동화되면서 빵 터지는 것으로 생각하는데, 너무 과도한 조절도 조절이 안 되는 것입니다. 그래서 '너

무 참는다'는 것도 아이가 감정이나 불편한 것들을 못 견뎌서 나타나는 행동이므로, 우선 공감에 더 초점을 둬야 합니다. 그래서 "이렇게 던지는 거 보니까 화가 많이 났구나", "네가 찡그리는 거 보니까 지금 기분이 좀 나쁜 것 같은데"와 같이 말해 감정과 행동, 생각과 감정을 자꾸 연결해주는 간단한 대화로 아이가 '내 감정이나 생각을 이렇게 말해도 되는구나, 이렇게 말해도 큰일이 일어나지 않는구나'라고 인식할 수 있게 해야 합니다. 엄마가 자꾸 반복하면 이것이 아이의 장기 기억 저장 창고에 들어가 습관이 되어, 나중에는 "내가 이러니까 화가 난단 말이야"라고 이야기하게 됩니다.

이런 아이들이 간혹 부정적인 감정을 표현할 때가 매우 중요합니다. 엄마가 얼굴 표정으로 불편한 감정을 바로 드러내면 아이는 또 참게 되므로, 그럴 때는 부정적인 감정, 부정적인 표현을 엄마가 빨리 이해해주고 그 행동의 의미를 말로 표현해주면 아이도 서서히 표현할 수 있게 됩니다.

이렇게 참는 아이들을 보면, 부모들이 참는 성향인 경우가 있습니다. 그러므로 엄마, 아빠가 솔직하게 자신의 감정을 표현하고 아이들과 의사소통하는 연습을 해보기 바랍니다. 엄마, 아빠가 서로 이야기하면서 "당신이 그런 거 보니까 내가 너무 기분 좋아요"라든가 "이럴 때 내가 깜짝 놀랐어"라는 표현을 일부러 아이 앞에서 자꾸 하면서 부모가 아이의 교과서가 되어주는 겁니다. 이런 대화 방법은 아이들의 습관 형성에 많은 영향을 주게 됩니다.

또한 일상의 훈육에서 참는 것이 좋다는 가치관을 너무 부각시키면 안 됩니다. 참는 건 남에게 도움이 될 수 있지만 나에겐 오히려 독이 됩니다. 따라서 자신의 욕구를 스스로 인식할 수 있도록 도와주고, 인식되면 건강한 방법으로 표현할 수 있도록 도와주면 됩니다. 예를 들어 "우리 아이는 사고 싶다고 조르지 않아요"라며 자랑하듯 말하거나, "엄마 말을 정말 잘 들어요"라는 말을 듣게 되면 마치 그런 아이처럼 행동하게 됩니다. 누군가의 말을 듣는다는 것은 자신의 생각과 욕구를 멈추고 다른 사람의 욕구를 충족시켜주는 것으로, 좋은 가치관이 아닙니다. 또한 화나 슬픔과 같은 부정적인 감정을 나쁘다고 생각해 아예 표현하지 않는 가정도 있는데, 부정적인 감정들도 우리의 다양한 정서 중 하나로 표현되어야 합니다. 부정적인 감정이란 정서 중 부정적 성향을 띠고 있을 뿐 느끼면 안 되는 감정이 아닙니다. 누구나 희로애락을 경험하게 됩니다. 감정은 표현을 통해 정화되는 것입니다.

 육아 멘토의 한마디

감정을 느끼는 연습이 필요합니다. 애니메이션을 보고 아이와 느낌, 생각에 대한 이야기를 나누면서 감정을 알게 합니다. 아직 어린 연령이므로 단순한 책의 내용을 가지고 이야기해보는 것도 좋은 방법입니다. 아니면 감정 카드 게임을 통해 다양한 감정에 대한 이해를 하는 것도 좋습니다. 얼굴 표정을 보고 무슨 감정인지 알아맞히는 게임도 좋습니다. 감정을 표현하기에 앞서 감정을 인식하는 것이 우선입니다. 내 감정을 알아야 그 감정에 맞게 표현할 수 있습니다. 표현을 연습할 때는 부정적인 감정이 긍정적인 감정보다 더 어렵습니다. 따라서 긍정적인 감정을 먼저 표현해보고 잘 표현하면서 서서히 부정적인 감정 표현 연습을 시작하면 됩니다.

작은 일에도
울기만
해요

자주 우는 남자아이, 너무 어려서 걱정이에요.

Q 영유아기에 너무 예민해서 조금이라도 과격한 놀이는 하지 않고 본인 의지로 책과 다큐멘터리를 보면서 자랐어요. 그런데 세 살 어린 남동생과 뒤늦게 칼싸움이나 배틀 놀이를 하면서 동생과 비슷한 정신세계로 퇴행한 듯합니다. 동생보다 큰 칼을 쥐지 못해도 울고, 본인이 좋아하는 카드를 가지지 못해도 울고, 감정을 받아주면 한도 없이 어리광을 부립니다. 학교에서도 울어 놀림을 당한 적이 있는데, 2학년에 올라가려니 걱정이에요. _김준민, 9세

뒤늦게 남성성이 발달하는 것이니 환영해주세요.

건강한 남성성 발달은 정서 발달 및 표현에 약이 될 수 있습니다.

A 남자아이들은 남성성을 발휘하는 놀이를 만 3세부터 많이 하게 됩니다. 엄마가 특별히 유도하거나 강요하지 않아도 남자아이들은 자동차, 공룡, 칼이나 총, 로봇 등을 자연스럽게 고르고 싸우고, 경주하고, 잡아먹는 등 공격성

을 표현하는 놀이를 많이 합니다. 이런 놀이들을 할 때 남자아이들은 매우 공격적이고 흥분해 평소에 차분하고 얌전한 아이들도 과격하고 조절되지 않는 모습을 보이게 됩니다.

그래서 평소에 책을 즐기고 차분한 아이라면 놀이 상황에서 보이는 모습이 너무 어리게 느껴져 당황스럽기도 할 것입니다. 더구나 세 살이나 어린 동생과 비슷한 수준으로 놀이하는 모습을 볼 때 아이가 퇴행한 것처럼 생각되는 것은 당연합니다. 그런데 사실 더 연령이 높은 아이들도 이런 놀이를 할 때는 조절이 안 되고 마냥 어린아이처럼 흥분합니다. 그러니 아이가 어린 수준의 놀이를 하는 것을 걱정하지 않아도 됩니다.

더구나 유아기에 일반적으로 나타나는 활동을 전혀 하지 않은 아이가 뒤늦게라도 동생과 함께 남성성을 기르는 활동을 하는 것은 너무나 반갑고 환영할 일입니다. 너무 걱정하지 말고 아이가 동생과 함께 놀이를 충분히 많이 할 수 있도록 기회를 마련해주고 격려해주세요. 다만 아이가 동생과 놀면서 자주 울고, 친구들과의 관계에서 자주 우는 것은 걱정될 수 있습니다. 그런데 보통 아이들은 다른 아이들과 놀이를 하고 어울리면서 여러 가지 상황을 겪고 다양한 경험을 하면서 느끼는 감정들을 처리하고 조절하는 연습을 하게 됩니다. 이 아이는 혼자서 놀이를 했기에 다른 아이들과 함께하면서 다양한 감정을 느낄 기회가 거의 없었을 것입니다. 그래서 아직 어떻게 조절해야 할지 몰라 불편한 상황이 되면 우는 것으로 감정 표현을 하는 것입니다.

동생과 더 많이, 더 자주 놀이를 하다보면 미처 자라지 못한 남성성과 공격성이 잘 발달할 것이라 생각됩니다. 건강한 남성성과 공격성은 과격함과 난폭함의 표현이 아니라 적절한 자기 표현과 자기 주장입니다. 동생과 열심히 놀이를 하다보면 자신감도 생기고, 문제 해결력도 커져 유능감을 경험하게 되며, 좋은 아이디어로 동생과 더 재미있게 놀아 기분이 좋아지는 경험도 하게 될 것입니다. 비록 속상하고 억울해서 울음이 나올 때도 있지만 분명 즐겁고 긍정적인 감정과 경험을 더 많이 하게 될 것입니다. 이러한 경험들을 통해 아이는 자기 자신에 대한 신뢰감을 갖게 되고, 그러다보면 더 좋은 해결 방법을 알게 되어 불편한 상황에서 울어버리는 일이 줄어들 것입니다. 활발한 동생으로 인해 큰아이가 놓치고 지나간 경험을 하게 된 것은 아이에게 보석과도 같은 소중한 기회이니 정말 감사할 일이라고 생각하면 됩니다.

 육아 멘토의 한마디

'마음 읽기'를 통해 아이가 동생과 놀면서 겪는 부정적 감정에 대해 알아주고, 자신의 감정이나 의견을 적절히 표현하는 방법을 알려주고 연습시켜주세요. 이때 무작정 엄마가 문제를 해결해주기보다 아이의 의견을 묻고 스스로 문제를 해결할 수 있도록 기회를 주세요. "동생이 큰 칼을 가지면 이길 것 같아 걱정되나보다", "너도 큰 칼을 갖고 싶지", "어떻게 하면 서로 기분 나쁘지 않게 놀 수 있을까?", "둘 다 큰 칼을 갖고 싶을 텐데, 어떻게 하면 좋을까?" 등으로 운다고 혼내기보다는 아이들과 함께 상황을 해결할 수 있는 방법을 찾으면, 아이는 상황을 해결하고 통제하는 것에 좀 더 자신감을 갖게 됩니다. 그러면 불편한 일이 생겨도 적극적인 문제 해결을 통해 자신의 불편감을 해소하려 할 것입니다. 아이와 함께 문제 해결 방법을 찾고 연습하면 동생, 친구와의 관계에서도 좀 더 자신감 있게 감정 조절을 하고 자기주장을 펼칠 능력도 길러질 것입니다.

갑자기
동물을
무서워해요

어릴 적엔 동물을 좋아했는데, 갑자기 동물과 함께 노는 걸 무서워해요.

Q 36개월까지 무서워하는 것이 별로 없었어요. 동물들도 겁 없이 잘 만지고 엄마가 무서운 척하면서 "이게 무슨 소리지?" 하고 물어도 "그거 문소리잖아" 하면서 별로 대수롭지 않게 대답했어요. 그런데 갑자기 작은 일도 무서워하고 잘 만지던 강아지도 무섭다고 울면서 제 뒤에 숨어버리네요. 갑자기 왜 이럴까요? _박준호, 5세

연령이 증가하면서 경험을 통해 무서워하는 것이 늘어날 수 있어요.
트라우마가 생긴 것일 수도 있으니 점검해보세요.

A 두려움이나 공포는 인간의 본능적 정서 중 하나입니다. 불안, 두려움, 공포 등이 느껴져야 위험한 상황에서 벗어나 안전을 추구할 수 있기 때문입니다. 위험한 상황이 무섭게 느껴지지 않으면 그 상황을 벗어나기 위해 도망가거나 숨는 행동이 따라오지 않기 때문에 다치거나 죽는 결과가 나타날 수 있

습니다. 그래서 위험한 상황에서 생명을 보전하기 위해, 인류를 지속시키기 위해 본능적으로 두려움을 느끼는 것입니다.

그런데 이렇게 본능적으로 위험을 감지하고 두려움과 공포를 느끼는 것이 경험을 통해 더욱 확장되는 경우가 있습니다. 아무것도 모를 때는 위험하다고 생각되지 않던 것들이 직접적으로 혹은 간접적으로 경험하면서 위험하게 지각되는 일들이 생기게 됩니다. 아이들은 더 그렇겠지요. 예를 들어 귀엽게 생긴 강아지를 평소에는 자주 만지고 함께 놀았는데, 우연한 기회에 그 강아지가 누군가를 물어 그 사람이 아파하는 것을 보았거나(간접 경험), 자신이 물려서 놀라고 아팠던 경험을 하게 되면(직접 경험) 그다음에 강아지를 보거나 만났을 때 이전과 확실히 다른 감정을 느낄 것입니다. 이전에 반갑거나 즐거운 감정을 느꼈다면 경험한 뒤에는 무섭고 두려워서 피하고 싶은 감정이 들겠지요. 이런 상황은 너무나 자연스러운 일입니다.

그래서 아이들이 무서워하지 않는 것들 중 많은 것을 어른들이 무서워하기도 합니다. 물론 반대로 무섭지만 해결 가능하고 실제보다 덜 위험할 수 있다는 경험들을 통해 아이들이 무서워하는 것 중에서 어른들이 무서워하지 않는 것도 많습니다. 말하자면 아이가 이전에 무서워하지 않았던 것들을 무서워한다면 직간접적인 경험을 했고, 그 결과들을 지켜보았기 때문이라고 볼 수 있습니다. 그러니 아이의 이런 변화는 아이가 다양한 경험을 통해 성장하고 성숙하는 모습을 보여주는 것이라 생각하면 됩니다. 이러한 상황 또한 일정 시간이 흘러 또 다른 많은 경험을 하게 되면 두려워하는 정도가 자연스럽게 줄어들 것입니다. '이 또한 지나가리니' 생각하면서 기다려주면 됩니다.

그런데 그 공포감이나 두려움이 너무 과도하고 공포에 질려 한다면, 혹시 직간접적인 경험이 아이에게 트라우마(외상 후 스트레스)로 남은 것은 아닌지 점검해야 합니다. 일시적인 것이라면 괜찮지만 일정 시간이 지나도 너무 무서워하거나 자주 악몽을 꾼다면, 부모가 볼 때는 대수롭지 않은 사건이었지만 아이에게는 큰 심리적 충격이 되었다고 볼 수 있습니다. 이럴 경우 아이가 안정감을 느낄 수 있도록 평소에 편안해하는 활동들을 많이 시켜주고, 아이가 무서워하면 무조건 안심시켜주기보다는 "너무 큰 소리가 나서 무섭지" 등의 말을 통해 아이가 느끼는 두려움을 부모가 함께해주면 아이가 경험하는 두려움의 정도가 많이 줄어들게 됩니다. 하지만 부모의 노력에도 불구하고 그 정도가 심해진다면 가까운 소아정신과나 아동상담 전문 기관을 방문해 도움을 받는 것이 좋겠습니다.

 육아 멘토의 한마디

아이가 아직 잘 모르는 것들에 대해 간혹 부모들이 일부러 자주 무서워하는 척하면 아이들은 작은 일에도 두려움을 느끼고 겁을 먹게 됩니다. 아직 어릴 때 아이들의 반응이 재미있어서, 혹은 위험한 행동을 못하게 하려고 엄마가 무서워하는 모습을 너무 많이 보여주는 것은 좋지 않습니다. 특히 기질적으로 소심하고 불안감이 높은 아이들은 더 두려움이 커지고 무서워하는 것들이 많아지니 주의하세요.

참을성이
부족해요

화가 나면 참지 못하고 폭력적인 행동을 해요.

Q 다음 달이면 초등학교에 입학하는데 한 번 화가 나면 참지를 못해요. 의자를 발로 차거나 책상을 때리기도 하는데, 못하게 하면 주먹을 쥐고 어떻게 풀어야 할지 몰라 해요. 정말이지 무섭게 행동해요. 이제 곧 새로운 환경에 적응해야 할 텐데, 그러다 친구도 사귀지 못할까 봐 걱정이에요. 어떻게 하면 좋을까요? _최주환, 8세

감정 조절 능력이 길러지지 않아서 그래요.
심하면 주의력 결핍 과잉행동 장애나 적대적 반항 장애를 의심해볼 수 있습니다.

A 이제 학교에 가야 하는데 뜻대로 안 되면 화를 내고, 화를 내는 정도가 물건을 차고 때리는 등 심해서 걱정이 많겠어요. 우선 혹시 집에서는 이런 행동을 보이는데 밖에서는 그러지 않는지 살펴봐야 합니다. 오히려 밖에 나가서

는 주변 눈치를 보면서 더 조절된 행동을 보일 수 있는데, 밖에서는 이런 행동이 수용되지 않는다는 것을 잘 알기 때문이지요. 집에서 이런 행동을 보인다고 밖에서도 꼭 그러리라고 장담할 수는 없어요.

그런데 만약 유치원이나 학원, 친구들과의 사이에서도 집에서와 같은 행동을 한다면 연령을 고려해봤을 때 또래와 비교해 감정 조절이 잘 안 되고 충동성이 높을 수 있으며, 조절 능력이 잘 길러지지 않았다고 볼 수 있습니다.

가장 먼저 생각해볼 것은 가족 중에서 아이가 하는 것처럼 폭발적으로 화를 내는 사람이 있는지 여부입니다. 아이들의 감정 조절과 관련해서 어느 정도는 부모의 태도를 모델링하기 때문에, 만약 부모 중 누군가가 화났을 때 물건을 던지거나 부수며 마구 화를 낸다면 아이들은 자연스럽게 부모의 태도를 따라 할 수 있습니다.

한편 만약 아이의 행동이 심각하다면 심리 장애가 아닐지 고려해봐야 합니다. 특히 초등학생이라면 더욱 그렇습니다. 주의력 결핍 과잉행동 장애 아이들의 경우, 모두는 아니지만 충동성이 높아 참고 견디는 것이 어려워 조절하기 힘들 수도 있습니다. 이런 아이들은 분노 조절이 잘 안 되어 행동으로 자신의 감정을 표현하기도 하는데, 그 정도가 지나칠 수 있습니다.

다음으로 반항 장애를 의심해볼 수 있습니다. 반항 장애의 여러 원인 중 하나가 지나치게 엄격한 훈육인데, 어릴 때부터 너무 엄격한 훈육을 받으면 아이들의 마음속에 화가 쌓여 나중에는 엄마 말을 잘 듣지 않습니다. 이럴 경우 감정 조절이 안 되고 폭발적으로 화를 낼 수 있습니다. 또 부모의 훈육 태도가 지나치게 엄격하고 무섭고 체벌이 심해도 화를 조절하지 못할 수 있습니다.

우선 부모의 양육 태도를 점검해보고 너무 엄격한 훈육을 하거나 체벌을 한다면 수위 조절이 필요합니다. 그리고 화났을 때 말로 표현하는 것을 자꾸 연습시켜야 합니다. "너무 화가 나서 그러지. 그래도 물건을 던지면 안 돼. 엄마한테 얼마나 화났는지 말해봐. 말로 해도 엄마는 네가 얼마나 화났는지 알수 있어" 등과 같이 자꾸 언어로 표현할 수 있도록 행동 제한을 해주세요.

그러나 심리 장애가 의심되거나 부모가 어느 정도 노력했는데도 아이의 태도가 개선되지 않으면 가까운 아동상담 전문 기관이나 소아정신과에 가서 전문가의 도움을 받아야 합니다.

 육아 멘토의 한마디

남자아이를 훈육할 때는 아빠의 도움을 받아보세요. 남자아이들은 자라면서 점차 엄마의 훈육이 효과적이지 않을 때가 생깁니다. 그러면 엄마는 더욱 세게, 더욱 엄격하게 훈육하게 되어 아이와 감정의 골이 깊어집니다. 이런 감정의 골이 남자아이들에게는 화로 쌓여 반항심을 싹트게 합니다. 목소리도 크고 평소 사소한 것으로는 잔소리하지 않던 아빠가 한 번 나서면 남자아이들은 훨씬 더 훈육이 잘되기도 합니다.

지는 것을
참지 못해요

원하는 것은 당장 들어주길 바라요.

Q 평소 기다리는 것을 잘 못해요. 엄마가 설거지하거나 전화를 받고 있어서 당장 들어줄 수 없는 상황에서도 무조건 빨리 해달라면서 화를 내요. 유치원에서도 친구들과 놀 때 순서를 기다리지 못하고 항상 먼저 하겠다고 하고, 마음에 드는 장난감은 먼저 차지해버려 종종 싸움이 벌어진다고 하네요. 뭐든 빨리, 1등으로 하려다보니 달리기에서 지거나, 보드게임에서 지면 울면서 소리부터 지릅니다. _손주한, 6세

충동성 아이들은 상황을 자기중심적으로 판단하고 오해하기 쉬워요.
감정적으로 폭발하기 전에 미리 예측할 수 있도록 이야기해주세요.

A 신생아들은 배가 고프거나 기저귀가 젖으면 그 즉시 울음으로 불편함을 표현합니다. 그리고 엄마의 즉각적인 대처를 통해 이를 해결하는 경험을 합니다. 마치 마법처럼 신비롭고 환상적인 경험일 것입니다. 울기만 하면 엄마

가 와서 척 해결해주니까요. 그러나 발달이 진행되면서 연령에 맞게 욕구를 지연하고 참는 능력이 요구됩니다. 처음에는 당연히 좌절감이 크고 짜증스럽게 느껴질 거예요. 하지만 이러한 좌절과 실패를 잘 이겨낼 수 있도록 도와준다면, 다른 사람과 더불어 살아가야 하는 아이의 적응 능력과 사회성이 보다 잘 성장할 것입니다.

주한이는 원하는 것이 바로 해결되기를 바라네요. 욕구를 참는 것이 힘들고 금방 화로 촉발되는 것 같아요. 먼저, 혹시 기질적인 충동성이 있는 것은 아닌가 살펴봐야 합니다. 기질적으로 충동성이 있는 아이들은 판단도 빠르고, 행동도 빠르고, 이에 따른 감정의 기복이 큰 편이어서 상황을 자기중심적으로 판단하려 하고, 이로 인해 오해하는 경우가 많아요. 만약 기질적인 면이 있다면, 평소 충동성을 조절할 수 있는 일관성 있는 훈육이 이루어져야 합니다.

그다음 평소 부모의 훈육 태도를 뒤돌아봐야 합니다. 아이의 발달 과정에서 일어나는 다양한 시행착오 순간에 부모가 든든하게 기다리면서 버텨주는 것이 중요한데, 혹시 불편함을 미리 해결해주거나 아이가 조금만 화내도 들어주지 않았는지 점검해야 합니다. 연령에 맞는 좌절과 실패를 통해 아이들은 오히려 더 성장하고, 자기 행동과 감정을 조절하는 연습을 하는 거예요.

이 과정에서 핵심은 아이의 감정을 잘 읽어주고 말로 표현해주는 것입니다. 감정이 폭발해버리면 아이는 귀를 닫고 엄마의 다음 이야기를 잘 듣지 못해요. 따라서 예측되는 어려운 상황들에서 아이가 느낄 좌절과 어려움에 대해 미리 설명해주세요. 예를 들어 보드게임을 함께하면서 "이 게임은 여섯 살에게는 어려운 거야. 그래도 한번 해보겠니?", "엄마가 주사위를 던질 때마다 큰 수가 많이 나오네. 엄마가 자꾸 멀리 달아나니까 주한이가 걱정되나보다" 등과 같이 감정적으로 폭발하기 전에 먼저 예측할 수 있도록 표현해주어 아이가 마음의 준비를 하고 보다 적절한 방법으로 자기감정을 표현할 수 있도록 해주면 좋아요.

그리고 아이의 긍정적인 순간을 잘 포착해서 놓치지 말고 격려해주세요. 사소한 말, 행동, 표정 하나도 좋아요. "와, 주한이가 여섯 살이 되니까 이제는 울지 않고 엄마한테 마음을 설명해주는구나. 말로 해주니 엄마도 금방 알겠어." 이렇게 조금씩 조절 능력이 성장하면 다른 사람의 감정과 생각을 읽고 그에 맞게 적절히 대처할 수 있어 결과적으로 좋은 사회성을 키워갈 수 있어요.

 육아 멘토의 한마디

신생아들은 혼자 힘으로 할 수 있는 일이 없고, 주 양육자의 절대적인 돌봄에 의지해서 살아가게 됩니다. 돌이 지나면서 스스로 걷기 시작하고 말을 통해 의사를 전달하는 등 할 수 있는 힘이 생기는 것이지요. 그러나 아직 인지적, 언어적, 신체적으로 발달하는 과정이기 때문에 뜻하는 대로 성공하기란 어려울 것입니다. 계단을 한 칸 오르고 장난감을 맞추는 것도 쉽지 않고, 많은 도전과 성공, 그리고 실패를 경험하게 되지요. 자기 뜻대로 되지 않는다는 것을 경험할 때 이때 부모의 위로와 격려가 가장 중요합니다. 아이의 좌절이 안타까워서 바로 도와주거나 실패할 것 같은 상황에서 먼저 해결해주는 등 과보호하면 오히려 아이의 조절 능력에 방해가 됩니다. 그 연령에서 감당할 수 있는 실패와 좌절을 경험하고 이를 스스로 해결해나가는 태도는 자율성과 주도성이 성장하는 데 중요한 바탕이 됩니다.

5장

아이의
사회성에 관한
즉문즉답

인형 친구가
자꾸
늘어나요

인형 친구를 만들어서 놀고 밤에도 같이 자려고 하는데 괜찮은가요?

Q 아직 어린이집에 다니지 않는데, 집에서 인형들로 친구를 만들어놓고 자꾸 자기가 하는 일을 인정받고 싶어 합니다. 이렇게 인형 친구를 다섯 개 정도 만들어 밤에도 같이 자려고 하는데, 인형으로 자꾸 친구를 만들어도 괜찮나요? _ 민태호, 3세

인형으로 하는 놀이는 사회성을 키우는 좋은 연습이에요.

좀 더 다양한 상황을 연습할 수 있도록 인형 놀이를 함께해보세요.

A 이런 놀이는 괜찮습니다. 아이들은 놀이로 자기가 하고 싶은 것이나 힘들었던 것을 표현하곤 합니다. 사실 어른들은 힘든 일이 생기면 언어로 표현할 수 있지만, 아이들은 감정을 말로 할 수가 없습니다.

언어로 표현이 가능해지는 5~6세가 되어도 그냥 "친구가 나랑 안 놀아줘요"라고 이야기하는 정도입니다. 그런 아이들이 자신을 잘 표현하는 수단이

바로 놀이입니다. 아이들은 놀랍게도 놀이로 정말 많은 것을 표현합니다. 그래서 놀이만 잘 지켜봐도 아이의 마음을 알 수 있습니다. 이렇게 심리 상담을 접근하는 게 놀이 치료입니다. 따라서 아이들이 놀이 행동을 할 때 방해하지 않고 잘 지켜보며 같이 놀아주는 것도, 아이들의 문제를 잘 해결할 수 있는 방법이 됩니다.

세 살 아이가 인형으로 친구 놀이를 한다는 것은 좋은 신호입니다. 이건 사회적 관심이 있고, 관계 요소를 이해하고 있다는 뜻입니다. 사회적 관심 유무가 사회성의 중요한 단서가 됩니다. 또한 이런 인형 역할 놀이를 통해 앞으로 만날 친구들과의 관계를 연습해보게 됩니다. 연습을 많이 할수록 다음 상황에 더 잘 적응할 수 있습니다. 이렇게 놀이로 친구 관계를 연습하는 아이라면, 엄마가 인형 놀이에 참여해 친구 관계에서 생길 수 있는 다양한 상황을 연습시켜주면 아이의 사회성 발달에 많은 도움이 될 것입니다. 또한 너무 인형만 가지고 노는 게 걱정된다면 아이들이 많이 나오는 시간에 놀이터에 나가서 또래 아이들과 놀이 경험을 할 기회를 마련해주는 것이 좋습니다. 이때 집에서 연습한 것을 실제 또래와의 관계에서 적용해보는 기회가 되므로 잘 활용하면 좋겠습니다.

마지막으로, 아이가 인형과 함께 잠드는 것은 세 살이라는 나이를 고려할 때 문제 되는 행동이 아닙니다. 아이들은 밤에 엄마가 옆에서 잔다고 할지라도 눈을 감으면 엄마와 분리되므로 잠드는 것이 힘들 수 있습니다. 그렇지만 품속에 엄마 대신 뭔가 하나 있다면 안심하게 됩니다. 그래서 담요나 인형, 베개 등을 안고 잠드는 것입니다. 이런 행동을 아이들에게 허용해주고 엄마도 인형들에게 "안녕, 잘 자!" 하며 뽀뽀해주면 됩니다.

놀이는 아이들의 인지행동정서 발달에 좋은 도구입니다. '새들은 날아다니고, 물고기는 헤엄치고, 아이들은 놀이한다'라는 말이 있습니다. 이 말은 아이들에게 놀이는 그만큼 자연스러운 것이고, 하나의 삶이라는 뜻입니다. 아이들은 놀이를 통해 실패도 경험하고 도전도 하고, 연습도 하고, 학습도 하면서 많은 것을 얻게 됩니다. 따라서 아이가 좋아하는 놀이가 무엇인지, 놀이에서 뭘 표현하고 있는지 등만 잘 관찰해도 내 아이가 어떤지 한눈에 알아볼 수 있습니다. 천 마디 말보다 30분 동안 아이를 집중해서 바라보는 것이 훨씬 더 많은 것을 알게 합니다.

친구를
때려요

친구를 자꾸 때리는데, 사회성은 언제부터 생기나요?

Q 돌이 지난 아이가 자꾸 친구를 때리는데, 사회성이 없는 것 같아 걱정입니다. 사회성은 언제부터 생기는 건가요? _박준서, 2세

돌 연령의 아이에게서 사회성을 판단하기는 너무 일러요.
여러 준비 과정을 거쳐 초등학교에 들어가면서 사회성이 만개하게 돼요.

A 돌 지난 아이에게 사회성을 이야기하는 것은 좀 무리입니다. 사회성에 문제가 있다 없다를 논하려면 일반적으로 만 5~6세는 되어야 합니다. 그 이전은 사회성을 발달시키기 위한 기초 공사 시기입니다. 0~2세는 나는 누구지? 나랑 함께하는 너는 누구냐? 아, 엄마구나. 엄마가 나를 이렇게 예뻐하는구나. 나는 사랑받는구나. 이런 것을 통해 '나네! 너네!'라는 것을 이야기하는 시기입니다. 세상에 나라는 존재가 있다는 것을 확인해가는 과정이지요. 그 다음에 만 2~3세 정도 되면 엄마를 떠나 친구를 만나볼까 하는 생각을 하게

됩니다. 이것이 조금 더 사회성으로 개념화되려면 만 5~6세 정도 되어야 합니다. 그 이전에는 사회성이라기보다 사람에게 관심을 보이는 시기여서 다른 사람과 어울리고 싶어 하는지 그렇지 않은지 정도로 아이의 사회성을 엿볼 수 있습니다. 이때 형성된 사회성을 기초로 삼아 학교에 입학하면서 조금씩 발휘되어 점점 꽃이 피게 됩니다. 즉 사회성은 만 5~6세 정도의 유치원 시기부터 서서히 꽃 피기 시작해 초등학교 들어가서 만개하는 것입니다.

초기에는 애착 관계를 통해 사람에 대한 신뢰감, 세상에 대한 좋은 느낌을 갖게 해줍니다. 사람에 대한 믿음과 관심이 생기면 점점 친구를 찾고 친구 관계를 형성하면서 친구들의 행동을 따라 하기도 합니다. 때로는 욕도 하고, 웃기는 행동도 하면서 친구들의 행동을 거름장치 없이 따라 하게 됩니다. 그러나 사회성은 모방 능력과 함께 되고 안 되는 것을 구별할 수 있어야 합니다. 되고 안 되는 것은 경험을 통해 스스로 얻을 수도 있지만 부모의 훈육으로 얻게 됩니다. 좋은 행동과 좋지 않은 행동에 대해 알려주고, 약속과 규칙에 대한 이해, 그에 따른 책임, 이 모든 것이 사회성을 기르기 위한 연습입니다. 따라서 돌 정도 된 아이를 대상으로 이런 것을 평가하기는 무리입니다.

그렇다면 사회성이란 도대체 무엇일까요? 사회성의 정의를 내리면, 사회의 기준에 맞게 행동하고 원만하게 남들과 사귀고 갈등을 잘 해결하며 집단 생활을 즐기고 참여하는 것입니다. 아주 짧게 얘기하면 '다른 사람과 잘 어울려 지낼 수 있는 능력'입니다. 사회 기준에 맞게 행동하려면 도덕성이 있어야 합니다. 규칙과 법을 잘 지키기 위해서는 조절 능력이 있어야 합니다. 성격이 원만하려면 애착이 잘 형성되어야 합니다. 초기에 부모와 기본적인 관계가 잘 맺어지면 다른 친구들하고 좋은 관계를 맺을 수 있는 능력이 생깁니다. 갈등을 잘 해결하기 위해서는 공감 능력이 있어야 하고, 자신의 정서를 표현할 수 있는 능력이 있어야 갈등을 화가 아닌 대화로 풀어갈 수 있습니다. 이렇게 사회성이 잘 발달하려면 사회성이라는 큰 범주 안에서 다양한 능력이 차근차근 발달되어야 합니다. 이 중 한 가지 능력에라도 어려움이 있거나 구멍이 생기면 사회성 발달에 문제가 생기는 것입니다. 따라서 사회성은 한 순간에 형성되는 것이 아니기 때문에 한 번에 해결하려 하기보다는 조금씩 조금씩 쌓아가야 합니다.

 육아 멘토의 한마디

사회성은 단순하게 차려진 1첩 반상이 아닙니다. 다양한 재료를 가지고 정성스럽게 준비된 수라상입니다. 또한 명절에 받는 종합선물세트 같은 것입니다. 세트에는 한 가지 중요한 물건뿐 아니라 생활에 필요한 각종 일상용품이 들어 있습니다. 이처럼 사회성은 종합선물세트처럼 많은 능력을 갖고 있습니다.

친구 관계를
유지하기
힘들어해요

초반에는 친구가 많았다가 학기말이 되면 없어지는데, 왜 그런가요?

Q 학년이 시작되는 3~4월에는 친구가 많은데, 4월이 넘어가면서부터 친구
가 한 명씩 떨어져나갑니다. 그러다가 학기말이 되면 친구가 없어집니다. 왜
그런 걸까요? _서진우, 9세

관계를 맺는 건 가능하지만 유지하는 능력이 없어서 그렇습니다.
관계를 유지하기 위해서는 남을 이해하는 능력이 필요합니다.

A 관계를 맺을 수는 있는데 유지가 안 되기 때문에 이런 상황이 벌어지는
겁니다. 관계를 못 맺는 것도 문제지만, 이것을 유지하지 못하는 것도 상당한
문제가 될 수 있습니다. 뭐든 유지하는 것이 어려운 것처럼, 사회성에는 유지
하는 능력도 포함됩니다. 관계를 유지하기 위해서는 남을 이해하고 어울려
살 수 있는 마음이 있어야 하는데, 어울려 살기 위해서는 남을 이해해야 됩니
다. 이렇게 남을 이해하는 능력이 부족하면 아이들은 "친구들이 다 나를 괴롭

혀요", "나랑 안 놀아줘요", "나를 놀리는 것 같아요"라고 이야기합니다. 물론 그런 경우도 있겠지만, 대부분은 아이들이 상황에 대한 이해를 전혀 하지 않기 때문입니다.

학령기 이전의 아이들은 모든 것을 자기 관점에서 바라보기 때문에 다른 사람의 관점을 이해하지 못하는 것이 당연합니다. 그러나 학령기 이후에는 대부분 다른 친구와 서로 배려하고 나누고 이해하기 때문에 자신의 관점만 고집하는 친구와는 함께 어울리고 싶어 하지 않습니다. 친구와 잘 지내기 위해 꼭 필요한 것이 타인을 이해하는 마음입니다.

이와 관련된 이야기가 있습니다.

굉장히 잘생긴 나르시스 주변을 요정들이 맴돌면서 "나랑 사귀어요, 나랑 사귀어요" 노래했습니다. 그러나 나르시스는 요정에게 관심이 없었습니다. 그러자 요정들의 불만이 커졌습니다. 그때 주변을 지나가던 에로스가 요정들의 불만을 알고는 '그래? 내가 한 번 약을 올려야겠다' 하고는 나르시스가 우물가에서 자기 얼굴을 보고 있을 때 사랑의 화살을 쏴버렸습니다. 이 사랑의 화살을 받은 사람은 첫눈에 본 사람과 사랑에 빠지기 때문에 나르시스는 우물가에 비친 자기 모습을 보며 그만 사랑에 빠져버렸습니다. 그래서 그다음부터 시름시름 앓기 시작했습니다. 왜냐하면 사랑에 빠진 자기 얼굴을 만지려고 하니, 우물 속에 비친 자기 모습이 계속 흩어져버려 도저히 가까이 갈 수 없었기 때문입니다. 그래서 시름시름 앓다가 결국 사랑하는 자기를 찾아 우물로 들어가 빠져 죽었고, 그 자리에 수선화가 피어났습니다.

자기만 사랑하는 나르시시즘은 현대인에게 가장 많이 나타나는 증상 중 하나입니다. 나르시시즘이란 이기주의와 조금 다르게 자기애적 성향이라고 이야기합니다. 이런 성향이 강한 아이는 주변을 살피지 않고 자기만 사랑하고 자기만 쳐다봅니다. 남에 대한 이해가 없고 자기만 쳐다보기 때문에 친구가 자기를 쳐다보기만 해도 혹시 자기를 보고 뭐라고 하는 것 아닌지, 혹은 자기를 어떻게 생각하는지 의심하게 됩니다. 이처럼 남을 이해하고 어울려 살지 않고 나만 생각하다보니 사회성에 상당한 문제가 생길 수 있습니다.

타인을 잘 이해하기 위해서는 자신의 의견이 잘 받아들여진 경험이 많아야 합니다. 집에서 엄마가 아이의 마음 읽기를 많이 해주고, 엄마와의 갈등 상황에 엄마의 생각, 느낌을 나 메시지(I message)로 전달하는 것도 좋은 방법입니다. 또한 사람들은 서로 생각이 다른 것이 당연하고, 다른 것이 틀린 것은 아니라는 가치관을 심어주는 것도 도움이 됩니다. 자신의 마음이 작다고 느끼는 아이는 남을 돌아볼 여유가 없습니다. 따라서 아이가 든든한 마음을 가질 수 있도록 심리적 자원을 많이 충전해주기 바랍니다.

어떤 아이들은 친구가 많은 것 같은데 친한 친구는 없다고 말합니다. 이런 경우는 관계를 피상적으로 맺기 때문입니다. 단 한 명의 친구라도 마음을 나누며 진심으로 만나야 진정한 사회성이 꽃피는 것입니다. 사회성은 함께 있기만 한다고 발달하는 것이 아니라 마음을 함께 나누어야 합니다.

 육아 멘토의 한마디

타인을 이해하는 첫 번째 방법은 경청입니다. 경청을 하려면 마음과 눈과 귀가 한꺼번에 상대방에게 가 있어야 합니다. 엄마가 배운 대로 "응, 응, 그랬어? 그랬구나!" 이것을 말로만 하는 것은 경청이 아닙니다. 눈에서는 레이저가 나오고, 화나서 목소리는 떨리는데, 그래도 공감해야 한다고 "그랬구나"라고 말하면 아이는 '엄마가 내 이야기를 듣고 있다'는 느낌을 받지 못합니다. 엄마가 아이의 말을 진심으로 들어주어 아이가 엄마를 통해 경청을 연습할 수 있도록 도와주세요. 엄마가 잘 들어주면 아이는 밖에 나가서 친구들에게 경청의 태도를 가질 수 있습니다.

양보만 하는 아이,
괜찮나요?

친구들에게 너무 양보만 해서 걱정이에요.

Q 친구 사이에서 내 것을 챙기지 못하고 계속 양보만 합니다. 양보하는 것이 좋은 태도이긴 하지만 때로는 걱정됩니다. 계속 양보하도록 놔두어야 하나요? 아니면 계속 양보할 때 옆에서 도와줘야 하나요? _윤시연, 7세

놀이를 통해 자기 표현을 할 수 있는 경험을 하게 해주세요.
내 것을 지키는 것이 중요하다는 것을 알려주세요.

A 너무 양보만 하는 아이들은 제 몫을 챙기지 못하는 경우가 많습니다. 그렇다고 양보하지 말고 네가 원하는 대로 하라고 말할 수도 없습니다. 따라서 잘하는 부분은 그냥 놔두고, 자기가 원하는 바를 표현해야 할 때 "네가 원하는 것을 한번 표현해봐"라고 조언해주면 됩니다. 그런데 갑자기 자기 표현을 하려면 힘들 수도 있습니다. 자기 표현에 도움이 되는 첫 번째 방법은 놀이를 통해 자기 의견을 주장하는 연습을 해보는 것입니다.

자기주장을 할 수 있는 놀이를 몇 가지 살펴보겠습니다.

첫 번째는 '우리 집에 왜 왔니, 왜 왔니' 놀이입니다. 엄마랑 아빠가 같은 편을 먹어 아이가 "누구 꽃을 찾으러 왔단다, 왔단다" 하면서 쉽고 재밌게 자기주장을 해보게 합니다. 이런 놀이를 하다보면 자기가 원하는 사람을 지목하고 표현하면서 조금씩 자기주장을 경험하게 됩니다.

두 번째는 '스피드 퀴즈' 놀이입니다. 가족들이 다 같이 모여 한 사람이 어떤 것을 설명하면 나머지 가족이 맞히는 게임입니다. 예를 들어 '토끼'를 설명하고 싶다면 자신의 몸과 언어를 통해 토끼의 모습을 떠올려 다른 사람이 알아맞힐 수 있도록 표현하는 것입니다. 이러한 놀이는 다른 사람이 내가 생각한 것을 알아들을 수 있도록 설명하는 연습이 됩니다.

세 번째는 '가라사대 게임' 놀이입니다. 가라사대 게임은 "누구 가라사대 손 올려" 할 때만 손을 올리는 게임으로, 가라사대라는 말 없이 그냥 "손 올려"라고 할 때는 손을 올리면 안 됩니다. 이 놀이는 상대방의 말을 귀 기울여 들어야 하므로, 타인의 이야기를 듣는 연습과 동시에 내 말에 모든 사람이 귀 기울여주는 좋은 경험도 됩니다. 그러면 아이는 '내 이야기를 다른 사람이 열심히 듣네, 내 주장이 잘 받아들여지네' 하는 생각을 가지게 됩니다.

그다음에는 양보하는 것도 좋지만 그보다 내가 소중하다는 가치관을 먼저 가지게 해줘야 합니다. 양보는 스스로 배려하고 싶어 선택한 행동이어야지, 타인에게 좋은 인상을 주기 위해, 또는 사회적으로 바람직한 거니까 싫은데도 할 수 없이 해서는 안 됩니다. 진정으로 양보를 잘하는 아이가 되기 위해서는 내 것을 지킬 수 있어야 합니다. 그래야 양보했을 때 불편한 마음보다 든든한 마음이 들게 됩니다. 마음속에 가진 것이 많은 사람은 나누는 것이 조금 더 쉽습니다. 아이들도 자신이 많이 갖고 있다는 믿음이 있어야, 스스로 베풀 수 있습니다.

따라서 평소 아이의 물건을 소중히 여기고, 아이와의 약속을 지키려 노력하고, 무언가를 선택할 때 아이의 요구가 받아들여진 건지 확인해보기 바랍니다. 혹은 친구와 놀이를 하기 전에 "네가 소중하게 생각하는 장난감이어서 친구와 함께 가지고 놀고 싶지 않다면 여기 보물상자에 보관해두자" 하며 아이가 자기 것을 지키는 것이 나쁜 것이 아니라 필요한 것이고 당연하다는 생각이 들도록 해줘야 합니다. 자신의 생각대로 행동하고, 자신이 원하는 것을 얻으려는 것은 욕심이 아니라 당연한 것이고, 굉장히 중요하다는 것도 알려줘야 합니다. 이렇게 될 때 <u>스스로</u> 양보를 선택하게 됩니다.

육아 멘토의 한마디

자기 표현을 늘릴 수 있는 또 한 가지 팁은 아이들과 책을 읽거나, 여행을 다녀오거나, 관람을 할 때, 경험한 것에 대한 놀이나 이야기를 하는 것입니다. 아이들에게 무언가를 얘기하게 할 때, 생각해서 자기 표현을 하라고 하면 힘들어합니다. 하지만 엄마, 아빠와 함께했던 경험에 대해 이야기하면 좀 더 쉽게 시작할 수 있습니다. 만일 뽀로로 공연을 보고 왔을 경우, "그 뽀로로가 왜 웃었지?"라는 이야기를 하면 공연을 보면서 느꼈던 생각이나 느낌을 편안하게 표현하게 됩니다. 이렇게 자기 표현은 자연스럽고 쉽게 시작해야 합니다.

타협을
잘 못해요

요청을 하지 못하고, 다른 사람 말을 잘 듣지 않고,

타협하지 못하는 아이를 어떻게 해야 할까요?

Q 누군가에게 요청을 잘 못합니다. 또한 위험한 행동을 자제시키고 욕심을
내기보다는 양보하라고 권했더니 늘 밀리고, 맞고 울고, 다른 사람 말도 잘
안 듣고, 타협이 안 되는 것 같아요. 어떻게 하면 좋을까요? _진태훈, 4세

형제나 엄마와 역할 연습을 많이 하세요.

엄마가 아이의 이야기를 진심으로 들어주는 시간을 가져보세요.

A 네 살이라면 만으로 세 살 연령이므로 아직 어렵습니다. 타협 능력이 발
달하려면 적어도 초등학생은 되어야 합니다. 따라서 지금 연령에선 "이거
줘", "고마워", "내 거 갖고 놀아" 정도로만 연습할 수 있도록 도와주면 됩니다.
그리고 친구가 아이에게 요청할 때 옆에 있는 장난감을 주면서 "그러면 너 이
거 해"라고 간단한 대안을 주는 연습을 해볼 수도 있습니다.

친구 관계는 친구 사이에서 직접적으로 연습하는 것이 가장 좋지만, 지금은 너무 어린 연령이어서 연습하기 어렵기 때문에 엄마하고 역할 연습을 해보는 것이 좋습니다. "난 이거 가지고 놀고 싶은데, 넌 이거 갖고 놀래?", "한번 놀고 줄게" 하는 말을 많이 연습시키면 아이 입에 이 말이 자연스럽게 붙어, 비슷한 상황에서 연습한 말이 저절로 튀어나옵니다. 형제가 있으면 집에서 형제끼리 연습시키고, 안 되면 엄마와의 관계에서 반복해서 서로 양보하고 대안을 주는 연습을 해보기 바랍니다. 6~7세 정도 되면 다른 친구들보다 훨씬 조율을 잘하는 아이로 성장할 것입니다.

요청을 잘 못한다면 우선 공감을 많이 해줘야 합니다. 자신의 마음을 알아야 원하는 것도 알 수 있고, 원하는 걸 인식해야 요청도 할 수 있습니다. "네가 찡그리는 걸 보니까 화났구나", "내가 화나서 소리 지른 거구나" 하고 이야기해주면, 아이들이 자신의 감정과 행동을 연결해서 생각할 수 있고, 지금 어떤 마음인지도 알 수 있습니다. 자기를 아는 것이 자기 표현의 첫 단추가 될 수 있습니다.

타협을 잘하려면 내 이야기를 하면서 다른 사람의 말도 잘 들을 수 있어야 합니다. 남의 이야기를 잘 안 듣는 태도를 가진 어린 연령의 아이라면, 특히 부모의 모든 것이 본보기가 될 수 있습니다. 예를 들어 "친구가 이야기할 때 잘 들어야해" 이렇게 해놓고 엄마는 아이가 이야기할 때 핸드폰을 보거나 청소하면, 아이들은 이러한 행동을 모방하게 됩니다. 그렇기 때문에 백 마디 말보다 한 번의 실천이 사회성에 더 효과적입니다. 그렇게 해서 아이가 이야기를 시작하면 잘 듣고 "아, 그랬어? 그랬단 말이야?" 하며 지금 엄마가 네 이야기를 잘 듣고 있다는 태도를 보여주기 바랍니다. 그리고 엄마가 이야기할 때 아이가 다른 행동을 하면, "에이, 잠깐만. 엄마 이야기하는데 좀 들어봐" 하고,

"엄마 이야기 들으면서 고개를 좀 끄덕여줘야 돼"라면서 구체적으로 행동을 알려줘야 합니다.

가끔 아이들이 "왜 엄마는 응만 해"라고 할 때가 있습니다. 그러면 엄마들은 좀 뜨끔해집니다. 상호 작용 속에서 상대방의 모습이 그대로 드러나기 때문에 건성으로 들으면 아이들도 눈치채게 됩니다. 게다가 아이들은 엄마의 반응에 촉각을 곤두세우기 때문에 단박에 알아차립니다. 따라서 하루에 5분만이라도 아이의 눈을 보면서 진심으로 이야기를 들어주기 바랍니다. 이렇게 하면 아이는 '아, 엄마가 내 이야기를 잘 듣는구나', '엄마가 내 이야기를 잘 들어줄 만큼 나는 굉장히 소중한 존재구나' 하는 생각을 갖게 합니다. 이런 경험은 또한 자존감에도 도움이 됩니다.

 육아 멘토의 한마디

대부분의 엄마가, 집에서는 아이가 무조건 엄마 말을 듣기를 원하면서 밖에 나가서는 다른 사람한테 자기주장을 하길 원합니다. 이건 정말 힘든 일입니다. 엄마하고도 안 되면 다른 아이들하고도 안 된다고 봐야 합니다. 그렇기 때문에 아이가 부정적인 이야기를 할 때 엄마가 조금 귀담아 듣고 "아, 네 생각은 그래?" 하고 공감해주면 아이는 좀 더 편안하게 자기주장을 할 수 있습니다.

싫다는 감정을
잘 전하지
못해요

친구들에게 배려도 잘하고 인기도 많은데, 싫다는 표현을 못해요.
어떻게 도와줘야 하나요?

Q 유치원 선생님 말에 따르면 친구들에게 배려도 잘하고 인기도 많다는데
싫다는 표현을 잘 못합니다. _박수연, 6세

싫다는 표현과 함께 싫은 이유에 대한 이야기를 해보세요.
싫다면 다른 좋은 대안을 찾도록 도와주세요.

A 아이가 어떤 상황에서 싫다고 대답했을 때 혼나거나 부당한 대우를 받은
경험이 있었는지 생각해보세요. 그와 유사한 경험을 한 아이는 싫다고 말해
야 하는 상황에 처하면 눈물이 날 겁니다. 그리고 '아, 나는 사랑받지 못하는
구나'라고 생각하게 되면서 싫다는 말을 더 하지 못합니다. 따라서 평소에 아
이가 "엄마, 나 이거 싫어"라고 말할 때 "그랬어? 어떤 게 싫었는데?" 하고 물
어 왜 싫은지 자세히 표현할 기회를 줍니다. 그러면 아이는 '아, 이렇게 싫다

는 말을 해도 엄마한테 혼나지 않는구나'라고 생각할 수 있습니다. 이렇게 되면 아이들은 조금 더 편안하게 이야기할 수 있습니다. 집에서는 엄마에게 반대 의견을 제시하거나 부정적인 이야기를 못하게 하면서, 밖에 나가서는 "싫으면 싫다고 말해"라며 자기주장을 똑바로 하길 바라는 건 말이 안 됩니다. 엄마 앞에서도 엄마가 틀린 것과 싫은 걸 이야기할 수 있어야 합니다.

엄마들은 아이의 의견이 자신과 다를 때 화나는 경우가 있습니다. 그래서 얼마나 화를 내야 하는지, 그냥 넘어가야 하는지, 다 받아줘야 하는지, 그때그때 잘못되었다고 알려줘야 하는지 고민하게 됩니다. 아이들이 화를 내는 데는 분명 이유가 있습니다. 일단 이유를 말하도록 한 다음 해결 방안을 제시해야 합니다. 예를 들어 "너 이 닦아야 돼"라고 했는데, "싫어, 나는 안 할 거야"라며 그냥 가면, "그래, 싫구나. 닦지 마" 이럴 수는 없습니다. 그럴 때 "에이, 그렇게 싫었어. 그런데 어떡하지? 싫어도 이건 네가 해야 돼. 안 하면 병원 가야 된단 말이야. 이리 와, 엄마랑 같이 하자"라고 말한 다음 대안을 주거나 타협점을 찾아야 합니다. 나쁜 감정을 이야기해도 안전하다고 느낄 수 있도록 도와줘야 하는 것입니다. 아이나 엄마의 감정이 폭발한 상황에서는 "그랬어"라고 말하기 어렵습니다.

사실 감정이 폭발하는 순간은 누구도 조절하기 어렵습니다. 따라서 항상 폭발하기 전에 마음의 신호를 알아차려야 합니다. 아직 아이들은 어른만큼 복잡하지 않습니다. 어른들은 그동안 누적된 게 많아 감정 표현의 이유를 금방 알아차리기 어렵지만 아이들은 누적된 게 적기 때문에 조금만 관찰하면 '아, 아이가 이럴 때는 이렇게 반응하는구나', '이럴 때는 이렇게 싫어하는구나' 하는 것을 금방 알 수 있습니다. 엄마이기 때문에 내 아이에 대해서 다른 사람보다 훨씬 더 민감하게 알아차릴 수 있습니다. 그래서 엄마의 역할이 정말 중요합니다.

　가끔 아이들이 "엄마 없으면 좋겠어. 다른 엄마면 좋겠어. 엄마 죽었으면 좋겠어"라는 말을 하는데, 그러면 엄마들은 기절할 정도로 깜짝 놀랍니다. 그러나 아이가 이런 말을 하는 데는 다 이유가 있습니다. 아이들은 어른만큼 말이 잘 나오는지 않는 데다, 엄마는 이미 자기보다 훨씬 권력자이기 때문에, 엄마를 질리게 하지 않으면 자기가 압도된다고 생각해 말을 험악하게 하는 것입니다. 그럴 때 아이에게 "어디서, 이런……" 하며 엉덩이를 때리거나 입에 거품 물지 말고, "그렇게 화났어? 세상에…… ○○야, 그런데 그렇게 말하면 안 돼. 그럴 때는 '엄마 나 진짜 화났어' 이렇게 말해야 돼"라는 식으로 표현 방법을 알려주면 됩니다.

육아 멘토의 한마디

　배운 대로 아이들에게 잘하려고 하는데 막상 상황이 닥치면 마음의 여유를 찾기가 힘듭니다. 잘 안 될 때는 엄마들도 좌절하는 게 당연합니다. '내가 이렇게 최선을 다하는데 아이는 왜 이렇지?' 하는 생각이 들고, 그것이 쌓이면 화로 표출되기도 합니다. 화가 많이 날 때는 심호흡을 하면 도움이 됩니다. 온몸에 힘을 주고 심호흡하면서 숨을 들이쉽니다. 그런 다음 숨을 쉬지 않은 채 온몸의 힘을 조금씩 빼면서 숨을 천천히 내쉽니다. 심호흡을 세 번 정도 반복하면서 숨을 멈췄다가 다시 내쉬면 조금 이완됩니다. 그런 다음 "잠깐만, 엄마가 지금 너무 화나", "세상에, 네가 그렇게 이야기하니까 엄마도 너무 화난다"라고 말한 뒤, '나 전달법'으로 엄마의 상황을 이야기해줍니다.

감정이 올라온 상태에서는 공감이 안 됩니다. 그래서 이럴 땐 "엄마가 지금 너무 화나서 더 말하면 너한테 막 소리 지를 것 같으니까, 잠깐만…… 기다려"라고 말한 뒤 심호흡을 하면 아이도 그 상황에서 약간 떨어지면서 엄마의 눈치를 조금 보고 자기감정을 조절할 시간이 생깁니다. 감정이 올라온 순간에는 훈육이 안 되니, 최대한 감정이 진정되었을 때 이야기해야 합니다.

친구들이
안 놀아준대요

유치원 친구들이 자기랑 안 놀아준다는 말을 자주 해요.

Q 유치원에 갔다 오면 늘 재미없었다고 말해요. "친한 친구가 없다, 친구들이 나랑 안 놀아준다"는 말을 자주 해서 걱정입니다. 유치원 첫날 용기를 내어 옆 친구에게 먼저 인사했는데, 친구가 아이를 미처 못 보고 자기 엄마에게 뛰어가서 속상했다는 말을 6개월이 지난 지금까지 합니다. 어려서부터 소리에 좀 예민하긴 했지만, 집에서는 늘 웃음도 많고 밝은 편입니다. _박형석, 6세

조망 수용 능력이란 보다 넓은 시야로 전체를 고려할 수 있는 힘이에요.
상황 설명에 앞서 엄마의 의도나 기분을 생각해보는 기회를 주세요.

A 우리는 혼자서는 살 수 없고 평생 다른 사람들과 더불어 관계를 맺으며 함께 살아가야 하는 존재입니다. 보다 유연하게 적응하고 다른 사람과 좋은 관계를 맺는 능력을 '사회성'이라는 말로 설명할 수 있습니다. 개인마다 다른 외모를 갖고 있듯이, 선천적인 기질이나 성격 등도 다르며, 사회성 역시 차이

가 나는 것은 당연합니다. 모임이나 약속을 좋아하고 사람들과의 만남을 통해 스트레스를 해소하는 외향적인 사람이 있는 반면에, 새로운 사람에게 먼저 다가서지 못하고 혼자 있는 것을 더 선호하는 내향적인 사람도 있을 것입니다. 좋은 사회성은 단순히 사교성이 있느냐보다, 연령에 적합하게 주변 사람들과 좋은 관계를 맺고 사회적 적응을 잘해나가며 자기 발달과 성장을 편안하게 하고 있느냐가 더 중요합니다.

형석이는 다소 소심하고 내향적인 면이 있는 듯합니다. 친구의 사소한 행동이나 반응을 무슨 의도가 있는 것으로 해석해 쉽게 상처받기 때문에 다시 다가서는 게 쉽지 않을 것입니다. 특히 형석이처럼 어려서부터 청각이 예민한 아이들은 상황을 보다 더 크게 받아들이는 경향이 있습니다. 친구의 장난치는 고함이나 툭 던지는 말투도 매우 예민하게 받아들여 '나를 싫어해서 화내는 것'으로 오해할 수 있습니다. 가족들과의 상호 작용은 익숙하고 예측 가능하기 때문에 오해하거나 잘못 받아들이는 것이 적을 수 있습니다. 혹시 오해가 생겨도 즉시 다뤄줄 수 있고요. 그러나 유치원이나 놀이터 등에서는 친구들의 돌출 행동이나 짓궂은 장난을 크게 받아들여 오해하고 속상하더라도 이를 말로 충분히 표현하지 않으면 친구들은 형석이의 속상한 마음을 알지 못해 그냥 넘어가는 경우가 많았을 것입니다. 이런 상황을 형석이가 거절로 받아들이면, 다양한 친구들과의 즐거운 적응이 힘들어질 수밖에 없겠지요.

무엇보다 아이가 상황을 객관적으로 보고, 상황 전체를 조망하고 이해할 수 있는 힘을 키워야 할 것입니다. 물론 아직 발달 과정에 있는 유아기 아이들은 돋보기를 들고 자기 입장에서 우선적으로 들여다보려는 미숙한 태도가 있는데, 이 역시 자연스러운 모습입니다. 그러나 차차 보다 넓은 시야로 상황 전체를 고려할 수 있도록 부모가 도와줘야 하는데, 이를 '조망 수용 능력'이라고 합니다.

일단 집에서 가족들과 먼저 시작하는 것이 좋습니다. 일상의 다양한 상황을 설명하기에 앞서, 엄마의 의도나 기분을 아이가 떠올리도록 "형석아, 엄마가 왜 지금은 안 된다고 이야기하는 것 같아?"라고 물어보세요. 그리고 아이의 마음이나 생각을 엄마도 말로 표현해주세요. "잠깐만, 형석이 표정을 보니까, 엄마가 미워서 그런 게 아니라 지금 양치질하기 싫어서 토라진 거구나. 알겠어, 그럼 조금 있다가 하자. 지금처럼 하기 싫을 때는 혼자 토라지지 말고 엄마한테 말해줘. 말을 안 하면 엄마는 네 마음을 잘 모르거든." 이처럼 일상에서 끊임없이 다뤄주는 것이 좋습니다. 또한 줄거리가 있는 동화책이나 텔레비전을 볼 때도 이렇게 해주면 도움이 됩니다.

그리고 평소에 친구와 어울릴 기회를 많이 만들어, 아이가 관계에서의 즐거움과 자신감을 키워가는 것도 좋습니다. 사회성을 키우는 데는 연습이 중요합니다. 처음부터 여러 명의 아이와 어울리는 것보다는 마음이 맞는 친구한 명을 집으로 초대해 익숙한 공간에서부터 시작하는 것이 좋습니다. 이때 아이가 친구와 상호 작용하는 모습을 잘 지켜보고, 놀이 도중에 아이가 친구의 행동이나 말을 오해하거나 자주 토라지면 나중에 다시 진지하게 다뤄주고 대처 방법에 대해 아이와 함께 이야기하는 것이 좋습니다.

육아 멘토의 한마디

다른 사람과 좋은 관계를 맺기 위해서는, 먼저 자기 자신을 사랑받을 만한 가치 있는 존재라고 믿는 마음이 있어야 합니다. 이를 '자기 가치감'이라고 하는데, 자존감을 이루는 중요한 요인 중 하나입니다. 자기 가치감이 잘 형성된 아이들은 친구들의 눈치를 보거나 주변에 의해 쉽게 흔들리지 않고 타인과 건강한 관계를 맺고 적응해갈 수 있습니다. 이것이 바로 사회성의 기본 바탕이 됩니다.

자기 가치감은 태어나면서부터 발달하기 시작하는데, 이 시기에 가장 중요한 사람, 즉 주 양육자인 엄마의 영향을 가장 많이 받습니다. 엄마가 안정된 태도로 민감하게 돌보고 아이의 기분과 정서를 잘 이해해주고 수용해주면 아이는 '아, 세상은 안전하고 나는 사랑받고 있구나. 세상은 나를 환영하고 좋아해주는구나'라는 느낌을 쌓아갈 수 있습니다. 이러한 기본 정서를 바탕으로, 바깥 세상으로 나가 다른 사람을 만날 때도 긍정적인 시선으로 상대의 반응을 이해하게 됩니다.

적응에
취약한
아이

매년 새 학기만 되면 적응하기 힘들어해요.
동생으로 인한 스트레스 때문일까요?

Q 어린이집을 3년째 다니고 있는데, 매년 새 학기가 되어 새 친구들을 만날 때마다 적응하기 힘들어합니다. 동생이 태어나면서 어린이집에 보낸 것이 아이에게 스트레스를 주는 걸까요? _은초롱, 6세

정서적 스트레스에 취약한 게 아니라 적응에 취약한 예민한 아이입니다.
좋은 기대를 하며 다가올 상황을 준비할 수 있게 미리 이야기를 나누세요.

A 동생이 태어나면서부터 아이를 어린이집에 보낸 것이 아이한테 약간 스트레스로 작용할 수는 있지만, 그것이 3년째 부적응 문제의 원인이라고 보기는 어렵습니다.

엄마들이 이처럼 혹시 그때 그 일 때문에 아이가 계속 어려움을 겪는 것 아닐까 불안해하는 경우가 많은데, 아이들은 생각만큼 그렇게 약하지 않습니

다. 동생이 생긴 스트레스 때문이라면 일상생활 전반에 더 많은 어려움이 나타났을 겁니다. 그러나 유독 새 학기나 변화된 새로운 환경에 힘들어한다면, 엄마의 변인이라기보다는 아이가 가지고 있는 특성이라고 봐야 합니다. 특히 3년째 다니는데 새 학기마다 적응하기 힘들어한다면, 아이가 좀 예민할 가능성이 큽니다. 이런 아이들은 대부분 낯선 상황에 대한 적응력이 떨어집니다. 따라서 새학기가 시작되기 전에 어린이집에 대해 좋은 이야기를 한다거나 기대감을 주는 것도 바람직하고, 새로운 선생님을 미리 만나게 해서 잠깐이라도 인사하게 하는 등 좋은 경험을 먼저 시켜주는 것도 방법이 될 수 있습니다.

예민한 아이가 아니더라도 누구나 새로운 것을 하기 전에는 좋은 마음가짐을 갖는 게 중요합니다. 그래서 아이들이 새로운 학교나 유치원, 교실 등에 대해 좋은 기대감을 가질 수 있게 많은 이야기를 나누고, 새 학기가 시작하기 전인 2월에 여행을 간다든지 놀이 활동 시간을 많이 늘려 좋은 마음을 갖게 해주면 새로운 것을 훨씬 수월하게 받아들일 것입니다.

그런데 새로운 시작에 앞서 주변의 조언이 때로는 독이 되기도 합니다. 엄마뿐만 아니라 할머니, 할아버지 등 주변 분들이 "학교(유치원) 가서 너 이렇게 하면 선생님한테 혼나", "이렇게 하면 친구들이 놀려", "너만 이거 못할걸?"과 같은 조언을 해주면 아이들은 겁을 먹고 위협을 느껴 새 학기에 대한 기대보다는 뭔가 큰일 날 것 같아 가기 두렵고, 새로운 상황에 대한 창피함과 무능력함, 수치심을 느낄 수 있으니 조심해야 합니다.

적응에 예민한 아이들은 환경 변화에 어려움을 느끼기 때문에, 아이와 함께 다가올 상황에 대한 이야기를 나누면서 그동안 적응할 때 잘한 점을 말해주는 것도 도움이 됩니다. "아, 새로운 친구들을 만나게 되어 조금 떨리구나? 엄마가 3년째 너를 봐왔는데, 며칠만 지나면 좋은 친구도 사귀고 즐겁게 지내더라. 그러니까 그 시간 동안 엄마랑 잘 노력해보자, 엄마가 도와줄게." 이렇게 말하는 이유는 '맞아, 나는 이 시간만 지나면 괜찮아지지'라고 스스로 깨달아, 자신이 변화에 적응할 힘이 있다는 걸 알려주기 위해서입니다.

적응에 어려움을 겪는 아이들은 대부분 적응 순간 자기가 안 되는 부분, 힘든 부분만 크게 부각해 '어렵다, 힘들다, 피하고 싶다'고 생각할 뿐, 스스로 잘 적응했던 부분에 대해서는 별로 생각하지 않습니다. 따라서 가장 가까이서 지켜본 엄마가 그 이야기를 자꾸 해줘 그것이 아이의 내면의 목소리가 될 수 있도록 기회를 주면 적응하기 힘든 순간에 도움이 될 것입니다.

육아 멘토의 한마디

새 학기는 기대감과 불안이 함께 몰려드는 시기입니다. 환경이 바뀌고 여러 가지 기대가 달라지면 아이들은 걱정도 되고 스트레스를 받지만, 반면에 좋은 기대를 가질 수도 있습니다. 새 학기는 적응이 가장 중요하기 때문에 일상에서의 급작스러운 환경 변화를 최소화해야 합니다. 새 학기가 시작됐는데 곧바로 이사를 가거나, 가정 내에 변화가 생기거나, 스케줄이 많아지면 더 큰 스트레스를 유발할 수 있기 때문에 한 달 정도 적응한 뒤 서서히 환경 변화를 주는 것이 바람직합니다.

학교생활에
적응할 수 있을지
걱정이에요

학교 가서 자리에 오래 앉아 있지 않을까봐 걱정이에요.

Q   올해 초등학교에 들어갑니다. 이제 새로운 환경에서 엄마 없이 많은 것을 혼자 해야 할 텐데, 잘 적응할 수 있을지 걱정입니다. 반에 친구들도 많아지고 수업시간도 길어 아이가 산만해져서 자리에 오래 앉아 있을지 걱정됩니다. 학교 가기 전에 어떤 도움을 주어야 하나요? _최진태, 8세

좋은 행동을 연습시키고 지시 따르기도 연습시켜주세요.

A   이 아이는 기질적인 산만함으로 적응하지 못하는 것이 아닌 듯하니, 아이들이 변화된 환경에 일시적으로 산만한 행동을 보이는 경우를 기준으로 답변해드립니다. 유치원에서는 학교에 들어가기 전에 많은 연습을 시킵니다. 그러나 집에서도 함께 아이의 적응을 도울 수 있는 연습을 시키는 것이 좋습니다. 우선 좋은 행동을 연습해봅니다. 혼자서 스스로 하는 행동을 많이 늘립니다. 옷 입고 벗기, 신발 혼자 신고 벗기 등을 스스로 할 수 있도록 연습시킵

니다. 왜냐하면 학교에서는 스스로 신발을 벗어 실내화 주머니에 넣어야 하기 때문입니다. 학교에서는 시간이 많지 않아 정해진 시간 내에 신발을 갈아 신어야 하기 때문에 학교에서 필요할 수 있는 행동들을 연습시켜야 합니다.

그런 다음엔 세수하기, 양치하기, 대변 본 후 닦기를 꼭 연습해야 합니다. 왜냐하면 아이들이 변을 본 뒤 엄마들이 닦아주고 마무리해주는 경우가 많은 데, 이렇게 되면 학교에서 대변이 마려워도 닦기가 불안해 화장실에 가지 못하고 집에 올 때까지 참는 일이 발생할 수도 있습니다.

다음은 길 건너는 연습입니다. 차가 오는 방향에 대한 이해, 신호등이 켜지면 언제까지 건너는지, 혹은 깜박이면 다음을 기다려야 한다는 것 등을 연습시켜야 합니다. 초등학교에 들어가기 전까지는 많은 아이가 엄마와 손잡고 횡단보도를 건넜기 때문에 엄마는 아이가 잘 건널 거라고 생각하지만, 막상 혼자가 되면 당황하거나 주변을 살피지 않고 건너는 경우가 있습니다. 초등학생 교통사고의 많은 경우가 횡단보도에서 발생하는 것은 이런 교육의 경험이 적기 때문입니다.

아이가 학교생활에 잘 적응하려면 지시를 따르는 연습이 필요합니다. 학교에 가면 선생님이 지시를 내리는데, 그 지시를 아이가 잘 받아서 바로 수행할 수 있는 능력이 있는지 살펴봐야 합니다. 우선 아이에게 간단한 지시 따르기를 자주 연습시키면서 확인해봅니다. 만약 지시 따르기가 잘 안 되면, 아이가 청각적인 문제로 듣기가 안 되는 건지, 이해의 문제로 지시 사항을 파악하지 못하는 건지, 시각적·청각적 주의산만으로 인해 지시 따르기에 집중하지 못하는 건지, 지시를 이해는 하지만 행동이 느려 수행 속도에 차이가 나는 건지 등을 살펴봐야 합니다.

지시 따르기는 내가 하던 일을 멈추고 지시한 일을 수행하는 능력입니다.

그런데 내가 하던 일을 멈추는 게 안 되는 아이도 있고, 멈췄는데 그다음에 뭘 해야 할지 몰라 우왕좌왕하는 아이도 있기 때문에, 집에서 간단한 지시부터 연습시키는 게 필요합니다.

 육아 멘토의 한마디

초등학교에 입학하면 좀 더 언어적으로 자신을 표현하고, 언어로 다른 사람과 상호 작용을 하게 됩니다. 따라서 선생님도 행동적 설명이나 행동 모방보다 언어적 설명을 훨씬 많이 하게 됩니다. 그러므로 집에서부터 간단하게 언어적 지시 따르기를 연습해야 합니다. 예를 들어 아이들이 무언가를 하다가 언어적 지시("이제 TV 끄고 밥 먹자", "껍질은 휴지통에 버리자", "5분 후에 씻어라", "이제 잘 시간이다")를 들으면 행동으로 실행하도록 해야 합니다. 그런데 이러한 지시를 듣고 아이가 '엄마는 맨날 못하게 해', '맨날 다 하지 말라고 해'라고 생각한다면 지시 따르기를 잘할 수 없습니다.

지시 따르기가 잘 되려면 반드시 좋은 부모자녀 관계가 우선되어야 합니다. 그래야 아이들이 엄마의 지시를 왜곡해서 이해하거나 부정적으로 받아들이지 않습니다. 지시 따르기를 성공적으로 하려면 항상 아이들과 좋은 관계를 유지하려고 노력해야 합니다.

어린이집에
갈 준비는
어떻게 하죠?

어린이집에 잘 보내려면 어떻게 해야 하나요?

Q 어린이집에 가야 하는데 아침에 일어나기 힘들어하고, 세수할 때나 옷 입을 때도 집중하지 못하고 뭉그적거리고, 밥 먹는 데 오래 걸려 아침마다 너무 힘듭니다. 어떻게 해야 될까요? _**이수아, 6세**

규칙적인 습관을 가질 수 있게 도와주세요.

A 어린이집이나 학교는 모두 작은 사회입니다. 사회는 규칙이 있습니다. 이런 규칙이 있는 사회생활을 시작한 아이라면 집에서도 사회에 적응하기 위한 규칙을 연습해야 합니다.

첫 번째 규칙적인 습관은 수면입니다. 어린이집에 시간 맞춰 가려면 우선 일어나야 하고, 잘 일어나려면 일찍 자야 합니다. 이를 위해 부모는 잘 수 있는 환경을 만들어줘야 합니다. 연령별 적정 수면 시간은 2~4세는 12~14시간, 5~6세는 11~13시간, 7~12세는 10~11시간입니다. 적정 수면 시간이 부족하다면 자는 시간을 좀 더 당겨주고 낮에 활동량을 늘려 빨리 잠들 수 있게 해줘야 합니다. 목욕을 하고 이완된 상태로 잠자리에 들면 숙면에 도움이 됩니다.

잠드는 것 못지않게 중요한 것이 바로 기분 좋게 일어나기입니다. 누구나 아침에 기분 좋게 일어나면, 상쾌하게 하루를 맞이할 수 있습니다. 아이들도 기분 좋게 일어나면 적응을 훨씬 잘할 수 있으니, 방법을 한번 생각해보기 바랍니다. 예를 들어 스킨십을 좋아하는 아이라면 아이가 원하는 부위에 뽀뽀를 해줍니다. 머리에도 귀에도 코에도 해주면 신체 자극들이 좀 깨어납니다. 이 자극을 좋아하는 아이라면 기분 좋은 자극으로 깨어나기 때문에 일어나기가 좀 더 쉽습니다. 그 외에 좋아하는 음악 틀어주기, 마사지해주기, 좋아하는 알람시계를 반복해서 켜주기 등도 활용할 수 있습니다. 그러나 이런 모든 방법은 아이가 잘 일어날 수 있다고 스스로 선택해야 합니다.

두 번째 규칙적인 습관은 식사입니다. 어린이집이든 학교든 정해진 시간에 자리에 앉아서 밥을 먹는 게 굉장히 중요합니다. 이런 식사 습관은 이유식이 끝나고 밥을 먹기 시작하는 연령부터 연습해야 하는데, 그런 연습이 안 되어 있다면 새로운 상황에 적응하기 전에 반드시 훈련해두는 것이 좋습니다. 어린이집이든 학교든 밥 먹는 시간은 보통 30분 정도 됩니다. 그러니 집에서도 30분 안에 밥 먹는 연습을 해야 합니다. 밥 먹는 시간이 너무 지연될 경우, 말을 너무 많이 하는 건 아닌지, 장난을 치는 건 아닌지, 양이 너무 많은 건 아닌지 확인해서 원인을 해결해야 합니다. 30분 동안에 밥을 다 먹지 못하면 밥상을 치워야 합니다. 그래야 아이들이 밥 먹는 시간을 지킬 수 있습니다. 또한 정해진 시간에 밥을 다 먹지 못했다면 다음 밥시간까지 다른 간식을 섭취하지 못하게 합니다. 이런 작은 규칙을 통해 사회생활을 경험하는 것입니다.

세 번째 규칙적인 습관은 초등학생의 경우 할 일과 놀이 시간을 구분하는 것입니다. 대부분은 엄마가 아이에게 오늘 할 일에 대해 얘기해준 다음 노는 시간과 할 일 할 시간들을 정해줍니다. 이런 과정에서 의견 차이가 있으면 아이는 거부하거나, 화를 내거나, 아니면 할 수 없이 그냥 수용합니다. 아이가 잘할 수 있는 방법을 함께 상의해서 정하는 것이 가장 좋은데, 이때 엄마의 생각만 강요해도 좋지 않고 반대로 기준 없이 아이의 생각에 무조건 동의하는 것도 옳지 않습니다. 엄마가 기준을 마련해놓고 그 범주 안에서 상의해야 합니다. 예를 들어 아이가 "나는 싫어, 나 놀 거야"라고 한다면, "에이, 그건 안 돼. 이건 오늘 꼭 해야 돼. 그러니까 어떻게 할지 정해보자"와 같은 식으로, 상의할 때 엄마가 반드시 분명한 기준선을 가져야 합니다. 아이들은 시간을 정할 때 "놀고 나서 공부할게"라고 해놓고는, 놀고 난 뒤 할 일을 미루는 경우가 있습니다. 이럴 땐, "네가 원한 방법으로 했는데 오늘 해야 할 일을 못했으니 이번엔 엄마 방법으로 한번 해보자. 그렇게 한 번씩 해보고 더 잘되는 방법으로 시간을 정해보자"라고 이야기하면 됩니다. 이런 규칙적인 생활습관은 사회생활의 기초가 될 수 있습니다.

 육아 멘토의 한마디

아침에 아이를 잘 준비시키기 위해 모든 생활습관을 한꺼번에 바꾸려고 하면 안 됩니다. 오늘부터 옷도 혼자 입고, 밥도 30분 안에 먹고, 혼자 씻는 등 갑자기 모든 것이 바뀌면 아이는 훨씬 나가기 힘들어합니다. 따라서 일단 한 가지에만 집중하세요. 오늘부터 3일 동안은 옷 입는 연습을 하기로 정했다면, 옷 입기 연습을 하는 데 시간이 걸릴 테니 다른 날보다 일찍 깨워야 할 수도 있습니다. 옷 입기의 경우, 처음에는 양말을 발끝에 끼워주고 올리는 것만 아이가 하게 하고, 다음엔 발에 스스로 양말을 끼워보는 등 점진적으로 조금씩 스스로 할 수 있는 걸 늘려줘야 합니다. 이처럼 한 가지만 연습시키겠다고 마음먹었으면, 다른 건 좀 못하더라도 미뤄두고 "어머, 오늘은 네가 혼자서 이걸 해냈네" 하며 목표를 최소화시켜 연습시키는 겁니다. 그리고 "이야~ 오늘은 혼자서 옷을 입었으니까 다음엔 씻는 것도 혼자서 할 수 있을 거야"라며 다음에 실천할 것을 미리 준비시키면 됩니다.

친구들과
어울리지
못해요

유치원에서 친구들이 놀아주지 않는다는데, 어떻게 도와줘야 할까요?

Q 유치원 선생님 말로는 아이가 다른 친구들을 자꾸 불편하게 만든다고 하는데, 아이는 오히려 친구들이 자기와 놀아주지 않는다고 말합니다. 어떻게 도와주면 좋을까요? _홍영준, 6세

조망 수용 능력을 키워주세요.

놀이 방법을 알려주세요.

A 아이들이 서로 다르게 말하는 경우가 종종 있습니다. 이건 바로 조망 수용 능력 때문입니다. 조망 수용 능력은 만 7세까지 발달하는데, 쉬운 말로 이야기하면 남을 생각하는 능력입니다. 남을 이해하고 헤아리는 능력은 만 7세 정도까지 계속 발달합니다. 그렇기 때문에 보통 놀아주지 않는다고 이야기하는 아이들은 아직 남의 입장을 고려하는 능력이 발달하지 않았을 가능성이 많습니다. 영준이는 지금 여섯 살로 아직 어리기 때문에 당연히 나타날 수

있는 현상입니다. 그래서 모든 것을 자기 입장에서만 생각하게 됩니다. 이런 아이들은 전체적인 맥락을 파악하지 못해 항상 "왜 선생님은 나한테만 그러지?", "왜 친구들은 나한테만 그러지?"라는 이야기를 합니다. 집단생활을 하면서 다른 사람의 생각을 이해할 수 있도록 집에서 연습시켜야 합니다.

우선 엄마가 아이 입장을 잘 이해해 "아, 이렇게 하는 걸 보니까 화났구나. 네가 이런 행동을 하는 건 이유가 있기 때문이구나"라며 아이의 마음을 알아주는 게 매우 중요합니다. 그다음에 아이에게 "네가 이런 행동을 하면 엄마는 화나"라고 말해, 엄마가 아이의 행동에 어떤 영향을 받는지 알려줍니다. 만약 동생이나 형제가 있으면 조망 수용 능력을 연습시키는 좋은 기회가 됩니다. 예를 들어 "네가 이렇게 하니까 동생이 굉장히 기분 좋아하네"와 같이 자기 행동이 다른 사람에게 어떤 영향을 미치고, 또 나는 어떤 것 때문에 이런 행동을 하는지 알 수 있게 도와주면 조망 수용 능력이 향상될 것입니다.

그런데 집에 아이가 한 명이어서 형제 연습을 할 수 없다면 비슷한 친구를 한 명 데려오면 됩니다. 성향이나 취향이 너무 차이 나는 아이보다는 비슷한 친구와 함께 놀게 해주면, 비슷하다보니 자꾸 싸우게 됩니다. 그때 "영준이가 이렇게 해서 화났구나"라고 이야기해주고, 만약 친구 물건을 자기 마음대로 뺏으려고 하면, "아, 이걸 가지고 놀고 싶었어? 그런데 그럴 때는 현수한테 한 번 물어봐야 돼" 하고 잘 중재해주면 됩니다. 이렇게 반복해서 연습시키면 아이들의 조망 수용 능력이 무럭무럭 자랄 수 있답니다.

마지막 방법은 모방입니다. 엄마, 아빠가 아이 앞에서 "당신이 청소해주니까 고맙네" 혹은 "오늘 반찬을 맛있게 만들어주어 내가 기분이 좋은데"처럼 아이들 앞에서 서로의 행동으로 상대방의 기분이 어떤지 이야기를 나누는 것도 좋은 연습 기회가 됩니다.

친구들이 함께 놀아주지 않는다고 할 경우, 실제로 노는 방법을 잘 몰라서 그럴 수도 있습니다. 놀이는 스스로 주체가 되어서 해야 자신이 원하는 방향으로 진행됩니다. 친구들이 나에게 올 때까지 기다렸다가 하는 놀이는 자신이 원하는 놀이가 아닐 수도 있고, 재미없을 수도 있습니다. 따라서 아이가 스스로 선택해서 노는 방법을 알려주기 바랍니다. 다양한 놀이를 많이 한 아이들은 놀이에서도 창의적이고 스스로 즐길 수 있습니다. 창의적이고 재미있는 놀이를 하는 친구 주변엔 많은 친구가 모이게 마련이고, 이런 놀이는 다른 아이들에게도 영향을 끼쳐 함께하는 놀이로 확대될 수 있습니다.

 육아 멘토의 한마디

아이가 자신의 놀이에 자신감을 갖기 위해서는 부모와 함께 놀이하는 시기부터 연습해야 합니다. 놀아줄 때 아이가 원하는 놀이를 아이가 시키는 대로 열심히 따라 하면 됩니다. 만약 아이가 원하는 놀이를 조금 하다가 지루하다며 멈춘 뒤, 엄마가 원하는 놀이로 아이를 유도하거나 아이가 시키는 역할을 재미없게 소화하면, 아이는 놀이 자체에 흥미가 떨어져 같이 노는 데 재미를 느끼지 못하게 됩니다. 아이가 선택한 놀이를 부모와 함께 즐기는 좋은 경험은 아이가 타인과 놀이를 하는 데 밑거름이 됩니다. 놀이는 아이의 인지, 정서, 행동 발달에 중요한 영향을 미칩니다. 따라서 많은 놀이 경험을 통해 건강한 아이로 성장할 수 있도록 도와주기 바랍니다.

친구들이
때린다고
걱정해요

친구가 때린다며 어린이집에 안 가려고 해요.

Q 같은 반 친구가 자꾸 때린다며 어린이집에 가지 않으려고 합니다. 그 아이는 면담을 통해 타일러도 좋아지지 않는다는데, 어떻게 해야 될지 모르겠습니다. _주우진, 6세

엄마 앞에서 부정적 표현을 편안하게 할 수 있도록 지도해주세요.
역할 연습을 시켜주세요.

A 우선 그 아이가 내 아이만 때려서 문제가 되는 건지, 아니면 다른 아이들도 다 때려서 문제가 되는 건지 살펴봐야 합니다. 내 아이만 때리는 거라면 분명히 둘 사이에 문제가 있는 것이고, 두 아이가 계속 부딪치는 원인이 있을 겁니다. 그런데 만약 모든 반 아이를 괴롭히는 거라면 엄마 혼자서 해결할 수 있는 문제가 아닌 것 같습니다.

그럼에도 불구하고 우리 아이만 그 아이한테 유독 많이 공격을 당한다면

아이가 갈등 상황에 어떻게 대처하고 있는지 살펴봐야 합니다. 아이가 평상시에도 엄마나 아빠에게 혹은 집에 있는 다른 형제들에게 "나 싫어", "좋아"와 같은 의사 표현을 명확하게 하는지 점검해봐야 합니다. 집에서 안 되는 아이는 밖에서도 안 됩니다. 그러면 집에서부터 엄마에게 "나 이건 하기 싫어"라고 말하며 자기 의사를 이야기할 기회를 주기 바랍니다.

그런데 누구나 이런 부정적인 표현보다 긍정적인 표현을 좀 더 쉽게 할 수 있습니다. 따라서 표현하기 힘들어하는 아이라면 처음부터 부정적인 표현을 연습시키기보다 긍정적인 표현을 많이 연습해야 합니다. 고마움의 표현("빌려줘서 고마워", "갖다 줘서 고마워", "사주셔서 감사합니다" 등), 사랑의 표현("엄마 사랑해요", "아빠 보고 싶었어요", "나는 할머니가 좋아", "나는 우진이를 좋아해" 등), 다른 사람의 긍정적인 부분 지지("엄마는 요리를 잘해", "아빠는 만들기를 잘해", "너 멋있다" 등), 자신의 좋은 기분 표현("오늘 재밌었어요", "행복해요", "신난다", "또 가고 싶어요" 등) 등을 많이 할수록 표현력이 점점 증가합니다. 긍정적인 표현이 자연스러워지면 부정적인 표현도 할 수 있게 됩니다. 그때 부정적인 표현을 엄마 앞에서 편안하게 할 수 있도록 지도하면 됩니다. 이것이 친구와의 갈등을 해결하는 데 도움이 되는 첫 번째 방법입니다.

두 번째 방법은 친구와 함께 놀며 연습하기입니다. "아이가 집에서는 잘하는데 밖에서는 안 돼요"라고 말하는 경우가 있습니다. 그럴 땐 아이와 성향이 비슷한 친구를 집에 데려오게 해서 함께 놀며 엄마가 간간이 "아, 이럴 때는 네가 먼저 말해야 돼" 하면서 직접적으로 연습시키는 것이 좋습니다.

세 번째 방법은 엄마와 역할 연습하기입니다. 괴롭히고 자꾸 때리는 친구 역할을 엄마가 할 때, 아이가 "하지 마!"라고 정확하게 말할 수 있게 역할 연습을 10번, 100번이라도 시키는 겁니다. 그런데 이럴 경우 보통은 아이들이 "(징징거리거나 작은 목소리로) 하지 마~"라고 이야기하기 때문에 때리는 아이들이 말을 안 듣고 계속 행동하게 됩니다. 그럴 때는 "(눈에 힘을 딱 주고) 하지 마, 싫어! 한 번 더 하면 선생님한테 가서 말할 거야"와 같이 명확하게 이야기하도록 반복해서 연습시켜주면, 그런 상황에서 자동적으로 말이 나오게 됩니다.

육아 멘토의 한마디

부정적 표현은 긍정적 표현보다 어렵습니다. 따라서 아이가 힘들게 부정적인 표현을 했을 때 버릇없다거나 고집이 세다고 인식하기보다는 '아이가 이런 마음이었구나' 하고 먼저 이해해주기 바랍니다. "하기 싫어", "엄마 미워", "안 해", "안 갈 거야"라고 말하는 것은 엄마 말을 듣지 않으려는 것이 아니라, 자신을 표현하는 것입니다. 엄마가 아이의 표현을 부정적으로 인식하면 화내거나, 혼내거나, 억지로 하게 하는 등 부정적인 방식으로 표현하게 됩니다. 반면, 아이의 행동을 "정말 하기 싫었구나", "엄마한테 정말 화났구나", "더 놀고 싶었구나", "지금 바로 하고 싶었구나"라는 식으로 인식하면, 화를 내기보다는 그 상황을 어떻게 해결할지 생각하게 됩니다. 부정적 표현은 나쁜 것이 아니라, 나를 표현하는 또 다른 방법입니다.

선생님을
싫어해요

아이가 선생님과의 마찰로 힘들어하는데, 어떻게 해야 할까요?

Q 아이가 선생님을 싫어해요. 선생님이 권위적인 편인데, 아이는 순종형이
아니라서 자꾸 눈 밖에 나는 것 같아요. 어떡해야 할까요? _정태준, 12세

아이의 말에 공감해주세요.

부모의 권위에 순응할 수 있는 연습을 하세요.

A 아이가 '순종적이지 않다'는 점이 중요합니다. 그런데 선생님이 권위적인
편이다보니 아이가 순응하는 게 더 어려운 것 같습니다. 5학년이면 사춘기
단계에 있는데, 이 시기에 선생님이랑 마찰이 심해지면 더 큰 문제로 확대될
수도 있습니다. 어떤 아이들은 선생님한테 욕을 하기도 하고, 등교를 거부하
기도 합니다. 그런데 이런 경우에는 일단 선생님과 어떤 부분에서 안 맞는지
상의하는 게 중요하고, 평상시 아이가 선생님에 대해 이야기할 때 너무 선생
님 편만 들지 말고 "그래, 너랑 생각이 정말 다르네", "오해하신 것 같네", "너

무하셨네"라고 공감해주면서 "그렇다면 넌 이걸 어떻게 하면 좋겠니" 하고 아이의 생각을 물어보기 바랍니다.

순종적이지 않다는데 조금 반항적인건 아닌지 점검해보고, 만일 그렇다면 부모와의 관계에서부터 연습해야 합니다. 예를 들면 심부름을 시킨다든지, 같이 토론할 때 일단 부모의 권위에 아이가 순응할 수 있어야만 밖에 나가서도 권위에 순응하게 됩니다. 또는 가족회의를 통해 자기 의견을 이야기하고 다른 사람과 서로 협상하는 연습을 시키는 것도 도움이 됩니다. 부모의 권위는 부정적인 것이 아니라 아이들에게 꼭 필요한 것입니다. 권위는 강압적으로 무언가를 억지로 하게 하는 것이 아니라, 아이들이 생각하는 데 큰 틀이 되어줍니다.

그런 다음 아이가 평소에 억울한 감정을 많이 갖고 있지 않은지 살펴보기 바랍니다. 억울하다고 느끼는 아이들은 아주 사소한 것도 지나치지 못하고, 타인의 잘못으로 생각해 자신을 피해자로 바라봅니다. 주로 욕구가 눌려왔거나, 많이 무시당했거나, 부모의 일관되지 않은 양육 태도로 혼란스러웠거나, 지나치게 많이 혼났던 아이들이 이처럼 억울한 감정을 갖게 됩니다.

한편 자기중심적인 아이들도 타인의 상황을 이해하지 못하고 자신의 상황만 지각해 억울함을 느낄 수 있습니다. 그런 아이들은 가만히 서 있는 친구에게 부딪히고도 자신의 길을 막았다고 말합니다. 이런 경우에는 많은 부분에서 자신이 항상 피해를 입는다고 생각해, 세상을 부정적인 시각으로 바라보고, 객관적인 판단을 하기 어렵습니다. 따라서 아이들이 억울함을 갖지 않도록 양육하는 것이 중요합니다. 억울함을 갖지 않게 하려면 부모가 아이의 말에 귀 기울여주고, 아이의 감정에 공감해주어야 합니다. 공감을 많이 받은 아이들은 타인의 말도 귀담아들을 수 있습니다.

순종적이지 않은 것은 문제고, 순종적인 것은 좋은 것이라는 생각을 바꿔야 합니다. 순종적이지 않은 아이는 적극적으로 자신의 문제를 드러내는 것이지만, 순종적인 아이는 자신의 문제를 해결하지 못하고 지나갈 수 있습니다. '순종'이라는 말은 사전에 '어떤 사람이 다른 사람이나 그의 말, 의견 따위에 순순히 따르다'라고 명시되어 있습니다. 이렇듯 순순히 따르려면 자신의 생각을 내비쳐선 안 됩니다. 자신의 생각이 아닌 무언가의 뜻으로 움직이면 자기를 잃어가게 됩니다. 그러니 아이에게 순종을 강요하는 실수를 범하지 않기 바랍니다.

무조건 엄마한테
해달라고
해요

아이가 힘들어할 때 엄마가 빨리 도와줘야 하나요?

Q   아직 혼자 양말 신기를 힘들어하는데, 안 될 때마다 무조건 엄마에게 해달라고 해요. 아이가 조금 힘들어할 때 엄마는 어떤 태도를 취해야 하나요?

_추현우, 4세

아이의 실패를 서둘러 해결해주기보다는 함께 견뎌주세요.
수많은 시행착오를 경험하면서 아이는 주도성과 자율성을
키워갈 수 있어요.

A   살면서 누구나 예기치 못한 어려운 순간에 놀라기도 하고, 좌절하는 상황에서 속상하고 상처받은 감정을 경험하기도 합니다. 좌절은 심리적 자아가 어느 정도 완성된 어른에게도 매번 힘든 감정이니, 아직 심리적 발달이 충분히 이루어지지 않은 아이들에게는 더욱 두렵고 피하고 싶을 것입니다.

　양말 신기를 단번에 할 수는 없지만 노력하면 혼자 할 수 있는데도 엄마에게 무조건 도움을 청하는 네 살 현우의 경우, 사실 조금 도와주는 척하면서 느긋하게 기다려주는 것도 한 방법입니다. 그리고 아이가 해냈을 때, "와~ 엄마는 조금만 하고 현우가 다 해냈네. 우리 현우가 이제 혼자서 할 수 있는 형아가 됐구나"라고 아이의 성공을 기쁘게 바라보는 엄마의 마음을 표현해주세요. 평소에 쉽게 의존하려 하거나 주저하는 아이들에게는 사소한 행동이나 결정에 대해 아이가 주체가 될 수 있는 표현을 많이 해주는 것이 좋습니다. "와, 현우가 고른 간식이 오늘따라 더 맛있는 것 같아!", "엄마한테 숙제를 도와달라고 했지만, 결국 네가 다 했구나." 이렇게 주어를 엄마가 아니라 아이로 해주면, 아이들은 자기에 대해 좋은 느낌을 갖게 되고, 자기의 결정과 행동에 자신감을 갖게 됩니다.

아이들은 성장하면서 어려운 상황을 만나기도 하고, 처음 해보는 낯선 수행을 요구받기도 합니다. 사실 아이들에게 되풀이되는 하루는 잘 해낼 수 있는 기쁜 순간들도 있지만 실패의 두려움과 좌절의 순간들도 공존합니다. 중요한 점은 안전한 좌절 경험은 아이들의 심리적 성숙과 성장에 반드시 필요하다는 사실입니다.

그런데 좌절의 순간을 안전하게 경험한다는 것은 무엇을 말하는 것일까요? 실패와 좌절의 두려움은 인간 누구에게나 상처를 주는 부정적인 감정인데 말이죠. '안전한 좌절 경험'이란 살면서 자연스럽게 경험하는 실패와 좌절의 불편한 감정을 이 세상에서 가장 든든하고 믿을 수 있는 엄마가 함께 소화하면서 견뎌주는 것을 의미합니다. "이걸 어떻게 하면 여기에 들어가게 할 수 있을까? 퍼즐이 너무 어려워서 속상하지? 어른인 엄마도 어려운걸. 자, 보자. 우리 함께 고민해보자." 이런 과정을 통해 아이는 속상한 자기감정을 위로받고, 단번에 해내지 못하는 복잡한 일도 끝까지 해보려는 마음을 기를 수 있게 됩니다.

그러나 아이에게 좌절을 경험하게 하려고 어렵고 두려운 상황에서 무조건 아이 혼자 해결하도록 멀찍이 두고 기다리면 아이는 불안하고 화난 마음에 하던 것을 내던지거나 속상하고 상처받은 기분을 이유 없는 짜증이나 울음으로 표출할 수도 있습니다. 이렇게 터져버린 손상되고 불편한 마음을 아이 혼자 추스르려면 어려울 수밖에 없고, 엄마 역시 아이의 잘못된 행동에 놀라 아이의 마음을 읽어주기보다는 잘못된 태도부터 야단치기 쉽지요. 좌절 경험을 스스로 이겨냈다는 결과도 중요하지만, 속상하고 짜증 난 마음을 믿을 수 있는 누군가와 나누고 위로받는 과정을 통해 자신의 실패까지도 있는 그대로 온전히 수용할 수 있는 마음을 키워가는 것이 더 중요합니다.

아이들의 문제 해결 능력은 무수한 연습 기회를 통해 다듬어지고 성장합니다. 아이들은 발달 연령과 기질에 맞는 도전 연습 기회를 통해 자존감과 대처 능력을 건강하게 키워갈 것입니다. 이런 연습 기회를 너무 거창하게 생각하거나 사전에 계획을 세워 마음먹고 해야 하는 숙제로 생각하지는 마세요. 함께 생활하는 순간순간 아이 스스로 자신이 잘하고 있다는 느낌을 받을 수 있도록 조금만 도와주면 됩니다. 학습과 같이 어렵고 지루한 상황보다는 평소 생활이나, 즐거운 놀이 상황에서 이루어지는 것이 더 좋겠지요.

성장하는 아이들에게 이 세상은 매일 부딪히고 헤쳐나가야 하는 일들로 가득 찬 끝도 보이지 않는 바다와 같습니다. 성공의 기쁨에 고양되기도 하지만, 동시에 많은 어려움을 만날 것입니다. 그리고 새로운 도전과 성공, 좌절을 인내하고 극복하는 과정을 겪으며 아이들은 건강한 자율성과 주도성이라는 값진 보석을 비로소 얻게 되는 것입니다.

문제 해결 능력을 키우는 첫걸음은 가정에서부터 시작해야 합니다. 가정은 다양한 실수와 실패에 부딪혀도 툭툭 털고 일어나 다시 해볼 수 있는 가장 안전한 곳입니다. 그 과정을 따뜻하고 든든하게 함께 버텨주는 부모가 있기 때문입니다.

문제를 스스로 해결하는 능력을 키워가는 과정은 마치 씨앗이 토양에 뿌리를 내려 큰 나무로 성장해가는 과정과 비슷합니다. 이때 토양은 바로 부모와의 안정적이고 튼튼한 애착이라고 할 수 있는데, 이를 기반으로 연령에 맞는 다양한 시행착오와 소소한 좌절 극복 경험을 통해 어떤 비바람이 불어와도 굳건하게 버틸 수 있는 울창한 나무로 성장하는 것이지요. 안전한 온실이 이 세상 전부라 여기고 곱게 자란 나무는 온실 밖 비바람에 쉽게 상처받고 손상되기 마련입니다. 따라서 아이들의 좌절과 실패를 성장의 밑거름으로 보고 함께 견뎌주는 것이 중요합니다. 이때 부모의 태도와 아이를 바라보는 시선이 어떠냐에 따라 아이의 손상된 자아감은 금방 회복될 수도 있고, 아니면 더 좌절된 경험으로 상처 입을 수도 있을 것입니다.

문제 해결 능력을
키워주고
싶어요

친구와 의견이 다를 때 금방 토라지고 울어버려요.

Q   초등학교에 입학하면서부터 자기 생각과 다르게 벌어지는 상황에 부쩍 힘들어하고, 짜증을 많이 내요. 친구들과의 사소한 갈등 상황에서도 자기 의견이 받아들여지지 않으면 금방 토라져 울기부터 합니다. 아무리 설명해줘도 달라지지 않는 아이를 어떻게 도와줘야 할까요? _장민영, 8세

다양한 대안을 떠올려보도록 격려하고 귀 기울여주세요.

자기감정을 잘 인식하고 언어로 표현할 수 있도록 도와주세요.

A   학령기 아이들에게 가장 중요한 것은 사회적 상황에서 스스로 문제를 해결하는 능력입니다. 학교라는 사회는 의존할 수 있는 부모의 울타리를 벗어나 온전히 자신의 힘으로 다양한 상황을 파악하고, 친구와 의견을 조율하며 적응해야 하는 곳이기 때문입니다.

아이들의 문제 해결 능력은 크게 두 가지 요인으로 나누어볼 수 있습니다.

하나는 자신에게 주어진 수행을 얼마나 잘 도전하고 해결하느냐와 관련된 해결 능력이고, 또 하나는 친구와의 관계에서 일어나는 다양한 갈등을 잘 조율하고 대처해가는 대인 관계 능력입니다.

그런데 문제 해결 능력은 때가 되면 키가 점차 자라는 것처럼, 연령에 따라 자동으로 발달하는 것이 아닙니다. 1학년 교실을 한번 떠올려보세요. 친구가 내 의견을 듣지 않고 자기 마음대로 하려는 똑같은 갈등 상황이 주어졌을 때, 아마 아이들은 저마다 각기 다른 방법으로 이 문제를 해결할 것입니다. 바로 선생님께 가서 이르는 아이도 있고, 속상한 마음에 그 자리에서 울어버리는 아이도 있고, 상대에게 무작정 화를 내는 아이도 있고, 상대 친구에게 자기 마음을 잘 표현하고 의연하게 넘기는 아이도 있을 것입니다. 동일한 갈등 상황에서 감정적으로 흔들리지 않고 보다 슬기롭게 대처하는 아이들의 힘은 어디에서 나오는 걸까요?

여덟 살 민영이의 경우, 주변 상황을 넓은 관점에서 바라보지 못하고 자기가 생각해낸 제일 좋은 한 가지 방법만 정답으로 여기는 면이 있는 것 같습니다. 따라서 이렇게 좋은 생각을 이야기했는데 아무도 자기 의견을 중요하게 듣지 않으니, 분명 친구들이 이 놀이를 시시하다고 여기고 자기를 싫어하기 때문이라고 생각하는 거죠. 민영이는 마음속에 속상함과 억울함이 꽉 차, 그 불편한 기분을 엄마에게 이유 없는 짜증과 울음으로 표현하는 것 같습니다. 물론 사회성을 이루는 요인은 다양하지만, 민영이의 경우에는 사회적 갈등에 대처하는 부분에 초점을 맞춰 설명하겠습니다.

사회적 상황에서 문제에 부딪혔을 때 해결 방법은 한 가지가 아니라, 다양하다는 점을 알려줘야 합니다. 이때는 일방적으로 설명해주기보다, 자연스럽게 아이의 생각을 물어보는 것이 효과적입니다. "이럴 때 다른 좋은 방법은 뭐가 있을까?" 아이가 엄마의 생각보다 다소 부족한 의견을 이야기하더라도 아이의 눈높이에서 진지하게 듣고, 아이의 이야기에 따라주세요. "민영이 의견대로 해보니까, 엄마가 몰랐던 이런 좋은 점도 있었네. 우리가 할 수 있는 방법이 여러 가지가 있구나. 그런데 이 부분은 어떻게 하면 될까?" 아이가 간단한 대안을 빨리 찾지 못해 때로 답답할 수도 있을 것입니다. 엄마의 해결 방법을 아이가 따라가지 못하는 것은 당연합니다.

아이가 새로운 방법을 다양하게 떠올려보고, 직접 해볼 기회를 충분히 갖는 것이 사회적 상황 해결 능력을 성장시키는 핵심이라는 것을 기억해야 합니다. 아이가 더 이상 대안을 찾지 못할 때는 엄마의 의견을 이야기해주고, 이에 대한 아이의 생각을 물어보세요. "와~ 엄마 생각이 도움이 된다니 너무 기쁘다. 우리가 협동하니까 문제가 더 잘 풀리는 것 같아." 이런 경험이 가정 안에서 충분히 이루어진 아이는 밖에서도 자신과 생각이 다른 친구의 의견에 귀 기울이고 들어주는 여유 있는 태도를 갖게 될 것입니다. 그러면 친구들과 문제가 생겼을 때 무조건 맞춰주거나 자기주장만 내세우지 않고 서로 다양한 의견을 이야기하고 조율해서 갈등 상황을 유연하게 해결하는, 좋은 사회성을 갖춘 아이로 성장할 것입니다.

 육아 멘토의 한마디

갈등 상황을 보다 잘 해결하려면 토라지거나 울지 말고, 자기 생각과 감정을 언어로 표현해야 합니다. 내 마음을 잘 표현하려면, 지금 내가 느끼는 감정을 먼저 인식할 수 있어야겠지요. 자기감정에 대한 인식과 표현이 잘 이루어지는 아이가 타인의 정서에 공감하고 배려하는 태도를 보일 수 있습니다. 아이들은 영유아기부터 자기감정을 인식하고 발달시키기 시작합니다. 부모가 평소에 아이의 감정을 민감하게 살펴주고 숨은 의도나 기분을 알아주는 것이 중요합니다. 또한 이를 언어로 표현해주고 공감해주는 과정이 필요합니다. 부모의 민감하고 따뜻한 공감과 언어 표현을 통해 아이는 감정에 대한 자기 인식을 확인하고 키워갈 수 있습니다.

내성적인
아이도 리더십을
키울 수 있나요?

기질적으로 내성적인 아이를 리더십 있는 아이로 키울 수 있을까요?

Q   아이가 기질적으로 내성적이어서 리더십이 부족합니다. 엄마도 리더십이 부족한 편이었는데, 리더십 있는 아이로 키울 수 있을까요? _이제윤, 7세

리더십의 개념을 다르게 생각하세요.

리더십을 키우기 위해 기초 공사를 튼튼히 하세요.

A   우리는 그동안 리더십을 보스의 개념으로 생각했기 때문에 이런 질문이 생기는 것 아닐까 싶습니다. 리더십은 자기 조절과 대인 관계 능력이 균형을 잘 이룰 때 나타날 수 있는 능력입니다. 리더십이 있는 아이들은 명령이나 지시가 없어도 스스로 알아서 목표를 세우고 무언가 해냅니다. 이런 능력과 함께 친구들과 긍정적인 상호 작용을 하고 좋은 인간관계를 맺을 수 있는 능력도 가지고 있습니다.

리더십은 자기한테 좋은 영향력을 미치는 셀프 리더십(self leadership)과 타

인에게 좋은 영향력을 미치는 서번트 리더십(servant leadership)으로 나눌 수 있습니다. 셀프 리더십은 자신의 감정과 의지를 조절해서 원하는 바를 끝까지 끌고 갈 수 있는 리더십으로, 누구에게나 잠재되어 있는 능력입니다. 서번트 리더십은 '섬기는 리더십'이라고도 하는데, 긍정적인 상호 작용으로 집단에 좋은 영향력을 미치고, 남들을 잘 배려해주고 도와주고 타인의 말을 경청하고 내가 앞으로 나아가면서 뒤에 사람들이 잘 따라오는지 항상 관심을 가지고 살피는 리더십을 말합니다.

따라서 이 두 가지 능력은 아이의 기질이 내성적이라고 하더라도 부모의 양육과 경험을 통해 충분히 발휘될 수 있습니다. 또 한편으로 리더십이 있는 사람을 '협상의 귀재'라고 하는데, 협상은 소극적이고 수줍음이 많다고 해서 못하는 것이 아닙니다. 협상은 내가 하고 싶은 것 100, 상대방이 하고 싶은 것 100이 있을 때 내가 50 양보하고, 상대방이 50 양보하게 해서 하나의 공통분모로 100을 만들어내는 겁니다. 이것은 성격적인 특성과 관련 있다기보다는 기본적인 사회적 기술입니다.

사실 리더십의 가장 중요한 부분은 기초 공사입니다. 자기 스스로를 잘 조절하고, 타인과 긍정적인 상호 작용을 하기 위해서는 애착, 자기 조절, 문제 해결 능력, 감정 표현 등에 대한 반복적인 연습이 필요합니다. 리더십은 나가서 큰소리 떵떵 치고 문제를 뚝딱 해결하는 것이 아니라, 어떤 상황에서 타인과 조율을 잘하는 겁니다. 의견이 다를 때 내 의견을 제시하고 상대방의 의견을 듣고 그 목표를 향해 함께 작업하는 과정이지, 누군가를 이끌어야 하는 것이 아닙니다. 그러므로 엄마가 아이에게 리더십이 부족하다고 느낀다면 기초 공사를 튼튼히 해 나와 타인에게 좋은 영향을 미치는 리더로 키우기 바랍니다.

보스와 리더의 차이는 무엇일까? 보스는 '나를 따르라' 식입니다. 나만 따라야 하니 내 명령과 지시를 듣고 내가 원하는 바대로 행동해주면 좋겠다는 태도입니다. 그래서 함께 가는 구성원들의 욕구나 상태, 누가 뒤처져 있는지, 누가 더 빨리 왔는지 등을 볼 겨를 없이 무조건 끌고 갑니다. 리더는 구성원들 중 누가 뒤떨어져 있고, 지금 누가 어려운 상황이고 누가 힘들어하는지, 또 누가 지금 더 빨리 수행하는지 등을 천천히 살피면서 함께 가는 사람입니다.

퍼즐은 한 조각이라도 없으면 안 됩니다. 리더십을 퍼즐에 비유하자면, 보스는 필요 없으면 버리기도 하면서 자기가 모든 걸 다 하려고 하지만, 리더는 퍼즐 조각이 지금 어떻게 맞춰지고 있고, 어디가 비어 있고, 어떻게 조합을 이루면 이것이 잘 형성될지 고려하면서 퍼즐을 맞추어갑니다.

리더십 있는
아이로
키우고 싶어요

리더십은 엄마, 아빠 중 누가 더 아이에게 도움을 줄 수 있나요?

Q 아들이 어릴 때 아빠와 너무 가까이 지내서 그런지 아빠와 애착 형성이 더 잘된 것 같습니다. 리더십은 엄마, 아빠 중 누가 아이에게 더 도움을 줄 수 있나요? 상관없나요? _진태훈, 6세

엄마, 아빠의 역할이 다르다는 걸 기억하세요.
각자의 역할이 다르기 때문에 함께 양육하는 것이 중요해요.

A 일반적으로 아이들에게 엄마가 주는 양육과 아빠가 주는 양육은 차이가 있습니다. 엄마의 양육은 따뜻하게 아이를 보살펴주고, 안아주고, 먹여주는 등 초등학교 이전 시기까지 아이들의 내면을 채워줍니다. 반면 아빠의 양육은 문제를 해결하고, 도전하고, 함께 연습하고, 신체적인 힘을 키우는 등 외부에 대처하고 세상을 바라보는 시각을 키워줍니다. 아이는 내면이 튼튼하고 뱃심이 있어야 밖에 나가서 움직일 수 있고 아빠에게 배운 방법과 태도로 생

활하게 됩니다. 리더십에는 이 모든 것이 필요하기 때문에 누가 더 도움을 준다기보다 각자의 영향이 다릅니다. 따라서 함께 양육하는 것이 중요합니다.

엄마와 함께 하는 놀이로는 놀잇감으로 음식 만들기, 인형 보살피기, 동물 키우기 등이 있는데, 이러한 양육 놀이를 통해 자기 자신을 양육하게 됩니다. 그리고 다양한 스킨십, 안아주기, 로션 바르기, 마사지하기 등의 애착 놀이를 통해 정서적 충족감을 얻을 수 있습니다. 그리고 일상에서 아이의 말에 귀 기울이고, 아이의 마음을 읽어주고, 아이가 원하는 바를 민감하게 이해하고, 아이의 행동에 대해서는 훈육하지만 아이 자체에 대해서는 무조건적 수용 태도로 대해주면, 아이는 자기 자신에 대해 좋은 느낌을 가지고 따뜻하고 든든한 마음을 갖게 됩니다. 이런 것들이 아이의 리더십을 키워주는 밑거름이 됩니다.

아빠와 함께 하는 놀이로는 블록이나 운동, 게임 등이 있는데, 이러한 놀이를 하며 목표를 세우고 노력하며 애써보고, 블록이 넘어지거나, 도미노가 쓰러지거나, 골인이 잘 안 되는 등 실수를 경험하며 함께 다시 도전하고 어려움을 해결하기 위한 좋은 방법을 개발해갈 수 있습니다. 그리고 아빠 팔에 매달리기, 비행기 타기, 체육 활동 놀이 등 신체 놀이를 통해 균형감을 발달시키고 자신의 힘을 조절하고, 힘의 크기를 비교하면서 조절 능력을 갖게 됩니다.

가끔 "아빠들이 아이들과 역할 놀이를 안 해요"라는 말을 하는데 아빠와 놀 때 인형을 가지고 하는 역할 놀이를 요구하거나 잘 못한다고 구박하지 말아야 합니다. 아빠는 그런 것을 해줄 수도 없고 엄마와 아빠의 역할이 다르기 때문입니다. 그리고 아빠가 역할을 안 한다며 엄마가 아빠 역할을 대신 도맡아 하기도 상당히 어렵습니다. 또 사람들마다 잘하는 놀이 활동이 다르기 때문에 책에서 아빠가 이렇게 해주는 게 좋다더라 하면서 강요하기보다 아이가 좋아하는 놀이를 함께 하며 좋은 놀이 관계 맺기를 우선으로 해야 합니다. 엄마, 아빠의 놀이가 좀 다르지만 아이가 함께 해서 행복해하는 놀이를 계속 유지해주면 됩니다. 여기서 말하는 건 일반적인 경우이고, 어떤 부부는 아빠가 역할 놀이를 더 잘해주기도 합니다. 각자가 잘할 수 있는 놀이로 아이와 즐거운 시간을 마련하기 바랍니다.

이렇게 엄마에게 받은 튼튼한 내면과 아빠에게 받은 세상을 살아갈 수 있는 힘과 문제 해결 능력을 통해 아이들은 자연스럽게 리더십을 발휘할 수 있습니다. 엄마의 역할과 아빠의 역할 모두 아이들에게는 굉장히 중요하니, 두 분이 잘 계획해서 아이의 리더십 함양을 위해 노력하기 바랍니다.

 육아 멘토의 한마디

아이의 리더십은 조절 능력과 관련 있습니다. 조절 능력을 키워주기 위해서는 엄마와 아빠가 함께 일관되게 훈육해야 합니다. 훈육을 통해서 조절 능력을 배울 수 있습니다. 아이에게 되는 것과 안 되는 것의 구분은 부부가 합의해서 가르쳐야 합니다. 한쪽은 된다고 하고 한쪽에서는 안 된다고 하면 아이는 혼란스러울 뿐 아니나, 뭐가 맞고 뭐가 틀린지 모르게 됩니다. 또한 공감을 해준 다음에 다른 사람의 생각을 알려주는 것도 중요합니다. 이 말은 무조건 "아, 네 생각이 그렇구나" 하고 끝내면 아이들은 자기 생각이 다 맞다고 생각합니다. 그런데 아이들 생각은 얼토당토않을 때가 많습니다. 그래서 상황에 대해 설명해주고, 다른 사람의 마음을 얘기해주면 자신과 타인의 생각이 다르다는 점을 알게 되고 전체적으로 상황을 바라보는 시각이 생기게 됩니다. 이런 과정을 통해 조절 능력이 발달하게 됩니다.

서로 다름을
이해하는 아이가
됐으면 좋겠어요

서로의 생각이 다름을 알려주고 싶은데 어떻게 해야 하나요?

Q "엄마, 내가 맞는 거지? 친구가 틀린 거지?" 이런 경우 누가 맞고 누가 틀린 것이 아니라 서로 생각이 다를 뿐이라는 점을 가르치고 싶은데, 어떻게 해야 하나? _최수호, 6세

부부간의 대화에서 서로 다름을 인정하는 태도를 보여주세요.
옳고 그름에 대한 가치관을 알려주기보다는 서로의 생각을 이야기하는
시간을 가져보세요.

A 서로가 다르다는 것을 이해하지 못하면 리더십을 발휘하기 어렵습니다. 지금 아이가 6세면 만 5세 정도로 생각되는데, 만 5세는 조망 수용 능력이 발달하는 시기입니다. 조망 수용 능력은 남의 입장에서 생각해보는 겁니다. 하지만 초등학교 이전 아이들은 아직 다른 사람의 입장을 생각하는 능력이 완성되지 않았기 때문에 내 생각과 남의 생각이 다르다는 것을 이해하기 어렵

습니다. 그래서 이때 아이들은 엄마 생일이나 어버이날에 엄마가 좋아하는 립스틱, 아빠가 좋아하는 모자보다 자기가 좋아하는 초콜릿, 문방구에서 산 작은 장난감을 선물로 주게 됩니다. 내가 좋아하는 걸 상대방도 좋아할 거라고 생각하기 때문입니다. 초등학교 이전 시기라면 정상적인 상황이니 우리 아이가 조망 수용 능력 발달 과정에 있으니 내가 포기하지 말고 꾸준히 가르쳐야겠구나 마음먹으면 됩니다.

생활 속에서는 부부간의 대화입니다. 아이들은 부모를 보고 많은 것을 배웁니다. 부모는 아이들의 교과서입니다. 따라서 사람들은 맞고 틀린 게 없고 서로 다를 뿐임을 경험적으로 보여주면 됩니다. 예를 들어 엄마가 굉장히 빠른 사람인 경우에는 아빠가 느린 것을 답답해하고 잘못이라고 생각하는데, 사실 그건 잘못이 아니라 사람이 다른 겁니다. 그런데 상대방을 잘못된 것으로, 틀린 것으로 부정적으로 표현하고 비난하면 그 행동이 잘못된 것이 아니라 그 사람이 틀린 것으로 인식하게 됩니다. 그렇게 되면 이 세상엔 정답이 있는 것처럼 여겨집니다. 따라서 "당신이 틀렸어", "왜 이렇게 느려?", "그렇게 하는 거 아니야"보다는 "내 생각이랑 좀 다르네", "우리는 속도의 차이가 좀 있네", "그런 방법도 있구나. 난 이렇게 했는데"와 같은 대화는 상대방과 내가 다를 수 있음을 이해하게 합니다. 아이들 앞에서 이야기 나눌 때 일부러라도 "당신은 나랑 조금 다른 생각을 하고 있네. 내 생각은 이런데……" 하며 상대방과 다름을 인정하는 대화 모습을 보여주기 바랍니다.

다른 사람의 생각을 잘 이해하지 못하는 아이는 대체로 융통성이 부족합니다. 이런 아이들의 엄마들을 보면 옳고 그름이 굉장히 분명한 경우가 많습니다. 아이는 엄마를 보며 세상을 바라보는 시각과 타인을 바라보는 시각도 맞고 틀린 것으로 바라보게 됩니다. 따라서 혹시 내 아이가 맞고 틀리다는 이야기를 너무 많이 한다면, 오히려 엄마는 "네 생각은 어떤데? 아, 네 생각은 이랬어? 엄마 생각은 이랬는데, 우리 생각이 조금 다르네" 혹은 "아, 이건 조금 다르네", "아, 네 생각은 이렇단 말이지?" 하며 한번쯤 아이의 생각을 이야기해주기 바랍니다. 그런데 아이들 말을 들을 수는 없으니 일단 아이의 생각을 먼저 받아주고, "그런데 엄마 생각은 이래. 너는 이럴 때 어떻게 될 것 같아?" 하며 다른 의견에 대한 대화를 하면 됩니다. 이야기하면서 엄마가 원하는 방향으로 아이를 끌고 가거나 아이의 의견에 무조건 동의하는 건 서로 의견을 조율해가는 대화가 아닙니다. 서로의 생각을 이해하며 합의점을 찾아가는 것이 서로가 다르다는 것을 알려줄 수 있는 대화입니다.

 육아 멘토의 한마디

리더십은 사회성이라는 나무에 맺히는 열매와 같습니다. 리더십이 있는 아이들은 존중하기, 배려하기, 경청하기, 나누기, 격려하기, 목표 세우기, 협력하기 등의 능력을 가지고 있습니다. 이런 능력 중 내 아이가 안 되는 것이 있다면 그 능력에 집중해서 연습시켜주기 바랍니다. 아이들은 아직 발달 과정에 있기 때문에 부모의 도움으로 자신에게 좋은 영향력을 주는 셀프 리더십과 타인에게 좋은 영향을 주는 서번트 리더십을 가질 수 있습니다.

6장

형제에 관한
즉문즉답

형제간 다툼에
개입해야
하나요?

형과 동생이 싸울 때, 엄마는 어떻게 하면 좋을까요?

Q 큰아이가 두 살 터울 동생과 놀 땐 동생을 자기 마음에 맞게만 해서 놀려고 해요. 동생이 자기 뜻대로 안 되면 화를 내고 싸움이 나버립니다. 이럴 때 엄마가 개입해야 하는지, 개입한다면 어떻게 해야 할까요? _ **박주하, 7세**

서로 때리지 않는 한 세세하게 개입할 필요는 없습니다.
공평하게 대한다는 것이 똑같이 대해주는 것은 아닙니다.

A 이 연령 때 두 살 터울이면 굉장히 자주 싸우게 됩니다. 만 2세부터 5세 아이들은 형제들끼리 특히 많이 싸웁니다. 만 2세가 지나면 자기 소유와 자기 주장이 강해지기 시작해 다툼이 많아지는데, 이는 지극히 정상적인 발달이므로 걱정하지 않아도 됩니다. 이럴 때는 부모의 태도가 매우 중요합니다. 우선 서로 때리고 싸우지 않는 한 세세하게 개입할 필요는 없습니다. 특히 동생이 그렇게 크게 문제시하지 않으면 개입할 필요 없습니다.

부모가 형제를 훈육할 때 조심해야 할 것은 바로 '거짓 예언'을 하지 말라는 것입니다. 큰아이는 이런 아이이고 작은아이는 저런 아이라는 엄마의 고정관념들이 있을 겁니다. 형제간에 다툼이 생기거나 갈등이 생겼을 때 상황 파악도 제대로 하지 않고 "너는 항상 동생한테 양보를 안 하더라", "너는 꼭 형 것을 그렇게 빼앗더라"라는 식으로 이야기하는 엄마들이 많습니다. 그런데 그것은 엄마가 마음대로 만들어놓은 고정관념이자 틀입니다. 거짓으로 예언하는 것이죠. '너는 항상'이라고 판단하고 말하면 아이는 그렇게 행동할 수밖에 없습니다.

　엄마가 동생이 항상 당하는 것으로 인식하고 있으면, "또 동생 것 빼앗았어?" 또는 "또 동생을 네 마음대로 했어?"라고 말하면서 큰아이를 혼내는데, 사실은 그때 당시에만 그러는 것이지 모든 일을 항상 그렇게 하는 것은 아닙니다. 엄마가 이런 식으로 이야기하면 아이는 '나는 항상 그런 아이야'라고 생각하기 때문에 '거짓 예언'이라고 말하는 것입니다. 아이한테 굳이 그런 예언을 할 필요는 없겠지요. "지금 네가 이렇게 했단 말이지"와 같이 항상 '지금'으로 표현해야 합니다.

　훈육할 때도 '지금'으로 한정지어야 아이는 엄마가 상황을 잘 보고 도움을 준다고 생각해 억울해하지 않습니다. 보통 아이들은 형제간의 싸움에서 '엄마는 항상 내 편이 아니야'라고 생각하면서 억울해하고 속상해합니다. 특히 '거짓 예언'에 얽매여 무작정 혼내면 더욱 그렇게 생각한답니다.

　형제들의 싸움에 개입할 때 부모가 신경 써야 할 부분은 바로 '공평성'입니다. 공평하게 대한다는 것을 똑같이 대하는 것으로 오해할 수 있지만, 그때그때 필요한 것을 제공하는 것이 부모의 역할입니다. 싸우지 않게 하려고 반드시 똑같이 대할 필요는 없습니다. 예를 들어 배고픈 아이한테 과자를 하나 더 주는 것이지요. 그런데 싸운다고 해서 똑같은 것을 두 개씩 줘야 한다고 생각할 필요는 없다는 것입니다.

시간도 마찬가지입니다. '얘랑 30분 놀았으니까 재랑도 30분 써야지' 할게 아니라 더 필요한 아이한테 시간을 더 할애하면 됩니다. 예를 들어 형이랑 숙제하고 있는데 동생이 와서 "왜 나하고는 안 놀아줘"라고 불평할 경우, "엄마가 10분 있다가 너랑 10분 놀아줄게"라고 하기보다는 "지금 형이 꼭 학교에 내야 되는 숙제가 있는데 굉장히 중요한 일이야. 이 숙제 끝나면 엄마가 너랑 시간을 보낼 거야"라고 말하면 됩니다. 그러면 동생도 중요한 일이 있을 때는 엄마가 나한테도 시간을 충분히 써줄 것이라는 믿음을 갖게 되어 덜 보채게 된답니다.

 육아 멘토의 한마디

"형이랑 너랑 똑같이 사랑해"라고 말하기보다는 '너는 특별한 존재지'라고 말해주는 것이 더 필요합니다. 옛 속담에 "열 손가락 깨물어 안 아픈 손가락 없다"는 말이 있습니다. 부모 입장에서는 모두 소중한 존재지만 아이들은 부모가 나를 쳐다보나 형을 쳐다보나만 살펴, 자신은 항상 부족하고 다른 형제가 더 사랑받는 것처럼 느끼기도 합니다. 그래서 아이가 "형이 좋아, 내가 좋아?"라고 물어볼 때 "너 같은 애는 세상에 아무도 없지. 엄마한테는 네가 정말 큰 기쁨이야"라고 이야기해주면 "똑같이 사랑해"라는 이야기를 들을 때보다 훨씬 더 충분히 사랑받는 느낌을 받는답니다.

자꾸
형의 물건을
빼앗아요

형은 동생과 놀아주지 않고 동생은 형 것을 무조건 뺏으려 해요.
어떻게 하면 좋을까요?

Q 큰아이와 작은아이는 22개월 차이 나요. 형은 41개월, 동생은 19개월이
에요. 그런데 동생은 형이 장난감이나 블록 등을 가지고 있으면 무조건 망가
뜨리고 부수려 해요. 그러면 형은 형대로 뺏기지 않으려고 소리 지르고 때려,
둘이서 매일 전쟁이에요. _유지호, 41개월

동생은 형이 하는 것을 동경해서 따라 하고 쫓아다닙니다.
형에게는 상황 설명을, 동생에게는 다른 관심거리를 제시해주세요.

A 형제나 자매, 혹은 남매를 키우는 많은 부모가 안고 있는 걱정거리입니
다. 동생이 무조건 큰아이를 쫓아다니면서 큰아이가 소중하게 여기는 것들,
좋아하는 것들을 만지고 망가뜨려 매일 큰아이 짜증 소리를 듣는 것이 일과
라고 말입니다. 동생들은 형이 하는 것을 좋아합니다. 태어나면서부터 자기

보다 무엇이든 척척 잘 해내는 형이 익숙하기도 하고 동경의 대상이기도 합니다. 또 형을 따라다니고 모방하면서 발달을 촉진하려는 자연스러운 과정이기도 합니다. 그런데 아직 여러 면에서 발달이 미숙하기 때문에, 의도적으로 그러는 게 아닌데, 결과적으로는 형 것을 부수고 망가뜨리는 일이 생기게 됩니다.

한편 형들은 동생 없이 온전히 방해받지 않고 놀이했던 시간을 가져봤기에 함께 하면 재미있기도 하지만 자기를 방해하고 자신이 힘들게 만든 작품이나 소중하게 여기는 장난감을 망가뜨리고 빼앗는 동생이 귀찮기도 하고 불편하기도 할 것입니다. 그리고 점차 자기 소유를 알아차리고 자기 것이 중요해지는 시기에 침범당한다고 생각해 짜증과 화가 많아집니다. 그러면서 슬프게도 형들이 동생들을 미워하게 됩니다. 서로 의지하며 우애 좋게 자라기를 바라는 부모로서는 이런 상황이 당황스럽기도 하고 속상하기도 하고 화나기도 할 것입니다.

그렇다면 이런 큰애와 동생을 어떻게 도와주면 좋을까요?

큰애 것을 동생이 빼앗아 큰애가 소리 지르고 울고 싸우는 상황이라면 동생이 뺏었으니까 동생에게 "돌려줘라, 그러면 안 된다"고 야단부터 치겠지요. 그러나 이 시기의 아이들은 부모의 관심을 받는 것이 무엇보다 중요하기 때문에 뺏은 아이보다는 뺏긴 아이, 즉 피해자에게 먼저 관심을 보여야 합니다. "동생이 지금 네 것을 뺏어서 화났지?"라고 이야기하며 큰애에게 관심을 두는 것입니다. 그러면 두 아이 모두 가해를 하면 부모의 관심을 받지 못하고 위로를 받지 못한다는 것을 알게 된답니다. 그러면서 큰애에게 "많이 속상하지. 그런데 동생이 아직 말을 못해서 그러는 거니까 엄마가 동생을 잘 가르칠 테니 그때까지만 네가 조금 기다려줘. 형 것 못 만지게 엄마가 꼭 알려줄 거야"라고 하면서 엄마를 신뢰하도록 안심시켜주세요.

그러고 나서 동생에겐 "형 것 만지면 안 돼"라고 말해주세요. 그런 뒤 빨리 동생이 좋아하는 놀잇감이나 다른 활동을 제시해 "너는 엄마랑 이것 가지고 놀자" 하면서 관심을 환기시켜주세요. 이렇게 하면 상황이 해결되어 잠시 각자 놀이를 하면서 평화를 찾게 됩니다. 물론 이 평화가 오래가지는 않겠지만요. 그런데 이런 과정을 여러 번 거치면서 아이들은 다른 형제들을 방해하고 싫어하는 행동을 하면 안 된다는 것을 배우고, 함께 놀아도 즐겁지만 각자 놀이를 하는 것도 즐겁다는 것을 알게 된답니다.

 육아 멘토의 한마디

동생과 싸우면서도 함께 놀고 싶어 하는 형을 어떻게 도와주면 좋을까요? 이럴 경우 양보나 배려라는 작전을 쓰면 더 재미있게 놀 수 있다는 것을 큰 아이에게 알려주면 도움이 됩니다. "동생이 네 것 자꾸 뺏으려고 하니까 다른 것 하나를 네가 양보해봐. 그러면 같이 놀 수 있을 거야"라고 큰애에게 동생과 갈등 없이 놀 수 있는 방법을 제안하고 협상해보세요. 또 같이 잘 놀고 즐거워할 때 두 아이를 크게 격려해주면 그 격려에 힘입어 더 자주 함께 놀게 된답니다.

몸싸움을
해요

아이들이 몸싸움을 하기 시작했어요.

Q 올해 일곱 살, 다섯 살 아들인데, 왜 이렇게 싸우는지 모르겠어요. 급기야 몸싸움까지 해요. 커가면서 점점 더 심해질까봐 두려워요. 사이좋게 지내게 할 방법은 없을까요? _박찬영, 7세

아이들의 싸움은 '사회성'을 기르는 실전의 장이 됩니다.
몸싸움이 일어나면 피해자에게 먼저 관심을 가져주세요.

A 형제가 항상 우애 있게 지낼 수는 없습니다. 늘 사이좋게 지내야 좋은 형제라는 생각은 잘못된 신화입니다. 잘 놀고 싸우지 않아야 이상적인 형제라 생각하고, 부모가 잘 키웠다고 생각하기에, 아이들이 싸우기 시작하면 엄마들은 신경이 예민해집니다. 그런데 아이들은 '싸우면서 큰다'고 합니다.

도대체 아이들은 왜 싸우는 걸까요? 아이들은 서로 다르기 때문에 싸우는 겁니다. 기질도 다르고, 서열에 따른 성향도 다르고, 같은 부모 밑에서 자랐어

도 개개인마다 다를 수밖에 없습니다. 각자 다르기 때문에 의견도 다르고 취향도 다를 수 있습니다. 그런데 형제들은 친구들과 달리 많은 시간을 함께 지내고 많은 것을 공유하기 때문에 싸움이 일어나지 않을 수 없는 거죠.

그런데 아이들은 이렇게 싸우면서 자기 자신에 대해 더 명확하게 알아간답니다. 의견 충돌이나 다툼을 경험하면서 '나는 형이랑 다르구나', '동생이랑 생각이 다르구나' 하는 사실을 알아가는 것이지요. 이런 식으로 형제들은 갈등과 싸움을 통해 스스로 자아 정체감을 형성합니다. 싸우면서 서로 다른 것을 자꾸 확인하고 자신의 존재에 대해서 명확히 알게 되는 것입니다.

또 아이들이 싸우면서 가장 많이 얻는 것은 '사회성'입니다. 싸우지 않고서는 이기는 방법, 지고 나서 마음 다스리는 방법, 양보하는 방법, 배려하는 방법을 배울 수가 없어요. 말하자면 형제간의 싸움은 그동안 엄마, 아빠에게 들어왔던 사람들과 잘 지내는 법을 연습하는 실전 기회가 되는 것이지요. 말로만 "양보해야지", "이렇게 해야 네 의견을 친구들에게 잘 펼 수 있어"라고 해봤자 잘 되지 않는 경우가 많습니다. 이론을 잘 실천하려면 연습을 해야 하는데 형제간에 의견이 달라 자기주장도 해보고, 갈등도 겪어보고, 화해도 해보면서 이런 연습을 하는 거지요. 아이들은 부딪히면서 '이럴 때는 내가 너무 심했구나', '이렇게 얘기하니까 동생이 내 말을 듣네', '이렇게 양보하니까 기분 좋게 같이 놀 수 있구나' 하는 것들을 배우게 된답니다. 평화만 고집하면 아이들이 성장하는 데 굉장히 중요한 부분을 놓칠 수 있습니다. 아이들은 싸우면서 훨씬 더 성장한다는 것을 알아야 합니다.

그렇지만 아이들을 싸우게 내버려두면 싸움이 심해지기만 할 뿐 아이들의 발달에 도움이 안 될 때도 있습니다. 이럴 때는 부모가 현명하고 지혜롭게 개입하는 것이 필요하지요. 보통 남자아이들은 여자아이들에 비해 언어가 빠르지 않아요. 그리고 만 5세 정도는 되어야 어른들이 이야기하는 수준으로 이야기할 수 있어요. 남자아이들은 여자아이들에 비해 언어는 느리고 에너지는 훨씬 많아, 말은 빨리 안 나오고, 감정은 막 올라오고, 에너지는 넘치다보니 몸으로 싸우게 됩니다. 그래서 나중에 언어 발달이 더 원활해지면 몸싸움이 더 심해지지 않고 줄어들 수 있습니다.

아이가 마음속에 있는 생각을 말로 하지 못하고 몸으로 할 때는 엄마가 아이의 마음을 읽어주는 것이 중요합니다. "동생이 네 장난감을 가져가서 화났구나. 그래도 동생을 때리면 안 되지. 내 거니까 가져가지 말라고 말하면 되는 거야"라고 여러 번 행동을 마음과 연결시켜주면 아이들은 점차 언어로 표현하는 것이 가능해진답니다. 그렇게 되면 몸싸움이 점차 줄어들고 자신을 적절히 표현하는 방법을 익힐 수 있게 되지요.

 육아 멘토의 한마디

아이들이 몸으로 싸웠을 때 누군가가 맞으면 우선 피해자에게 관심을 가져주세요. 그래야 때리는 아이가 관심을 덜 받는다고 생각해 때리는 행동이 줄어든답니다. 아이들은 부모의 사랑과 관심을 먹고 자라기 때문에 맞은 아이부터 부모가 관심을 가져주면 아이들은 저절로 때리는 행동이 잘못되었음을 알게 되어 줄인답니다. 보통 때린 아이를 먼저 혼내는데, 아이들은 부정적인 관심이라도 무관심보다 낫다고 생각해 때리는 행동을 계속할 수도 있습니다. '피해자에게 우선 관심' 원칙을 잊지 않으면 점차 줄어들 것이니 너무 걱정하지 마세요.

동생을
질투해요

큰아이가 동생을 질투해요. 어떻게 하죠?

Q 큰아이랑 작은아이랑 다섯 살 터울인데 큰아이가 질투를 많이 해요. 작은아이가 15개월이라서 손이 많이 가고 큰아이 물건도 함부로 만져 큰아이가 불만이 많아요. 질투하는 큰아이를 어떻게 하면 좋을까요? _권희찬, 7세

첫째는 동생이 태어나면 '폐위당한 왕'처럼 마음이 불편하답니다.
질투하는 첫째의 마음을 읽어주면 아이는 안심합니다.

A 유명한 심리학자 알프레트 아들러는 가정 내 출생 순위가 아동의 성격 형성에 큰 영향을 주어 같은 부모 밑에서 자라도 저마다 독특한 성격이 형성된다고 했습니다. 모든 아이가 이 성격 유형에 딱 들어맞는다고 할 수는 없지만, 아이들을 어느 정도 이해하는 큰 틀을 제시해준 좋은 의견이기도 합니다.

아들러는 형제 서열 순위에 대해 이야기하면서 첫째들을 '폐위당한 왕'이라고 표현했습니다. 첫째는 동생이 태어나기 전까지 왕처럼 온 가족의 관심

과 사랑을 받아왔으나 동생이 생기고부터는 관심과 사랑이 모두 없어진 것처럼 외롭고 쓸쓸해한다는 말이겠지요.

그래도 동생이 태어난다고 부모가 미리 준비시킬 경우, 물론 이전의 모든 특권을 다시 회복하기 위해 고군분투하긴 하지만 자신의 위치에 대해 안정감을 느끼고 맏이로서 책임을 다하는 모습을 보인답니다. 그러나 준비가 되어 있지 않은데 동생이 태어난 후 가족들이 큰애에 대한 정서적 배려를 별로 하지 않으면 동생을 삶의 큰 방해물로 생각해 화를 내거나 자신을 무력하고 보잘것없는 존재라고 느껴 좌절한답니다.

이제 동생이 생긴 큰아이의 마음이 조금 이해될 겁니다. 그래서 나이 차이가 많이 나도 동생이 태어난다는 것은 큰아이에게 인생의 전환점이라고 할 정도로 큰 사건인 것입니다. 예를 들어 엄마가 동생을 안고 있으면 큰아이들은 엄마한테 바로 의사소통을 하지 못합니다. 멀찍이서 엄마와 동생을 쳐다보지요. 동생을 안고 있을 때 뭔가 싸늘한 눈빛을 느껴 쳐다보면 큰아이가 보고 있더라는 이야기를 많이 합니다. 그럴 때 엄마는 뭐라고 하면 좋을까요? "희찬아, 엄마가 지금 동생만 안고 있어서 속상하구나"라고 하며 아이의 마음을 읽어주면 됩니다. 그러고 나서 "이리 와, 엄마랑 같이 이야기하자"라고 하면서 큰아이가 동생에 대해 어떤 느낌을 가지는지 알아주면 됩니다. 만약 큰아이가 "엄마는 동생만 예뻐해"라고 하면, "그렇게 느꼈어? 무엇 때문에?" 또는 "어떻게 하면 속상하지 않겠어?" 하고 물어보세요. 아이가 대답하면 "알았어. 그렇게 하면 네 기분이 좋아진다고. 그래, 한번 해보자" 하면서 아이의 마음을 받아주면 됩니다.

큰아이들은 엄마를 빼앗겼다는 생각에 동생이 불편하고 미울 수 있습니다. 당연한 것이니 그 마음을 잘 헤아려주고, 큰아이한테는 큰아이 나름의 자리가 있으니 부모가 그것을 확고히 지켜줄 것이라는 자세를 취하면 부모를 믿고 안정을 찾아 동생을 예뻐할 여유가 생긴다는 점을 잊지 마세요.

육아 멘토의 한마디

상담소에 찾아온 첫째들에게 스트레스가 뭐냐고 물으면 "동생이 내 물건을 자꾸 만져요. 부숴요"라는 이야기를 참 많이 합니다. 아이들에게 내 소유는 자기와 마찬가지로 매우 중요한 것일 수 있는데, 동생이 자꾸 건드리고 망가뜨리니 동생이 더 얄미워지는 것은 당연하겠지요. 그런데 대부분의 부모들은 "네가 형이니까 좀 빌려줘", "아직 어리니까 좀 봐줘"라면서 큰아이에게 양보를 강요합니다. 큰아이니까 좀 더 아량 있게 동생을 보살폈으면 하는 마음 반, 말이 잘 안 통하는 어린 작은아이보다는 그나마 말이 통하는 큰아이에게 양해를 구하는 것이 더 쉽다는 마음 반이겠지요.

이럴 때 큰아이 물건을 보관할 수 있는 박스 같은 것을 만들어주면 도움이 됩니다. 큰아이 이름을 붙여 큰아이가 소중하게 생각하는 물건을 넣고 동생이 만지지 못하게 하세요. 견물생심이라 보면 자꾸 만지고 싶어 하니, 박스를 동생이 잘 발견하지 못하도록 옷장 위에 놓는다든지 하는 방법을 사용해보세요. 이렇게 되면 큰아이들은 엄마가 나를 위해 뭔가 노력하고 조치를 취한다고 생각해, 훨씬 안심하고 부모가 자신을 위해준다고 생각하게 된답니다. 동생도 내 물건 또한 형이 함부로 만지지 못하게 할 거라고 생각해 자기 물건에 대해 좀 더 안심하게 된답니다.

성격이
너무 달라요

모범생 큰아이와 말 안 듣는 작은아이, 형제의 성격이 너무 달라요.

Q 큰아이는 모범생이고 부모 말이나 선생님 말을 굉장히 잘 듣는데, 작은
아이는 뺀질뺀질하니 말을 안 들어요. 그러다보니 큰아이가 스트레스를 많이
받아 어떨 때 보면 안쓰럽기도 하고, 당하는 큰아이가 답답하기도 합니다. 형
것은 무엇이든 가지려 해서 엄마인 제가 봐도 작은아이가 너무 얄미워요. 같
은 부모 밑에서 태어났는데 왜 이렇게 다른가요? _손준호, 7세

비교하면 둘째들은 형에게 열등감을 느낀답니다.
온전한 사랑을 받아보지 못한 둘째들은 경쟁에 심취하기도 합니다.

A 아들러는 형제 서열이 성격에 영향을 미친다고 이야기하면서 각 서열별
아동의 성격 특성에 대해 정리했습니다. 앞서 첫째 아이가 '폐위된 왕'이라고
말했는데, 첫째들은 늘 부모의 사랑과 관심을 받다가 동생이 태어나면서부터
관심과 사랑을 빼앗겼다고 생각합니다.

아들러는 둘째 아이를 '욕심쟁이'라고 명명했습니다. 둘째 아이는 태어날 때부터 이미 경쟁자가 있는 상황입니다. 아주 잘 자라면 사실 큰아이의 장점을 그대로 배우기도 해 능력이 많을 수도 있고 엄마, 아빠로부터 사랑을 나눠 받게 되니 어떻게 하면 사랑을 더 받을 수 있을까 연구하게 되거든요. 그래서 큰아이가 안 되는 것을 기막히게 찾아냅니다. 예를 들어 첫째가 애교가 없으면 둘째들은 애교쟁이인 경우가 굉장히 많습니다. 그러다보니 여러 가지 장점이 발달해 사회적으로 성공하는 예가 많습니다.

형제간 서열별 성격 유형을 주장한 아들러도 둘째였답니다. 형이 무척 우수했는데, 그 형을 이기기 위해 평생 열심히 노력했더니 이런 업적을 남긴 학자가 되었다고 본인이 이야기했습니다. 그래서 둘째 아이들이 노력을 많이 하고 성실해 성공할 확률이 높다고 합니다. 그런데 첫째와 달리 태어날 때부터 둘째는 부모의 사랑과 관심을 손위 형제와 나누어 받아야 하는 운명이지요. 그래서 간혹 너무 경쟁에 심취해 무엇이든 형보다 잘해야 되고, 무엇이든 내가 더 많이 가져야 된다고 여기는 둘째들이 있습니다.

이럴 때 부모가 중재를 잘 해주지 않으면 이런 불편한 점들이 더 많이 부각될 수 있습니다. 예를 들어 형제를 양육할 때 비교를 많이 하면 아이들 스스로도 끊임없이 비교하게 된다든가, 형의 우수한 점이나 잘하는 점을 너무 강조하면 동생은 열등감을 극복하기 위해 노력하는 것을 넘어 사회에서 경쟁만 하는 아주 긴장되고 각박한 삶을 살게 될 가능성이 높아집니다. 그러다보니 주변 사람들은 이 둘째를 너무 욕심 많다고 평가하기도 하지만, 모범생인 형과 다른 방향으로 나아가 사회 개혁가라든가 혁신가로서 성공하는 경우도 있으니 너무 걱정하지 마세요.

부모들이 둘째 아이에 대해 "얘는 왜 이렇게 형한테 나눠줄 줄도 모르고 자기 것만 챙기는지 모르겠다"라는 말을 자주 합니다. 둘째들은 온전한 자기 것이 없다고 생각해 자기 것을 더 많이 챙길 수밖에 없습니다. 그러다보니 부모나 형 눈에는 양보나 배려할 줄 모르는 욕심쟁이로 비칠 수도 있습니다.

또한 주눅 들어 아무리 노력해도 형을 이길 수 없다며 자포자기해 무기력하고 위축되어, 능력이 있는데도 성취하지 못하는 사람들이 있습니다.

육아 멘토의 한마디

둘째 아이를 좀 더 행복하게 키우려면 부모가 어떤 노력을 해야 할까요?

우선 첫째 아이와 둘째 아이를 비교하지 않으면서, 둘째 아이의 장점을 많이 이야기해주세요. 첫째와 둘째가 잘하는 부분이 분명히 다를 수 있으니, 그 점을 잘 찾아 "우리 준호는 이게 좋은 점이네"라고 비교하지 않으면서 아이 자체에 대해서만 칭찬해주고 격려해주세요. 비교는 형제간의 갈등에 불을 붙이는 행위입니다. 칭찬도 비교하면서 하면 아이는 끊임없이 주변과 자기를 비교하면서 경쟁 속에서 만족하지 못하며 불행해질 수 있습니다.

둘째 아이가 첫째 아이를 같은 것으로 이기기는 어렵습니다. 부모가 비교하지 않아도 둘째들은 자연스럽게 비교하기 때문입니다. 조금 극단적인 예를 든다면, 음악을 가르칠 경우 큰아이가 피아노를 배우고 있다면 둘째는 다른 악기를 배우게 해 열등감을 느끼지 않으면서 다른 쪽으로 재능을 발휘하도록 해주는 것이 바람직합니다.

동생 때문에
큰아이가
달라졌어요

동생이 생기고 나서 큰아이의 성격이 달라졌어요.

Q 동생이 생기기 전까지는 정말 순하고 말 잘 듣는 아이였어요. 그런데 동생이 태어나고 나서는 그전보다 더 아기같이 굴고 말도 잘 안 듣고, 전엔 누구를 때린 적이 없는데 동생을 때리기도 해요. _주성원, 5세

큰아이에게 동생이라는 존재는 처음에 '경쟁자'로 느껴져요.
첫째도 아직 어린아이임을 부모들이 자주 잊어요.

A 간혹 엄마와 사이가 안 좋은 첫째들이 찾아오는데, 유아들도 있고 초등학생, 청소년들도 있습니다. 이 아이들에게 "무엇이 바뀌면 네가 좀 더 행복해질 수 있겠니?"라고 물어보면, 많은 아이가 "동생만 없어지면 돼요", "엄마가 동생 편만 들어요", "나만 혼내요"라고 대답합니다. 그러나 좀 더 자세히 물어보면, 결국 첫째들은 동생의 존재 자체보다는 동생과 자신을 다르게 대우하는 '부모의 태도' 때문에 상처받고 힘들어하는 경우가 더 많습니다. 동생에

대해서는 "놀 때 가끔 재미있기도 해요", "심부름시킬 수 있는 건 좋아요"라며 긍정적인 대답을 하기도 하거든요.

큰아이와 동생, 엄마의 관계를 가장 잘 보여주는 이야기가 있습니다. 결혼해서 한참 남편과 재미나게 신혼생활을 하며 열심히 살았는데, 어느 날 남편이 "여보, 나는 당신을 너무 사랑하고 당신이 너무 좋아. 그래서 당신하고 정말 똑같이 생긴 사람을 두 번째 부인으로 맞이하고 싶어"라고 이야기했어요. 그러고 나서 얼마 뒤 젊고 예쁜 두 번째 부인을 데려왔어요. 그래서 셋이 함께 외출하면 첫 번째 부인한테는 사람들이 "안녕하세요?"라고 인사하고 알은체하는 정도인데, 두 번째 부인에게는 "어머, 너무 예쁘세요. 너무 귀엽네요"라고 하면서 막 감탄하는 거예요. 그뿐 아니라 어느 날 남편이 "당신은 몸이 커져서 옷이 안 맞으니 당신 옷을 두 번째 부인에게 물려줄게"라고 하면서 그동안 좋아했던 옷들을 꺼내 두 번째 부인에게 입혀보고 예쁘다고 웃는 거예요. 또 어느 날은 첫 번째 부인이 컴퓨터를 하고 있는데 두 번째 부인이 "나도 잘할 수 있는데"라고 해서, 첫 번째 부인이 "안 돼, 이건 내 거야. 내가 할 거야"라고 했더니, 두 번째 부인이 울면서 남편한테 가서 첫 번째 부인이 컴퓨터를 하지 못하게 한다고 말했어요. 그러자 남편이 첫 번째 부인에게 와서 "당신은 왜 나눌 줄도 몰라?"라며 마구 화를 냈답니다.

당신이 첫 번째 부인이라면 지금 기분이 어떨까요? 너무너무 불행하겠지요. 첫 번째 부인의 마음이 우리 첫째 아이의 마음과 같다면 이제까지 첫째 아이가 했던 여러 행동이 이해될 겁니다. 단순히 사랑을 빼앗겼다는 정도가 아니라 모든 것을 빼앗긴 심정일 것입니다.

그런데 아이들은 자신의 감정을 말로 잘 표현하지 못합니다. 더구나 불편하고 힘들긴 하지만 이 감정이 어떤 감정인지도 정확히 인식하고 구분하지 못합니다. 그래서 짜증 내고 동생을 괴롭히고 엄마 말을 안 듣는 등의 행동으로 표현하는 겁니다. 그런데 이렇게 행동하면 사랑받고 싶은 엄마한테 또 혼나게 되지요. 그러면 불편해진 마음을 또 불편한 행동으로 표현하게 되니 엄마와 아이 모두 힘든 상황에 처하게 되는 것입니다.

또 둘째가 생기면 이제까지 아기처럼 보였던 첫째가 비교적 큰 아이처럼 보인다는 것이 첫째와 엄마 사이를 힘들게 하는 함정입니다. 동생보다는 형님이지만 연령으로 보면 아직 행동이 미숙하고 서툰 어린아이임을 항상 기억해준다면 동생에게 양보하기 싫어하고 떼 부리는 큰아이의 힘든 마음이 좀 이해되고 야단만 치지 않으리라 생각됩니다.

육아 멘토의 한마디

동생 때문에 힘든 첫째들은 '퇴행' 행동을 하기 쉽습니다. 이제까지 스스로 하던 것도 엄마가 해주지 않으면 안 된다며 고집을 부리기도 합니다. 예를 들어 혼자 밥을 잘 먹던 아이가 엄마가 먹여주지 않으면 안 먹겠다며 떼를 부리고, 소변을 잘 가리던 아이가 밤중에 실수하는 경우도 있습니다. 이럴 때 행동만 보고 야단치면 부정적 행동이 더욱 심각해질 수 있습니다. 엄마가 진짜 자신의 마음을 몰라준 것에 대한 소외감과 거절감이 아이를 더욱 상처받게 할 수도 있고, 부정적인 관심이라도 끌기 위해 자꾸 혼날 일을 만들어서 할 수도 있습니다. 그러니 "성원이도 엄마가 동생처럼 먹여줬으면 좋겠어?"라며 조금 받아주면 곧 퇴행 행동이 없어집니다. 왜냐하면 아이들에겐 독립하고 자립하고 싶은 욕구가 매우 중요한 발달 과업이니까요.

큰애가
아기처럼
행동해요

동생이 태어난 뒤로 아기처럼 행동해요.

Q 동생이 태어난 뒤로 어리광이 늘고 안아달라고 매달려요. 어린이집에 다니면서 옷도 알아서 입고 혼자 할 수 있는 것이 늘어 스스로 뿌듯해했는데, 다시 엄마에게 다 해달라며 눈물부터 보입니다. 혼자 두 아이를 돌보다보니, 자꾸 아이를 다그치게 돼요. _성준호, 4세

엄마의 관심과 사랑을 말로 표현해주세요.

함께하는 놀이 시간을 통해 아이의 허전함과 스트레스를 다뤄주세요.

A 동생이 태어나면 온 가족의 관심과 돌봄이 당연히 신생아에게 집중되는데, 아직 상황을 충분히 이해할 수 없는 큰아이 입장에서는 갑작스러운 변화가 혼란스럽고 불안할 것입니다. 아이들은 불안한 마음을 정확히 인식해 언어로 표현할 수 없기 때문에 아기처럼 행동하는 퇴행 행동이 나타납니다. 퇴행이란 현재 나이보다 어리게 행동해 엄마에게 자신의 불편한 마음이나 감정

을 위로받으려는 행동을 의미합니다. 따라서 큰아이에게 이러한 퇴행 행동이 나타나기 시작하면, '아, 지금 준호의 마음이 불안하고 힘들구나'라고 읽어줘야 합니다.

사실 엄마는 임신 후 몸이 예전 같지 않아 잠도 쏟아지고 금방 피곤해 최선을 다했음에도 불구하고 준호를 돌보는 데 임신 전보다 차이가 있었을 것이고, 준호는 이러한 변화를 이해하기 어려웠을 것입니다. 동생이 태어난 뒤에는 엄마의 몸이 회복되기까지 시간이 걸리고, 낮밤이 바뀐 불규칙한 생활로 인해 준호의 요구를 빨리 들어주기 힘들었을 것입니다. 또한 이제 말도 제법 잘하고, 스스로 할 수 있는 것도 늘었기 때문에 신생아인 동생에 비해 큰 아이로 느껴져 어리광을 받아주기 어려웠을 것입니다.

동생으로 인해 불안하고 스트레스를 받는 아이에게 가장 중요한 것은 엄마의 변치 않는 사랑 표현입니다. 동생이 잠들었거나 아빠가 돌볼 수 있는 시간에는 엄마가 준호와 함께하는 시간을 가지세요. 아이가 좋아하는 놀이를 하면서 엄마가 여전히 준호를 사랑하고 있다는 확신을 심어줘야 합니다. 아이들은 말과 행동, 눈빛 등으로 확인되어야만 알 수 있습니다. 이러한 확인이 쌓여갈수록 불안과 스트레스가 점차 줄어들어 자기 연령에 맞는 발달을 다시 즐겁게 해나갈 것입니다.

이때 가장 중요한 것은 "엄마랑 놀 시간이 줄어들어 동생이 미울 때도 있고, 준호가 많이 속상하지?"라고 아이의 마음을 공감해주고 읽어주는 것입니다. 동생 때문에 허전하고 외로운 마음을 엄마가 먼저 알아차려주고 말로 표현해주는 것만으로도 아이는 마음이 편해지고 이해받는 경험을 하게 됩니다.

또한 동생으로 인해 큰 아이가 됐지만, 아직 네 살밖에 안 된 어린아이라는 사실을 늘 기억해야 합니다. 훌쩍 다 큰 것 같은 기대감으로 인해 오히려 더 실망하고 다그치는 일이 생기기 때문입니다.

　대부분의 부모는 작은아이가 태어나면 첫째 아이를 다 큰 아이로 생각하기 쉬워요. 의사 표현도 분명하게 하고 엄마 말도 다 이해할 수 있다는 생각에 갑자기 늘어난 아이의 짜증과 퇴행 행동의 진짜 이유를 놓치게 됩니다. 아이의 짜증에는 '동생만 보지 말고 나도 봐주세요'라는 서운함과 속상함이 담겨 있어요. 행동에만 초점을 두어 아이를 야단치거나 설명하지 말고 먼저 아이의 마음에 관심을 가져주세요. 엄마의 따뜻한 사랑의 표현을 많이 받을수록 아이는 안심하고 짜증도 줄어든답니다.

7장

엄마의
훈육에 관한
즉문즉답

엄마 말을
들은 척도
안 해요

아빠 말은 잘 듣는데 엄마 말은 들은 척도 안 해요.

Q 어릴 땐 엄마가 말로 설명하면 잘 따르는 편이어서 훈육하는 것이 별로 어렵지 않았는데, 여섯 살 이후부터 엄마가 혼낼 때는 들은 척도 안 하면서 아빠가 엄하게 혼내면 잘 들어요. 평소에 아무리 얘기해도 듣지 않으니, 엄마를 너무 만만하게 생각해서 그런 것 아닌가 싶어 아이에게 감정적으로 짜증을 내게 되는데, 잠든 아이를 볼 때마다 미안하고 속상해요. _송용석, 7세

먼저 부모의 공통된 기준을 마련하세요.

일관된 기준으로 훈육된 아이는 자기 내부 표상을 만들 수 있어요.

A 아이들은 날마다 새로운 모습으로 자라납니다. 엄마는 너무 신기하고 감사한 마음이 들지만, 한편으로는 늘 새로운 갈등 상황을 맞이하기도 하지요. 엄마가 아이를 훈육하는 것은 나이에 맞게 잘 행동하고 적응할 수 있도록 가르치는 것입니다. 누구나 공공장소에서는 크게 소리 지르면 안 되고, 시간이

되면 유치원 갈 준비를 해 늦지 않도록 하며, 자기 전에는 세수와 양치질을 해야 하는 등 일반적인 생활을 나이에 맞게 잘 해나갈 수 있도록 알려주는 것입니다. 따라서 부모가 아이를 훈육하는 것은 아이의 사회화 발달 과정상 꼭 필요하다고 할 수 있습니다.

모든 엄마가 훈육하느라 너무 힘들어하고 지치는 것은 당연합니다. 분명하게 이야기하더라도 단번에 끝나지 않고 비슷한 실랑이가 매일 반복되기 때문입니다. 따라서 엄마는 '혹시 내가 아이를 잘못 키워서 이러는 것 아닐까?', '엄마로서 자질이 부족한 것은 아닐까?' 하는 생각에 감정적으로 무너져, 때로는 아이들 앞에서 소리 지를 때도 있을 것입니다. 이럴 때마다 스스로를 향한 실망과 아이들에 대한 미안한 마음이 동시에 올라와 더 지치고 힘든 감정에 머물기 쉽습니다.

용석이의 경우, 우선 엄마가 너무 허용적이거나 비일관적인 태도를 보인 것은 아닌지 생각해볼 필요가 있습니다. 평소 분명한 기준 없이 그때그때 상황에 따라 허용하기도 하고 제한하기도 하는 모습으로 대처했다면 아이는 뭔가 내 마음대로 해도 될 것 같은 여지를 느꼈을 것입니다. 따라서 여지가 있는 허용적인 엄마에게는 더 떼를 쓰며 고집을 피우고 엄격한 아빠의 말은 잘 들을 수밖에 없는 것이지요. 먼저 엄마, 아빠가 공통된 훈육 기준점을 의논하고 그 기준을 맞추는 것이 중요합니다. 그 기준에 맞춰 아이에게 분명히 이야기해주면 됩니다. "안 돼, 오늘 TV를 보는 것은 여기까지야. 이건 엄마, 아빠가 정한 규칙이야." 이렇게 이야기해줘야 용석이가 상대에 따라 괜한 떼를 쓸 여지를 줄여줘 오히려 안전한 환경으로 다가오게 됩니다.

자기 행동을 조절하고 상황에 맞는 보다 나은 행동을 결정하는 기준은 외부로부터 주어지는 것이 아니라, 자기 내부에서 나와야 하고, 이를 우리는 진정한 '자율성'이라고 이야기합니다. 따라서 어린아이들부터 일관된 훈육을 통해 자기에게 내재화된 기준을 발달시킬 수 있습니다. 허용적인 엄마에게는 자기 마음대로 해버리고, 엄격한 아빠 앞에서는 조절하는 모습을 보이는 것은 진정한 자율성과 조절 능력이라고 볼 수 없겠지요. 사실 환경이나 상대방에 따라 자기 행동을 결정해야 된다는 것만큼 불안한 것도 없습니다. 늘 노심초사하고 눈치 보며 다른 사람의 의도를 살펴야 하기 때문입니다. 그리고 상대방과 상관없이 자기 기준과 판단에 맞춰 자율적으로 자기 행동을 조절할 수 있는 능력은 사회성에서 가장 중요한 요인이라고 할 수 있습니다. 하지만 아이 혼자서는 자기 기준을 표상화하기 어렵습니다. 부모가 공통의 일관적인 기준에 따라 반복적으로 알려줘야 합니다. 이때 행동을 제한하기만 하는 것이 아니라, 아이의 의도와 감정을 충분히 공감해주되, 안 되는 이유도 분명하게 설명해주세요. 일관적인 부모의 목소리는 결국 아이 내부에서 자기 목소리로 성장하게 됩니다.

육아 멘토의 한마디

간혹 부부가 다른 가치관과 교육관을 갖고 아이를 키우는 경우가 있습니다. 예를 들어 아이의 산만한 행동을 엄마는 "위험하다"며 조절하려 애쓰는 반면에, 아빠는 "남자다운 행동"이라며 허용해주는 것처럼 말이죠. 사소하지만 이런 차이들이 빈번하게 반복될 때, 가장 혼란스러운 사람은 누구일까요? 바로 자기 행동에 대한 기준을 만들어가야 하는 아이겠지요. 아마도 주변 사람의 판단과 기분에 따라 동일한 행동이 위험하기도 하고, 남자다운 멋진 행동이 되기도 하면 아이는 내부의 기준이 갈팡질팡해 건강하게 성장할 수 없을 겁니다.

이처럼 차이가 심한 가정에서는 먼저 부모가 머리를 맞대고 아이에 대한 훈육 기준을 의논한 뒤 하나로 결정하는 것이 필요합니다. 그냥 말로만 하지 말고 각자의 생각을 하나씩 종이에 적으면서 정리한 뒤 교환해 상대방의 생각을 읽고 이해하는 것도 도움이 됩니다. 서로 일치하는 항목부터 시작하는 것도 좋겠지요. 아이에게도 "엄마, 아빠 모두의 생각"이라고 강조해서 이야기해주세요. 생활 안에서 일관성 있는 기준을 적용하면 아이는 자연스럽게 경험하면서 조절 능력도 성장하게 됩니다.

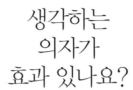

생각하는
의자가
효과 있나요?

'생각하는 의자'를 사용하는 것이 아이들 훈육에 도움이 될까요?

Q   50개월 딸과 32개월 아들 남매를 키우고 있어요. 아이들이 떼쓸 때 생각하는 의자에 앉아서 잘못을 생각하고 용서를 구하도록 하고 있는데, 이 방법이 과연 옳은지 궁금합니다. 특히 32개월 아들은 10초도 못 참고 와서 도와달라며 더 징징거려요.

타임아웃은 연령에 따라 시간을 정하세요.
잘못한 행동보다, 평소 잘하고 있는 순간에 초점을 두어 훈육하세요.

A   아무리 달래주고 여러 번 설명해줘도 아이의 떼쓰기가 멈추지 않을 때, 많은 부모가 '생각하는 의자'에 앉아서 감정을 누그러뜨리고 자기 행동을 돌아보게 하는데, 과연 이 방법이 아이에게 도움이 되는지 확신이 없다고 이야기하는 분이 많습니다. 생각하는 의자뿐 아니라, 모든 훈육 방법이 그렇듯 이 방법이 적절한지 여부에 대해 원칙적으로 정답은 없습니다. 다만 내 아이가

이것을 어떻게 받아들이는지, 그리고 기본적으로 그동안 엄마와 얼마나 좋은 애착을 형성해왔는지가 더 중요한 요인이 되겠지요. 왜냐하면 훈육은 항상 아이의 연령과 평소 부모와의 관계의 질을 고려해서 다르게 이루어져야 하기 때문입니다.

사실 본격적인 훈육 전에 부모와 자녀 간의 튼튼한 애착 관계를 형성하는 데 매우 공을 들여야 합니다. 출생 후 만 2세까지 부모의 무조건적인 사랑과 돌봄을 통해 아이는 따뜻하고 안정적인 신뢰감을 형성하게 됩니다. 그리고 만 2세가 지나면서 자율성과 주도성이 폭발적으로 증가해, 실생활에서 고집스러운 행동과 마음대로 하려는 자기중심적인 행동들이 나타나는데, 이때부터 본격적인 훈육이 중요해지기 시작합니다. 이때 애착이 잘 맺어진 부모-자녀 관계에서는 아이들이 부모의 엄한 태도를 오해하지 않습니다. 그러나 애착이 안정적이지 못한 아이들은 '혹시 엄마가 나를 미워해서 혼내는 것인지 아닌지' 의심이 들어 훈육 내용을 객관적으로 수용하지 못하고 감정적으로 불안해하고 눈치를 보며, 반대로 화를 내기도 합니다.

타임아웃은 기본적으로 아이의 연령에 따라 1분을 적용하는데, 예를 들어 네 살 아이라면 대략 4분 정도가 적절합니다. 그런데 아이의 연령에 대한 고려 없이 무작정 "들어가서 반성하고 엄마에게 다시 와"라고 한참 동안 그냥두면 어떻게 될까요? 아이들은 처음에는 엄마가 화나서 나를 떨어뜨려놓는다는 생각에 두려워하고 울기도 하지만, 시간이 지나면서 마음이 점차 가라앉으면 빈둥거리고 딴 짓을 하다 나오는 경우도 많습니다.

32개월 아들은 10초도 견디지 못하고 오히려 도와달라며 징징거린다고 했는데, 그렇다면 둘째에게는 이 방법이 맞지 않는다고 봐야겠지요. 아마도 아들은 타임아웃을 자신에 대한 심한 거절감이나 분리로 받아들이기 때문에 감정에 압도되어 무서워하는 것 같습니다. 큰아이는 32개월 때 별다른 문제가 없었다 하더라도, 한 가지 방법이 모든 아이에게 다 맞으리라는 보장은 없으니까요. 또한 아이가 타임아웃을 받아들여 울거나 무서워하지 않고 잘 견딘다 하더라도 이후 행동의 변화가 전혀 없다면, 굳이 이 방법으로 훈육해야 하는지 고민해봐야겠지요.

잘못된 행동을 멈추게 하는 훈육에 벌만 있는 것은 아닙니다. 오히려 평소 세심하게 아이를 살펴 자기감정과 행동을 잘 조절하고 의젓하게 행동하는 사소한 순간을 놓치지 말고 다뤄주세요. 엄마가 나의 모습에 진심으로 기뻐하고 칭찬해주는 경험이 아이의 훈육에 더 효과적입니다.

육아 멘토의 한마디

<훈육의 다섯 가지 기술>

1. 아이의 마음은 받아주되 행동은 제한한다.

   : 훈육의 바탕은 신뢰감 있는 애착이며, 제한에 앞서 아이의 마음을 공감해줘야 한다.

2. ACT 방법

   ① A(Acknowledge the Feeling): 아이의 현재 감정 인정하기

   ② C(Communication the limit): 하지 말아야 할 행동 제한하기

   ③ T(Target an Alternative): 대안 제시하기

   ◗ "지금 빨리 색칠하고 싶다는 건 알겠어. 그런데 의자에 막 칠하면 안 돼. 그 대신 엄마가 주는 이 종이에 마음껏 그리자."

3. 훈육의 객관적인 기준을 마련한다.

: 아이의 고유한 기질과 성향, 발달 연령에 맞춰 훈육하며, 혹시 너무 높은 기준을 세워놓은 것은 아닌지 엄마의 태도를 점검해야 한다.

4. 평소 잘하는 행동에 초점을 둔다.

: 결과보다는 과정을 격려해주고, 잘못했을 때 야단치기보다는 평소 아이가 잘하는 순간에 초점을 두어야 한다.

5. 훈육의 장기 계획을 세운다.

: 연령이 늘어남에 따라 아이는 계속 변화하며 성장하기 때문에, 부모 역시 다른 태도로 아이를 훈육할 수 있어야 한다. 발달 단계마다 훈육의 중요한 초점이 달라져야 한다.

너무
겁에 질려
있어요

야단치기 전에 이름만 불러도 얼음이 돼요.

Q 평소 겁도 많고 작은 일에도 걱정이 앞서는 성격입니다. 간혹 너무 느리게 해서 재촉하거나, 잘못된 행동을 야단치려고 이름만 불러도 겁에 질려 그대로 얼어버려요. 엄마의 화난 표정과 목소리에 놀란 걸까요? 밖에서도 이럴까봐 너무 걱정입니다. _황보람, 7세

아이의 생각과 감정에 먼저 귀를 기울여주세요.
감정을 공감받은 아이는 엄마 이야기도 잘 들을 수 있어요.

A 혼내기도 전에 얼어 있거나 억울하다며 울기부터 하는 아이들이 있습니다. 혹시 훈육에 앞서 선행되어야 할 핵심이 빠진 것은 아닐까요? 아이가 잘못된 행동을 했다고 하더라도 먼저 아이의 생각과 기분에 대해 이야기하게 하고, 진지하게 들어줘야 합니다. 사소한 이유라도 아이 입장에서는 충분히 그렇게 느끼고 행동할 수 있는 부분을 알아채 진심으로 공감해주고, 그 마음

을 엄마의 언어로 표현해 다시 아이에게 전달하는 과정이 이루어져야 합니다. 아이는 무조건 잘못했다며 화내고 혼낼 줄 알았던 엄마가 진심으로 자기 이야기를 경청해주고 이해해주면 안심되어 비로소 엄마의 그다음 이야기를 들을 마음의 준비를 하게 됩니다.

보람이의 경우에는 기질적으로 변화를 빨리 받아들이지 못하고, 자신이 예상하지 못한 상황에서는 쉽게 위축되어 꽁꽁 얼어버리는 면이 있는 듯합니다. 보람이와 같은 성향을 가진 아이들은 평소에도 자기감정을 잘 드러내지 못하고, 놀라거나 당황하면 그 자리에 멈춰 가만히 있거나 울어버리는 경우가 많았을 것입니다. 그렇기 때문에 부모는 어쩌면 더 답답함을 느껴 아이의 속도를 끝까지 기다리지 못하고 큰 소리로 야단치거나 재촉하는 식으로 훈육했을 것입니다. 그러나 겁이 많고 속도가 느린 아이에게는 주변의 압력이 마음을 더욱 불안하고 초조하게 만들기 때문에 미처 자신의 행동이나 잘잘못을 깨닫기도 전에, 화내는 엄마의 무서운 표정과 목소리만 선명하게 다가와 상황에 압도되어 불편한 감정을 느끼는 것이지요.

보람이의 이런 반응은 부모에게만 나타나는 것이 아니라, 아마도 자기주장이 센 친구나 권위적인 선생님, 낯선 어른 앞에서도 필요 이상으로 긴장해 눈치를 볼 것입니다. 이렇게 되면 자신의 감정을 꾹 누른 채 상대의 요구에 맞춰주는 식으로 대처하고, 연령이 증가할수록 정서적 어려움이 더 커질 것입니다. 따라서 겁이 많고 다소 느린 기질의 아이들에게는 더욱 여유 있게 아이의 마음을 충분히 들어주고 이해하며 따뜻하고 안전하게 공감해주는 태도가 중요합니다.

긴장도가 높은 아이들에게는 본격적인 훈육 전에 미리 경고를 해주어 아이로 하여금 마음의 준비를 하고 자기 행동을 조절하는 시간을 주는 것도 좋습니다. "엄마가 5분은 기다릴 수 있는데 더 이상은 안 돼. 그때는 엄마가 너한테 빨리 하라고 재촉하고 야단칠 수도 있어. 우리 때문에 친구를 또 기다리게 할 수는 없잖아." 이렇게 하면 허용받을 수 있는 분명한 한계점에 대해 인식하고, 빨리 조절하려는 행동으로 연결될 수 있으며, 설사 혼난다 하더라도 "엄마가 나를 미워해서가 아니라, 내가 시간을 지키지 않아 야단치는구나"라고 자기 행동에 초점을 두어 돌아볼 수 있습니다.

또 한 가지 유의할 점은 아이의 마음을 이해하고 공감해주는 것과 아이의 요구를 그대로 받아주는 것을 혼동해서는 안 됩니다. 속상하고 아쉬운 마음은 그 자체로 수용받아야 하지만, 아이는 엄마의 일관적인 훈육에 따라 '하지 말아야 할 행동'을 조절하는 경험 역시 하면서 성장하기 때문입니다. 따라서 아이의 마음만 읽어주고 끝나면 안 됩니다. 공감한 후에는 반드시 아이가 사회적으로 이해할 수 있는 훈육을 해야 합니다. 그래야 아이가 연령에 맞는 사회적 적응 행동을 배우고 익히면서 성장할 수 있습니다.

 육아 멘토의 한마디

상대가 내 이야기를 잘 들어주고 속상한 마음을 이해해주는 따뜻한 경험은 인간에게 말할 수 없는 위로가 됩니다. 사실 엄마가 훈육하는 순간 아이는 엄마의 사랑이 철회되는 것 아닐까 싶어 불안하고 두려울 텐데, 훈육에 앞서 아이의 마음과 의도를 잘 들어주고 공감해주는 과정이 이루어지면 엄마의 단호한 훈육 역시 수용할 수 있을 것입니다.

가끔 엄마가 감정이 앞서 너무 지나치게 아이를 몰아치거나 아이에게 상처 주는 말을 하기도 합니다. "너는 매번 그렇더라", "네가 또 그렇게 할 줄 알았어!" 등 아이의 인격에 손상을 주는 말은 피해야 하며, 잘못된 행동 그 자체에 초점을 두어 설명해야 자아감에 상처를 입지 않고 엄마의 이야기를 듣고 조절하는 방법을 익혀나갈 수 있습니다.

소리치고
짜증을
내요

화난 마음을 짜증과 행동으로 표현해요.

Q   28개월 된 아이가 원하는 것을 들어주지 않으면 소리치고 짜증을 내요. 달래기도 하고 혼내기도 해봤지만 도무지 달라지지 않아요. 또 13개월 된 딸아이는 하지 말라고 해도 계속 엄마의 머리카락을 당깁니다. 단호하게 하지 않아서 아이들이 달라지지 않는 걸까요? _김소희, 13개월

언어 발달이 아직 취약한 아이들은 몸으로 먼저 표현해요.
문제 행동이 반복되면 갈등이 일어나는 환경부터 조절해주세요.

A   한번 화나면 그 누구의 말도 듣지 않고 막무가내로 소리를 지르거나 물건을 던지는 아이들이 있습니다. 처음에는 달래거나 말로 설명하려 하지만 이런 행동이 좀처럼 줄어들지 않으면 결국 엄마도 폭발하는 경우가 많지요.

어린아이들의 경우, 먼저 아이의 언어 발달 수준부터 생각해봐야 합니다. 언어 표현이 아직 능숙하지 않은 어린아이들은 자기감정이나 생각을 분명하

게 표현하지 못하기 때문에 소리치거나 물건을 던지는 등 신체를 통해 짜증난 감정을 표출합니다. 신체 에너지는 높은 반면, 언어 발달이 더딘 남자아이들이라면 이런 모습을 더 자주 보이겠지요. 그리고 만약 엄마가 그동안 아이의 짜증스러운 행동을 감당하지 못하고, 주변 사람들에게 피해를 줄까봐 쉽게 허용해주었다면 아이들은 이런 행동을 금방 멈추지 않을 것입니다.

언어 발달이나 의사소통은 제법 잘하는데 비슷한 행동 문제를 보이는 아이들을 어떻게 이해해야 할까요? 그렇다면 일상적인 말은 잘하는데 혹시 감정 표현만 빨리 안 되는지 보아야 합니다. 감정 표현이 안 되어 이를 행동으로 드러내는 것이라면, 평상시 공감을 많이 해줘야 합니다. "아이쿠, 네가 찡그리는 것을 보니 화가 많이 났구나." 아이가 감정을 행동이 아니라 말로 표현할 수 있도록 꾸준히 도와줘야 합니다. "잠깐만, 너 지금 너무 화난 거야? 그래서 엄마를 때리고 싶은 거야? 안 돼, 엄마 아파. 그 대신 우리 이거 하자. 안 돼, 싫다고 말해." 이런 과정을 계속 반복하다보면 점차 엄마의 공감과 감정 표현이 아이의 목소리가 되어 행동이 아닌, 언어로 자기 마음을 조절하고 표현할 수 있을 것입니다.

또한 동일한 문제 상황이 계속 반복된다면, 세심하게 살펴 환경 자체를 조정해주는 것이 필요합니다. 13개월 된 아이가 엄마 머리카락을 너무 심하게 잡아당긴다고 했는데, 이 연령의 아이는 엄마가 아무리 여러 번 설명해도 계속할 수 있어요. 아직 감각적인 조절이 잘 안 되는 시기여서, 이런 행동을 통해 자기 감각을 연습하려는 것이기 때문에, 엄마가 "아! 아파"라고 놀라서 말하거나, 얼굴을 찡그리는 등의 반응 자체가 아이에게는 재미있는 자극이 될 수 있습니다. 말로 이야기해서 아이가 행동을 조절하게 하기보다는, 엄마의 머리카락을 묶어 아이가 잡지 못하게 하고, 아이가 즐겁게 잡아당길 수 있는 다른 장난감으로 함께 놀이를 해보는 것이 좋습니다. 뭘 잡아당기거나 눌렀을 때, 노랫소리도 나고 불빛이 반짝거리는 반응이 있으면 아이들은 호기심을 갖고 즐겁게 탐색하며 발달할 것입니다.

 육아 멘토의 한마디

동일한 문제 행동이라도 아이들의 연령과 발달 속도에 따라 다르게 대해주는 것은 무척 중요합니다. 영아기와 유아기 발달 단계에서 놓치지 말아야 할 심리 발달 과업은 다음과 같습니다.

우선 출생부터 만 2세까지는 무조건적인 돌봄을 줘야 하는 시기입니다. 일관성 있게 아이를 대해주고 따뜻한 신뢰감을 주어 아이가 '이 세상은 안전하구나. 사람들이 나를 좋아하고 사랑하는구나'라는 확신을 갖게 해줘야 합니다. 이 과정이 안정감 있게 이루어졌을 때 '좋은 애착'이 형성되었다고 할 수 있습니다. 애착은 아이가 성장하면서 부딪히는 수많은 갈등 상황에서 부모의 본격적인 훈육이 잘 이루어질 수 있는 풍요로운 토양이 됩니다.

그다음, 만 2세부터 6세까지는 자율성과 주도성이 폭발적으로 증가해 부모를 포함한 주변 환경과 끊임없이 부딪치며 자기 목소리를 내는 시기입니다. 자신의 생활과 주변 환경에 대해 무한한 흥미와 호기심을 보이며 이를 행동으로 성급하게 표출하기 때문에 부모와 갈등이 잦을 수밖에 없지요. 일관성 있는 기준과 훈육을 통해 '하기 싫어도 해야 하는 일이 있고, 또 하고 싶어도 하지 말아야 하는 일도 있다'는 한계선 역시 경험해가면서 아이들은 보다 사회화된 모습으로 성장해나가는 것입니다.

늑장을
부리면 참을 수가
없어요

아이가 시간 약속을 어길 때마다, 감정이 폭발해요.

Q 평상시에는 아들과 잘 지내고, 때로는 말썽을 피워도 그 모습까지 사랑스러운데, 딱 하나 시간과 관련해서 늑장을 부리면 너무 화나서 견딜 수가 없어요. 숙제를 느리게 한다거나, 약속 시간에 늦을 것 같은데도 꾸물대면 참기어려워 이성을 잃고 폭발하게 돼요. 제 문제일까요? _**강준수, 8세**

엄마는 '아이가 자신을 바라보는 거울'이에요.
엄마도 때로는 실수하고 잘못할 수 있어요.

A 아이를 훈육하는 기준은 엄마에게 있기 때문에, 개개인마다 각기 다른 기준을 갖고 있다고 볼 수 있습니다. 훈육의 가장 중요한 주체이며, 가장 많은 시간을 아이와 함께 보내는 중요한 대상이 바로 엄마입니다. 엄마는 아이가 자신을 바라보는 거울이기도 하지요. 어떤 엄마는 다른 사람한테 피해 주는 것에 대해 엄격하게 훈육하고, 어떤 엄마는 작은 위험에도 크게 놀라 지나

치게 제한을 줍니다. 이런 태도의 차이에는 여러 가지 이유가 있는데, 엄마의 기본적인 성향 또는 엄마의 어렸을 적 훈육 경험이 내재되어 있다가 자연스럽게 아이에게 적용되기도 합니다. 어떤 행동을 문제 행동으로 볼 것인가는 엄마의 경험과 신념, 상황, 기분에 따라 달라질 수 있습니다. 아이의 울음을 졸린 것으로 생각한다면 아이를 재울 것이고, 떼쓰는 의도로 생각한다면 혼낼 수도 있겠지요. 따라서 엄마 스스로 자신의 훈육 태도를 돌아보고, 자신을 이해하는 시간을 가져보는 것이 중요합니다. 이는 내 아이를 사랑한다, 미워한다는 차원의 문제가 아니라 아이를 바라보는 기준에 대한 고민입니다.

엄마의 해결되지 않은 아동기 문제가 아이한테 고스란히 갈까봐 전전긍긍하는 분일수록 양육 과정에서 자신감을 잃는 경우가 많습니다. 이럴 때는 혼자 너무 괴로워하지 말고 주변에서 멘토를 찾아보면 도움이 됩니다. 엄마도 사람이기 때문에 실수도 하고, 필요 이상으로 아이를 다그치며 혼낼 수도 있습니다. 이웃집 엄마도 좋고, 책이나 친구도 좋습니다. 정말 너무 힘든 경우에는 상담자를 찾아가 나를 자꾸 괴롭히고 아이를 힘들게 훈육하게 되는 그 원인만 찾아도 훨씬 숨통이 트일 것입니다. 또한 다소 거리를 두는 것도 좋습니다. 엄마의 감정을 제어하지 못할 정도라면 잠깐 방으로 들어가 한숨 돌리고 최악의 상황을 막는 것도 방법이 되겠지요.

평소 일상에서 벗어나 재충전하는 시간을 가져보세요. 여행이나 취미 활동 등도 필요합니다.

몸은 어른이지만 감정 표현은 어린아이 수준에 머물러 있는 사람들을 성인아이(adult child)라고 합니다. 아직 해결되지 않은 어린 시절의 심리적 문제를 가지고 있어, 어린아이 때의 내가 현재의 내 안에 존재해서 좋든 나쁘든 지금 하는 모든 일에 영향을 끼치는 것이지요. 부모 자신의 미해결된 감정이 현재 자녀와의 관계에서 잘못된 훈육으로 나타나는 것입니다.

성인아이들은 심리적으로 쉽게 우울해지고, 걱정이 많고, 자존감이 낮고, 수동적이고, 때로는 공격적인 특성을 보입니다. 중요한 것은 자녀 양육 과정에서 정서적 대물림이 이루어져 훈육 태도가 세대로 이어지는 경향이 있다는 것입니다. 부모로부터 받은 상처와 때로 지나친 훈육은 자녀의 성격 발달과 자존감 형성에 큰 영향을 줄 수밖에 없는데, 만약 자기 감정이 잘 정리되지 않은 성인아이 부모가 비일관적인 태도로 아이를 다루게 된다면, 부정적인 영향력이 아이에게 그림자처럼 남을 것입니다.

야단치면
방으로
들어가버려요

야단치면 삐져서 방으로 들어가버려요.

Q   잘못된 행동에 대해서 따끔하게 야단치면, "나 삐졌어!" 하고는 자기 방으로 쏙 들어가서 한참 동안 꽁해 있어요. 이럴 때 즉시 아이를 따라가서 할 말을 더 분명하게 해야 하나요? _김수정, 6세

흥분했을 때는 잠시 '거리두기'를 통해 여유를 갖는 게 중요해요.
아이의 화난 감정 표현도 기쁘게 귀 기울여주세요.

A   엄마한테 혼나면 아이는 당연히 불편하고 속상한 감정이 생깁니다. 내 생각이 맞고, 일부러 그런 게 아닌데 엄마가 무서운 얼굴로 혼내니 아이는 억울하기도 하고, 속상하기도 하고, 두려운 마음이 들기도 하는 등 복잡한 감정에 빠질 수밖에 없을 것입니다. 인간은 누구나 자기감정에 빠지면 다른 이야기에 귀 기울이거나 다른 장면을 보기 어렵습니다. 따라서 아직 아이의 감정이 풀리지 않고 자기 입장만 주장한다면, 조금 시간을 두었다가 다시 이야기

하는 것이 좋습니다. 훈육은 아이를 무섭게 혼내려는 것이 아니라, 아이가 미처 몰랐던 잘못된 행동을 돌아보고 다음에 반복하지 않도록 알려주고 성장시키는 것이 핵심이기 때문입니다.

그래도 수정이는 평소 엄마와 관계가 좋았던 것 같네요. 아이의 마음도 잘 공감해주고, 대화를 통한 상호 작용을 많이 해주었기 때문에 이런 상황에서도 자기 마음을 표현하고 행동할 수 있는 것이지요. 아이들이 화났다는 것을 엄마에게 이야기할 때, 그 모습을 기쁘게 보셔야 합니다. 아이의 착하고 자랑스러운 행동만 받아줄 게 아니라, 화나고 부정적인 이야기를 할 때 확 수용해주어야 아이의 감정 표현이 훨씬 자유로워지고 대화를 통해 이를 잘 해결하고 위로받고 조절할 수 있답니다.

사실 엄마의 감정이 복잡하고 자기 생각에만 빠져 있을 때 역시 똑같은 원리가 적용됩니다. 엄마가 너무 감정적으로 흥분하거나 화나 있다면, 잠깐 숨을 고르고 아이를 만날 필요가 있어요. "잠깐만, 지금 엄마가 너무 속상해서 자꾸 너한테 화를 낼 것 같아. 우리 5분만 각자 방에서 이 문제에 대해 생각해보고 다시 이야기하자." 이것이 바로 '거리두기'입니다. 이처럼 심리적, 물리적으로 잠깐 떨어져 기분을 가라앉히면 상대방의 입장도 한번 떠올리며 이해하는 데 도움이 됩니다.

훈육은 끝도 없이 반복되는 파도처럼 잠잠하다가 높이 출렁대며 예상을 벗어난 일들이 생겨납니다. 몇 번의 이야기로 아이들의 변화를 확신할 수 없고, 유아기와 아동기를 지나 사춘기까지 계속 부모와의 갈등이 새롭게 생겨날 것입니다. 개인의 자아가 발달하고 성장하는 과정에서 이 모든 시행착오와 부대낌은 당연한 일입니다. 따라서 엄마가 마음의 여유를 가질 필요가 있습니다. 한 번의 갈등에 무너질 필요도 없고, 조급해할 필요도 없습니다. 엄마가 행복하고 힘이 있어야 아이에게 든든한 울타리가 되어줄 수 있어요. 평소 개인적인 취미 활동이나 모임, 친구와의 만남 등 엄마 개인이 행복해지고 여유를 찾을 수 있는 시간을 누리는 것도 좋겠지요.

 육아 멘토의 한마디

때로 아이 스스로 자기감정을 누그러뜨리고 생각할 수 있는 시간을 가지면 도움이 돼요. 아이가 아직 들을 준비가 안 되었는데 하나하나 지적하며 너무 야단치면 오히려 감정이 폭발할 수 있어요. 어느 정도 시간이 지나 기분이 풀려야만 다른 사람의 이야기를 들을 수 있답니다.

밖에선 모범생,
집에선 짜증쟁이

밖에서는 모범생인데, 집에서는 무조건 짜증부터 내요.

Q 아이가 이중적이에요. 밖에서는 완벽해 모범생이라는 평을 듣는데, 집에서는 사소한 것도 무조건 엄마에게 화풀이를 해요. 짜증도 많고, 이젠 소소한 거짓말까지 해요. 어떻게 해야 할까요? _이주연, 8세

예민하고 긴장감이 높은 아이들은 낯선 상황에서 무조건 맞추려고 해요.
미리 예측할 수 있는 설명을 해주면 큰 도움이 돼요.

A 아이들의 사회생활은 어른들의 사회생활 못지않게 긴장과 스트레스의 연속입니다. 특히 초등학교에 입학한 뒤에는 부쩍 더 힘들 수밖에 없답니다. 매일매일 친구들과의 경쟁에서 잘하고 싶고, 친구들과도 잘 지내고, 인기도 많이 얻고 싶고, 선생님의 인정도 받고 싶고요. 아이들은 이런 데서 오는 스트레스를 놀이 등을 통해 풀게 됩니다.

외부의 시선을 많이 의식하는 아이들은 성격이 예민한 경우가 많습니다.

그리고 어느 정도 욕심도 있고, 머리도 좋아 자기가 어떻게 하면 칭찬받고 사랑받는지 잘 압니다. 따라서 그때그때 요구되는 상황에 맞춰 가만히 있는데, 문제는 불만스러운 감정이 그 상황에서 완전히 해소되지 않고 참는다는 점입니다. 그러다보니 편안하고 눈치 보지 않아도 되는 집에 오면, 밖에서 눌러놨던 울분과 참았던 긴장, 아쉬움 등의 불편한 감정이 사소한 것을 계기로 폭발하면서 믿을 수 있는 대상, 즉 엄마를 향해 다 쏟아내는 것이지요. 이런 아이들은 외부의 상황이나 남들의 시선, 다른 사람들의 인정 등을 지나치게 의식해, 굉장히 예민하고 긴장하며 걱정이 앞서 낯선 상황에서는 적응하기 힘들 가능성이 있습니다.

우선 밖에 나가기 전에 예측할 수 있도록 상황을 미리 이야기해주세요. "지금 밖에 나가면 오늘 어떤어떤 일이 있을 거야." 또는 밖에서 경직된 모습을 보일 때 놓치지 말고, "아, 네가 처음 온 곳이라서 그렇지? 지금 어떻게 하면 선생님한테 칭찬받을까, 이런 생각을 하고 있구나"라고 이야기해 지금 긴장하고 있는 것을 엄마의 언어로 잘 이야기해, 그 순간 아이가 자기감정을 알 수 있게 풀어줘야 합니다.

주연이처럼 엄마에게 와서 이유 없이 막 짜증을 낼 때는 어떻게 다뤄야 할까요? 먼저 아이의 마음을 알아주세요. "주연아, 너 오늘 밖에서 되게 힘들었구나. 그래서 지금 엄마한테 화내는 거지? 무슨 일이 있었던 거야?" 그런 다음 아이가 자신의 잘못된 행동을 볼 수 있게 이야기해주세요. "그런데 아무리 속상해도 엄마한테 이렇게 소리 지르고 물건을 던지면 안 돼. 엄마도 아프고 속상해." 그리고 나서 대안을 주세요. "그렇게 막 신경질만 내면 엄마도 네 마음을 몰라. 초등학생이니까 말로 이야기해줘야 해." 그래도 아이가 짜증만 낸다면 다른 방법을 써보세요. "말로 해봐. 말로 하기 싫어? 그러면 엄마한테 그림으로 그려봐. 지금 네가 얼마나 화났는지." 그림이든 말이든 아이가 꺼내놓는 감정들에 대해서는 일단 진지하게 들어주세요. 이 과정이 지나면 아이들의 감정이 조금 누그러집니다.

힘들고 속상한 마음을 꾹 누른 채 안으로 삭이는 아이들보다는 서툴지만 엄마에게 표현하는 아이들이 더 건강하다고 할 수 있습니다.

 육아 멘토의 한마디

보상에 대한 인식이 생겨나는 연령이 되면, 유치원이나 가정에서 흔히 스티커를 활용해 아이의 행동을 강화하는 방법을 많이 사용합니다. 이에 대한 찬성과 반대 의견이 분분하지만, 적절히 활용하면 나쁘지 않은 방법입니다.

몇 가지 원칙이 있는데, 우선 엄마가 욕심을 내면 안 됩니다. 일곱 살 아이에게 30개를 목표로 하는 것은 아이가 포기할 확률이 매우 높고, 즐거운 과정이 되지 않겠지요. 연령과 아이의 성향에 맞춰 목표를 정하되, 아이가 조금만 노력하면 성공할 수 있는 정도로 하세요. 유치원 아이들에게는 일주일도 너무 길어요. 그리고 장난감 등의 물질적인 보상을 주는 것도 좋지 않습니다. 아이가 상품에만 초점을 맞추어 나중에 감당하기 힘들어지기 때문입니다. 대신에 엄마, 아빠와 함께 할 수 있는 즐거운 사회적 활동(보드게임 한판 하기, 엄마랑 맛있는 거 하나 만들어 먹기 등)을 하면 어떨까요?

맺음말

아이의 재채기를
심각하게 받아들이지 마라

아이가 심각한 문제를 보이는데도 '크면 나아지겠지'라고 느긋하게 기다려 오히려 문제를 더 크게 만드는 부모도 있지만, 반면에 아주 작은 일도 크게 생각해서 안 해도 될 가슴앓이를 하는 부모도 있습니다. 이런 경우엔, 아이가 친구들과 조금만 불편하게 지내도 앞으로 아이가 학교에 가서 집단 따돌림을 당할 것이고, 그래서 학교를 안 가고, 결국 사회 부적응자가 되면 어떡하나 하는 걱정으로까지 치닫게 됩니다.

이것은 마치 아이가 재채기만 해도 혹시 내 아이가 에이즈에 걸린 것 아닐까 염려하는 것과 같습니다. 아이들이 보이는 문제에는 정말 심각하게 생각해서 빨리 조치해야 하는 것도 있지만, 어떤 것은 그 연령에 한번쯤 겪고 지나가는 일인 경우도 있습니다. 아마 이런 경험을 다 했을 것입니다. 여태껏 사람에 대한 거부감이 없던 아이가 갑자기 일정 시기 동안 부끄러움을 타고 엄마 뒤에 숨기도 합니다. 말을 잘 듣던 아이가 만 2세쯤 되면 "싫어", "안 해"라는 말로 서서히 시동을 걸더니 급기야 말도 안 되는 떼를 부리기도 합니다.

이때 안 하던 행동을 하는 아이 때문에 당황스럽겠지만, 사실 이런 행동들은 정상적인 경우가 많아 시간이 지나면 점점 나아집니다.

그런데 문제는 엄마가 이런 지나친 걱정 때문에 하지 않아도 될 심한 가슴 앓이를 하다보니 결국 아이에게 잘못된 훈육을 하게 된다는 것입니다. 사회성에 대한 걱정이 많았던 엄마는 돌이 지난 아이가 옆에 있는 친구 물건을 자꾸 빼앗는다고 사회성을 키워주기 위해 아이를 때리고 혼내기도 합니다. 어떤 엄마는 아이 버릇을 잡는다고 보행기를 타고 있는 아이와 싸움을 하기도 합니다. 이것은 지나친 걱정으로 인한 부작용입니다.

그러므로 이런 실수를 하지 않으려면 무엇보다 아이의 연령에서 나타날 수 있는 정상적인 행동을 알고 있어야겠지요. 또한 아이의 기질과 성향에서 나타날 수 있는 행동에 대해서도 알고 있어야 합니다. 그런 다음 가장 기본적인 양육 및 훈육 원칙을 적용하면서 조금 기다려보세요. 평소 마음과 행동으로 공감적인 태도를 보여주고, 안 되는 이유를 잘 설명하고, 무조건 안 된다고만 하지 말고 대안 행동을 제시해주는 기본적인 훈육 방법이 바로 아이와의 갈등을 초반에 줄일 수 있는 비법입니다.

이렇게 하는데도 아이의 행동이 정말 이해되지 않고 너무 괴로우면, 두말하지 말고 가까운 전문 기관을 찾아가기 바랍니다. 이것이 오히려 문제를 빨리 해결할 수 있는 좋은 방법이 됩니다. 그래서 아이의 재채기는 그저 있는 그대로 재채기로 보고, 좀 심각한 증상이어서 전문가의 도움을 받아야 하는지 판별할 수 있는 마음의 눈을 키우기 바랍니다.

엄마는 너의 마음이 궁금해

초판 1쇄 인쇄 2020년 6월 1일 | 초판 1쇄 발행 2020년 6월 10일

지은이 김지은, 김혜진, 이영애, 이지선
펴낸이 김영진

대표이사 신광수 | 사업실장 백주현
책임편집 박현아
단행본팀장 이용복 | 단행본 우광일, 김선영, 정유, 박세화, 한지원
디자인팀장 박남희 | 디자인 김가민 | 제작 이형배
출판기획팀장 이병욱 | 출판기획 이주연, 강보라, 김마이, 이아람, 이기준, 전효정, 이우성

펴낸곳 (주)미래엔 | 등록 1950년 11월 1일(제16-67호)
주소 06532 서울시 서초구 신반포로 321
미래엔 고객센터 1800-8890
팩스 (02)541-8248 | 이메일 bookfolio@mirae-n.com
홈페이지 www.mirae-n.com

ISBN 979-11-6413-520-2 03370

북폴리오는 참신한 시각, 독창적인 아이디어를 환영합니다.
기획 취지와 개요, 연락처를 bookfolio@mirae-n.com으로 보내주십시오.
북폴리오와 함께 새로운 문화를 창조할 여러분의 많은 투고를 기다립니다.

「이 도서의 국립중앙도서관 출판예정도서목록(CIP)은 서지정보유통지원시스템 홈페이지(http://seoji.nl.go.kr)와
국가자료공동목록시스템(http://www.nl.go.kr/kolisnet)에서 이용하실 수 있습니다.
(CIP제어번호: CIP2020017986)